KB068262

2024
문화 소비 트렌드

2024 문화 소비 트렌드

지금 눈여겨봐야 할 문화소비자들의 욕망

신형덕 · 박지현 · 박영은 · 김도현 · 임정기 지음

경제적 럭셔리
이코노-럭스 시대

ECONO
LUX

RHK
알에이치코리아

모순과 역설의 기회

2024년에는 어떤 트렌드가 우리 삶에 영향을 미칠 것인가? 우리는 문화적 요소로 인해 거대한 경제적 기회를 발견할 수 있다는 점에 초점을 맞추었다. 역사적으로 거대한 경제적 기회는 결정적 순간에 발생하는 결정적 요소들에 의해 발견되었다. 삼각돛의 발명은 15세기 대항해시대를 열어 포르투갈에 거대한 이득을 가져왔고 증기기관의 발명은 18세기 산업혁명을 열어 영국이 세계 경제를 이끄는 계기를 마련했다. 19세기에 설립된 시카고상품거래소는 본격적인 금융의 시대를 열어 미국이 국제적인 리더로 자리 잡는 계기가 되었다.

20세기 이후의 특징은 문화적 요소가 점차 막강한 경제적·정치적·사회적 영향력을 발휘한다는 말로 요약할 수 있다. 할리우드 영화는 단순히 미국 기업들에 돈을 벌어주는 것 이외에도 개인의 자유를 중시하는 미국의 가치를 전파하여 국제 정치 구도에 영향을 주었다. 한국의 한류는 동양적 스웨그swag와 위로의 메시지를 통해 동아시아의 작은 나라를 전 세계 문화의 중심지로 부상하게 했다.

그러나 이러한 거대 담론으로는 우리 삶에 상시적이고 직접적인 영향을 미치는 요소를 들여다보기 힘들다. 이에 우리 저자들은 매해 주변에서 발생하는 문화적 변화를 감지하고 그 의미를 해석하는 작업을 펼치고 있다. 우리를 놀라게 하는 사회의 여러 신기한 현상이 사실은 나름의 이유가 있다는 것, 이러한 현상들은 우리가 단편적으로 보는 것보다 더 광범위하게 진행되고 있다는 것, 그리고 이러한 현상들은 단지 남의 이야기가 아니라 우리가 일하는 기업이 돈을 버는 것과 우리가 지지하는 정당이 정권을 잡는 것, 또는 우리 각자가 더 나은 라이프스타일을 향유하는 것과 직접적인 관련이 있다는 사실을 널리 알리고 싶었다. 이러한 현상이 모두 문화적 트렌드라는 공통분모를 갖는다는 것과 우리는 문화라는 공기를 숨 쉬며 살 수밖에 없다는 것이 우리가 꾸준히 문화 트렌드를 추적하여 책으로 엮어내는 이유다.

2023년에 우리는 ESG(환경·사회·지배구조)의 열풍 속에 경영 방식을 혁신하는 기업들, 진영 논리에 의해 편을 갈라 이익을 추구하는 정치인들, 그리고 생성형 인공지능을 일상생활에서 접하는 우리 자신을 발견했다. 한류의 부상으로 여러 나라에서 일어나는 변화에 대해서도 설명했다. 이러한 조류는 대체로 일관적이고 선명하게 발견되었다. 이와 대조적으로 2024년에 우리가 예측하는 문화 트렌드는 모순과 역설의 성격이 짙다. 검소하면서도 럭셔리하고 대중적이면서도 고급지며 지역적이면서도 글로벌한 문화적 트렌드가 감지되고 있다. 그런데 그 배후에는 거대한 경제적 기회가 자리 잡고 있다. 우리는 사람들의 모순되고 역설적인 취향을 저격하여 거대한 경제적 기회를 발견하는 데 도움을 주기 위해 이 책을 집필했다. 우리가 2024년에 만날 새로운 문화 트렌드는 무엇인지, 그리고 그 트렌드 안에서 발견할 수 있는 경제적 기회는 어떤 것인지에 대해 생각하는 시간을 갖기로 하자.

2023년 평가와 회고

이 책은 두 개의 부部와 여덟 개의 장章으로 구성되어 있다. 1부 네 개의 장은 2023년에 유행한 트렌드에 대한 평가와 회고를 담았다. 첫 번째 장은 문화 콘텐츠에 대한 전반적인 전망에 대해 언급했다. 먼저 우리는 주인공이 과거의 기억을 간직한 채 타임 루프를 경험하며 불확실성을 회피하는 구성을 기본으로 하는 만화의 전성기에 대해 논했다. 2023년에 〈데뷔 못 하면 죽는 병 걸림〉의 팝업스토어가 큰 성공을

거두고 이세계異世界를 원작으로 하는 〈어쩌다 마주친, 그대〉
와 〈너의 시간 속으로〉 등의 드라마가 지속적으로 방영되는
현상을 목격했다. 그 외에도 시청 시간에서 해방되는 빈지
워칭Binge-watching, 힙한 트렌드로 부상하고 있는 문화 유적
지 방문, 100만 유튜버를 꿈꾸는 주목 경제 시대가 갖는 역
사적·경제적·사회적 의미를 되짚고 2023년에도 지속되었
던 현상을 회고했다.

두 번째 장은 우리 민족 역사상 처음 겪는 한류에 대한
세계적 관심에 대해 다루었다. 〈대장금〉 등 드라마를 중심
으로 한 한류 1.0, K팝K-pop을 중심으로 한 한류 2.0을 거쳐
이제 우리는 K푸드, K뷰티, 비보잉, 게임 등 다양한 K컬처
K-culture를 대상으로 하는 한류 3.0 시대를 살고 있다. 그러
한 관점에서 우리는 중국과 동남아에서 불고 있는 K푸드 현
상과 중동에서 일어나는 한류 연결 소비 현상을 파고들어
그에 대한 평가와 회고를 담았다.

세 번째 장은 정치적 트렌드에 대한 것이었다. 우리는 아
이돌 가수의 팬들에게서나 볼 수 있었던 격렬한 팬덤 현상
을 수년 전부터 목격해왔다. 보수와 진보 진영 모두 정의와
공정을 부르짖으며 각자의 논리에 따라 해석하는 현상도 목
격해왔다. 이러한 현상에 대해 2022년에 내놓았던 분석과
전망이 2023년에 어떻게 적중했는지 다루었다.

네 번째 장은 경제적·기술적·윤리적 환경 변화가 우리의
생각을 바꾸는 현상에 대한 관찰과 분석이었다. 플랫폼 개

넘과 관련된 네이버의 경영 전략, 디지털 기술이 미술 시장에 던진 화두, 멀티버스와 메타버스 열풍을 넘어 다시 유니버스로 회귀하는 현상, 기후 위기에 대응하는 문화예술계의 변화, 그리고 인공지능 기술의 진보가 가져온 기계의 인격화 현상에 대해 우리가 분석하고 전망한 내용이 2023년에 어떻게 진행되었는지 회고했다.

2024년 전망과 분석

1부에서 설명한 내용들은 2024년에도 여전히 우리의 경제적·정치적·기술적 환경 변화에 영향을 미칠 것이므로 추적 분석할 가치가 충분하다. 그러나 이제 2023년에 부상한 새로운 트렌드를 발견하여 우리의 관심 영역에 추가하는 작업도 충분히 중요할 것이다. 우리는 2024년을 관통하는 트렌드로서 모순과 역설의 기회를 발견하고 이를 확장한 네 가지 주제를 발굴하여 분석했다.

다섯 번째 장은 서로 모순되어 보이는 두 영역을 넘나들면서 기회를 추구하는 내용을 다룬다. 검소하면서도 최상위 수준을 추구하는 이코노-럭스Econo-lux 문화소비자, 익숙함에 기반하면서도 새로움을 추구하는 추억 보정 문화소비, 치킨을 먹으면서도 건강하고 싶은 심리가 갖는 경제적 의미를 파고드는 레이지어터 이코노미Lazieter Economy, 그리고 비밀이라고 말하면서 다른 사람의 엿보기를 유도하는 피핑 톰 Peeping Tom 현상에 대해 설명한다.

여섯 번째 장은 문화 관련 비즈니스 모델 영역에서 발견된 모호하고 역설적인 트렌드에 대해 다룬다. 앞서 설명했던 한류 3.0은 이제 한류 4.0, 또는 신한류 시대로 나아갈 것으로 전망되는데, 이러한 신한류 시대에는 이종 간 융합을 의미하는 하이브리드 전략이 주류로 자리 잡을 것을 밝힌다. 대중적이고 격식을 차리지 않는 길거리 패션이 명품으로 환골탈태하는 현상을 보이는 스트리트 문화의 지속 가능성에 대해 분석한다. 마지막으로 임시적 영업을 의미하는 팝업스토어가 어떻게 역설적으로 오래갈 비즈니스 모델로 진화했는지 설명한다.

일곱 번째 장은 평범해 보이던 일상적 요인으로 인해 거대한 경제적 기회를 추구할 수 있는 현상에 대해 다룬다. 먼저 금발과 백인이 아니면 진출하기 힘든 것으로 생각되었던 명품 광고 분야에서 한류 스타 앰배서더가 활약하는 현상에 대해 분석하면서 이 현상이 갖는 문화적 의미에 대해 설명한다. 일반인과 연예인의 경계를 모호하게 하는 연반인을 꿈꾸는 세상에 대해 분석하고, 예전에는 어린이 대상 동화책이나 만화에서나 인기를 끌었던 동물 창작 캐릭터가 어떻게 유통 머천다이징의 최첨단 도구가 되었는지에 대해 설명한다. 카카오와 하이브, SM엔터테인먼트의 경쟁 구도에서 지금까지의 플랫폼 중심주의에서 왜, 그리고 어떻게 극단적 콘텐츠 중심주의로 옮겨갈 것인지에 대해서도 분석한다.

여덟 번째 장에서는 보다 거시적인 관점에서 윤리적 또는 철학적 패러다임의 복합적인 변화가 가져오는 미래의 모습에 대해 다룬다. 먼저 사회적 차별과 관련해 대중의 의식 변화를 설명하는데 장애인과 비장애인의 경계를 허무는 문화예술의 배리어프리Barrier-free가 가져올 작지만 중요한 변화에 대해 다룬다. 다음으로 동물 윤리와 관련된 대중의 의식 변화에 대해 살피면서 애완동물에서 반려동물로 명칭부터 바뀐 펫 휴머니제이션Pet Humanization 현상이 가져오는 복합적인 사회 변화에 대해 다룬다. 마지막으로 챗GPTChatGPT로 상징되는 생성형 인공지능이 촉발한 복합적인 담론을 다루면서 과연 이 지극히 모호한 기술적 진보가 인류에게 있어서 복음인지, 함정인지, 또는 허상인지에 대해 논한다.

이 책의 집필에 기꺼이 참여한 박지현, 박영은, 김도현, 임정기 공저자, 그리고 편집 방향에 대해 충고를 아끼지 않은 알에이치코리아 편집부에 감사드린다. 이분들의 수고가 없었더라면 이 책은 탄생하지 못했을 것이다. 독자 여러분 각자의 성공에 이 책이 조금이나마 도움이 되기를 기원하며.

2023년 가을
대표 저자 신형덕

차례

1부
2023년 문화 트렌드 회고

1장 새로운 콘텐츠 소비 방식

2장 글로벌 한류의 현재

2부
2024년 문화 소비 트렌드 전망

5장 아주 사적이면서 가장 대중적인

6장 콘텐츠 칵테일 시대

1부

2023년
문화 트렌드
회고

1장

새로운 콘텐츠
소비 방식

리스크 어버서들의 만화 속 세상

우리는 《문화 트렌드 2023》에서 만화 분야의 트렌드로서 독자들의 위험 회피Risk-aversion 성향을 꼽았다. 과거에는 주인공이 고난과 역경을 극복하고 아슬아슬하게 성공을 이루는 권선징악을 담은 이야기가 주를 이루었다면 이제는 주인공이 이미 알고 있는 전혀 다른 미래, 즉 '이세계異世界'로 뛰어들어 쉽게 성공을 이루는 줄거리를 가진 콘텐츠가 유행한다는 것이다. 대표적인 예로 주인공이 소설 속에서 재탄생하는 내용을 담은 〈전지적 독자 시점〉과 게임 속의 캐릭터로 들어가는 내용을 담은 '악역 영애물', 그리고 주인공이 1990년에 유행했던 일본 만화 〈시티헌터〉의 세계에 들어가 만족스러운 삶을 누리는 내용을 담은 〈오늘부터 시티헌터〉를 제시했다. 이러한 만화에서 주인공은 자신이 새로 들어가는 세

네이버 웹툰에서 연재 중인 만화 〈전지적 독자 시점〉

계에서 앞으로 일어날 일을 모두 알고 있기에 전혀 위험을 느끼지 않으며, 독자들은 이 점에 열광한다는 것이다.

　2023년에 우리는 이 트렌드가 여전히 유행하고 있음을 목격했다. 웹툰 〈재벌집 막내아들〉을 드라마화하여 최고 30.1%의 기록적인 시청률로 화제를 모은 동명의 드라마에 우리가 《문화 트렌드 2023》에서 지목했던 '사망 회귀'와 '성덕'의 요소가 고스란히 반영되어 있었다. 주인공을 맡은 배우 송중기가 불의의 사건으로 사망한 후 재벌집 막내아들로 부활하는 사망 회귀가 줄거리를 이끌었다. 미래에 발생할 사건에 대한 기억을 모두 갖고 태어나 성장하는 과정에서 엄청난 정보의 우위를 누리는 성덕이 중요한 스토리텔링의 요소로 사용되었다.

시청자들은 분당 신도시 개발, 영화 〈아바타〉 흥행 성공, 1998년 아시아 외환 위기 등 굵직한 역사적 사건들이 발생할 것을 알고 있는 송중기가 과감한 투자를 통해 큰돈을 버는 과정을 지켜보면서 마치 자신이 성공하는 듯한 희열을 느꼈다. 그의 행동을 수상히 여기는 가족들의 의심을 피해가며 투자하는 족족 대박을 터뜨리는 송중기의 '누워서 떡먹기' 투자에 열광하며 현실에서 느낄 수 없는 통쾌함을 맛보았다. 전혀 위험하지 않은 세상을 간접적으로 누리는 것이다.

이러한 위험 회피 트렌드는 그러한 내용을 담은 만화나 드라마를 선호하는 현상으로 표출되는 데 국한되지 않았다. 대학 전공이나 직장을 선택하는 과정에서도 작용한 리스크 어버서Risk-aversor의 성향은 우리 사회에 팽만한 위험 회피 성향을 대변한다. 예를 들어 문과와 이과를 막론하고 모든 전공을 통틀어 의학과 수의학 전공이 가장 선호되는 이유는 이를 이수하면 면허를 따서 평생 경제적으로 안정된 삶을 누릴 수 있다고 믿기 때문이다. 예전에는 대학에서 어떤 전공을 선택하든 열심히 공부해서 판검사나 고위 공무원, 또는 회계사나 기자 등 흔히 '고시 합격'에 해당하는 자수성가를 이룰 수 있다고 믿었다. 하지만 이제는 나중에 그러한 수고스럽고 위험한 길을 걷기보다는 일찌감치 안정적인 삶을 누릴 수 있는 전공을 선택하려는 것이다.

직장 선택도 크게 다르지 않다. 최근 부상하는 중요한 트렌드 중 하나는 과거 '안정적인' 직장으로 각광을 받았던 공무원이나 준공무원의 지원 경쟁률이 하락하고 임시직을 고수하는 젊은 층이 증가했다는 사실이다. 상식적으로 위험 회피를 선호하는 트렌드에 따라 평생 안정적으로 근무할 수 있는 직장이 선호되어야 하는데 왜 이러한 현상이 목격되는 것일까? 그 이유는 현실적으로 합격 확률이 낮은 공무원 시험을 준비하느라 시간을 허비하기보다 당장 수입을 얻을 수 있는 임시직을 선택하는 것이 위험을 회피하는 길이라고 생각하기 때문이다.

여기에는 온갖 어려움을 무릅쓰고 공부하여 공무원의 길에 들어선 뒤 업무가 적성에 맞지 않거나 보수가 낮아 이직할까 봐 두려워하는 마음도 작용하는 것으로 보인다. 실제로 한국행정연구원이 2022년 3월 실시한 공직생활 실태조사에서는 공무원의 이직 의향이 증가하고 보상의 공정성에 대한 인식이 악화된 것으로 나타났다. 행정안전부가 2023년 1월 발표한 지방 공무원 보수 지침에서는 9급 1호봉 임금이 177만 800원으로 최저 임금보다 적은 것으로 보고되었다. 아무리 안정성이 보장된 공무원직이라 하더라도 보수가 낮아 이직할 확률이 높다면 공무원이 되는 것은 바람직한 선택이라 할 수 없다는 것이다.

〈재벌집 막내아들〉에서 맛보았던 짜릿한 '누워서 떡 먹기' 투자의 환상은 드라마 종영과 더불어 사라졌다. 의대나 수의대를 나오지 않은 수많은 대졸자는 여전히 취업 전장에서 전투를 벌이고, 그중 많은 이들은 안정적인 직업 대신 단기적인 일자리를 떠돌고 있다. 자신이 처한 암담한 현실을 버튼 조작 한 번으로 리셋할 수 있는 게임과는 다른 현실이 엄연히 존재한다. 이러한 현실에 대해 가볍게 "이번 생은 망했어"라고 자조하는 것도 한두 번이면 족하다. 치트키를 사용하여 상황을 역전시키고 이세계로 점프하여 새로운 삶을 살고 싶은 마음은 충만하지만 현실에서 그러한 일은 좀처럼 일어나지 않는다.

그보다는 오히려 일반인에게 없는 여러 가지 치트키를 가진 몇몇 유명 인사가 부자연스러운 방식으로 꽃길을 걷는 모습을 보면서 리스크 어버서들은 강한 불공정을 느끼고, 이러한 불공정한 세상을 격렬하게 비판하고 싶은 충동에 사로잡힌다. 소박하게 소설이나 드라마의 세계에서나 위험 회피의 카타르시스를 누리고 싶은 리스크 어버서들은 현실에서 치트키를 사용하여 학벌과 직업과 부富를 거머쥔 사람들에 대해 강한 반감을 갖는다. 이러한 심리는 국회의원 선거를 치르는 2024년에 정치적 이슈로 부각될 수 있다. 위험 회피 트렌드는 대학이나 직업 선택을 넘어 정치적 이슈로 확대될 가능성이 엿보인다.

빈지위칭과 시청 주도권 변화

우리는 《문화 트렌드 2023》에서 콘텐츠의 새로운 소비 방식을 논하면서 '빈지위칭Binge-watching' 트렌드를 살펴보았다. '몰아보기'로 번역될 수 있는 빈지위칭은 무언가를 과도하게 소비하는 양상을 뜻하는 영어 단어 'binge'와 감상하다는 의미의 'watch'의 합성어로 콘텐츠를 몰아보는 시청 행태를 일컫는다. 넷플릭스가 2012년에 첫 오리지널 콘텐츠인 드라마 〈릴리해머〉의 전체 에피소드를 한꺼번에 공개하면서 시작된 빈지위칭 현상은 이제 넷플릭스의 정체성이 되었다. 그동안 매주 한두 편씩 공개되는 TV 드라마 새 에피소드를 기다리느라 지친 시청자들은 일종의 해방감을 맛보았다.

빈지위칭은 시청자와 방송사 간의 일종의 권력관계 변

OTT의 등장과 시청 주도권의 변화

화로도 볼 수 있다. 과거에는 방송사가 결정한 편성표대로 시청자가 시청했다면 이제는 시청자가 원하는 시간에 원하는 만큼 볼 수 있게 되었다. 공급되는 콘텐츠의 양이 증가하면서 시청자들은 보고 싶은 콘텐츠에 비해 여가 시간이 한없이 부족한 현실에 직면했다. 이에 따라 최근 시청자들은 빠른 배속 재생과 건너뛰기 등을 하며 폭식에 비견할 만큼 콘텐츠를 압축적으로 몰아보고 있다. 대부분의 온라인동영상서비스OTT 플랫폼이 갖추고 있는, 자동으로 다음 편이 재생되는 포스트 플레이post play 기능의 유혹을 견디지 못하고 밤샘 시청을 하다 피로와 무력감을 호소하는 사례도 늘었다. 《문화 트렌드 2023》에서는 이러한 트렌드를 살피면서 콘텐츠가 시청자에게 감동을 주거나 긍정적 환기를 일으키기보다는 매우 소모적으로 소비되는 현상을 이야기했다.

드라마 〈더 글로리〉 제작발표회

2023년에는 빈지워칭 시청 방식에 대응하여 OTT의 '콘텐츠 쪼개기' 현상이 두드러지게 나타났다. 시리즈가 한꺼번에 공개되면 시청자 입장에서는 몰아보니 편하지만, 엄청난 비용을 투자해 콘텐츠를 제작한 제작사 입장에서는 난감하기 짝이 없다. 공개 당시 높은 화제성을 얻었더라도 그 지속 시간이 아주 짧고, 보고 싶은 콘텐츠만 골라 보고 OTT를 갈아타는 시청자가 늘었기 때문이다.

2023년 상반기를 달구었던 넷플릭스 드라마 〈더 글로리〉는 16부작을 8부씩 나누어 순차 공개하는 방식을 택했다. 그 결과 화제성을 유지하고 구독자 이탈을 막는 록인 lock-in(묶어두기) 효과를 톡톡히 누릴 수 있었다. 반면 디즈니플러스 드라마 〈카지노〉의 경우 시즌을 나누어 매주 새 에피소드를 공개하는 방식을 택했는데 시즌 사이 간격이 짧고 애매해 오히려 시청자의 혼란이 가중되었다.

시즌제 드라마의 경우 대개 시즌별 완결성을 갖추고 다음 시즌에 대한 여지를 남겨두는 방식을 택한다. 그런데 최근 공개되는 OTT 시즌제 드라마는 단순히 이야기를 끊어 시차를 두고 보여주는 경우가 많아 시청자의 반감을 사고 있다. 대표적인 예로 배우 김태리, 류준열 주연의 영화 〈외계+인〉 1부를 들 수 있다. 난해한 영화 속 세계관을 소개하는 도입부에서 이미 영화 한 편이 끝나는 느낌이 들어 관객들은 허탈해했다.

빈지워칭이 가져온 시청 주도권의 변화로 인한 방송사의 영향력 감소 현상은 여기저기서 관찰되었다. 2023년 4월에 열린 제59회 백상예술대상에서 유튜브 기반 웹 콘텐츠 〈피식대학: 피식쇼〉가 TV 예능 부문 작품상을 받았다. TV 부문 남녀 예능상을 받은 김종국, 이은지 역시 〈짐종국〉과 〈길은지〉라는 유튜브 채널에서 활약한 점이 인정받았다. 이러한 현상에 비추어볼 때 예능 콘텐츠의 축이 TV에서 온라인으로 넘어간 것으로 보인다. 이제 콘텐츠의 성과도 시청률이 아닌 화제성 데이터를 기준으로 판단한다. 대표적인 예로 최근 들어 OTT 통합 검색 및 콘텐츠 추천 플랫폼 '키노라이츠'의 통합 순위와 평가 점수를 활용하여 보도하는 기사가 늘었다. 《문화 트렌드 2023》에서 언급했듯이 몰아보기가 일반적인 시청 패턴으로 자리 잡으면서 시청률을 대체할 만한 객관적 지표로 다양한 데이터가 활용되고 있다.

프로그램의 화제성과 시청률이 중요한 이유는 광고 수익

디지털 디톡스를 위한 노력이 필요하다

과 직결되기 때문인데 TV 프로그램은 광고 시장에서도 점차 힘을 잃어가는 모습이다. 넷플릭스가 광고형 요금제를 도입하면서 기존에 가장 저렴한 요금제인 베이식 멤버십(9,500원) 가입자 비중이 2022년 11월 41%에서 2023년 1월 16%로 대폭 줄었다. 가격에 민감한 고객층이 상당수 광고형 멤버십(5,500원)으로 이동했기 때문이다. OTT 자체 광고 시장이 확대되면서 시청률 1위를 하더라도 광고가 팔리지 않아 고민하는 TV 방송사의 현실이 기사화되기도 했다.

2023년 6월에는 아일랜드 서부 해안가의 위클로주 그레이스톤즈시 8개 초등학교 학부모협회가 아이들이 중학교에 입학하기 전까지 스마트폰 사용을 금지하는 데 합의하여 전 세계 이목이 쏠렸다. 디지털 네이티브인 아이들이 스마트폰에 중독되는 문제를 해결하기 위해 도시 전체가 나선 것은 드문 일이다. 아이들과 부모 모두 주변에서 비슷한 환경이 조성된다면 큰 거부감 없이 실행할 수 있다고 기대했다. 〈타임스 오브 인디아〉에 따르면 인도의 한 마을에서는 매일 오후 7시에서 8시 30분까지 마을의 모든 사람이 스마트폰을 사용하지 않는 '디지털 디톡스' 시간을 갖는다.

　이러한 현상들은 아직 초기 단계이나 《문화 트렌드 2023》에서 언급한 콘텐츠 디톡스를 위한 '라이트워칭Lite-watching'의 한 단면으로 볼 수 있다. 몰아보기를 하며 스마트폰을 손에서 놓지 못하는 사람들이 스마트폰 중독에서 벗어나기 위해 각성하는 현상은 앞으로 점차 확산될 것으로 보인다. 하지만 OTT 플랫폼은 여전히 몰아보며 콘텐츠를 해치우는 시청자를 조금이라도 더 묶어두기 위해 고심하고 있다. OTT와 시청자 간의 주도권 다툼에서 어떤 결과가 나올지 지켜봐야 할 것이다.

문화재의 새로운 발견

《문화 트렌드 2023》에서는 코로나19 팬데믹을 지나오면서 '오래된 문화재에서 새로운 재미를 찾는' 트렌드를 살펴보았다. 2022년 이후 일상 회복이 본격화되면서 사람들은 다시 여행을 떠나기 시작했고, 이러한 현상은 지역 문화재 활용 사업과 접목되어 가속화되고 있다. 지역 문화재 활용 사업은 문화재 해설이나 체험, 전통 예술 공연이나 전시 등 해당 문화재와 연관된 요소를 포함하고 있는 교육과 관광 콘텐츠를 활용하는 사업이다. 2022년 기준 전국적으로 400여 곳에서 지역 문화재 활용 사업이 펼쳐지고 있다.

최근 들어 지역 문화재 활용 사업이 활발해진 이유는 대중 사이에서 오랜 세월 형성되어온 것에 대한 그리움이 담긴 인문학적 욕구가 생겨나고, 문화재가 역사·전통·문학·예

문화재의 변신

술을 누릴 수 있는 공간이 되어주기 때문이다. '소확행(소소하지만 확실한 행복)' 문화가 확산되면서 내가 사는 곳에서도 얼마든지 여가 시간을 향유하고 역사 탐방을 할 수 있다는 취지로도 문화재가 활용되고 있다.

지역 문화재 활용 사업이 활발해진 또 다른 이유로는 참신한 아이디어와 젊은 감각으로 무장한 새로운 문화 매개자들이 문화재의 가치를 재정의하고 혁신적인 방식으로 도입하는 현상을 들 수 있다. 전 세계적으로 K팝K-pop과 K콘텐츠K-contents가 인기를 얻으면서 우리 문화에 대한 자신감이 상승하고 주변 문화재의 가치를 재조명하며 더욱 매력적인 장소로 여기게 되었다.

《문화 트렌드 2023》에서는 지역 문화재 활용 사업의 지속적인 성장과 함께 문화재 관련 프로그램에 엔터테인먼트

인천 개항장 문화재 야행

요소가 강화되고 젊은 감성에 기반하여 저변이 확대될 것으로 예측했다. 1년이 지난 현재 2023년 지역 문화재 활용 사업 대상으로 '생생 문화재 사업' 165건, '향교·서원 문화재 활용 사업' 110건, '문화재 야행 사업' 47건, '전통 산사 문화재 활용 사업' 43건, '고택·종갓집 활용 사업' 45건 등 총 410건이 선정되어 2022년 405건 대비 소폭 증가했다.

가상현실VR과 증강현실AR 등 정보통신 기술을 활용한 실감 콘텐츠 활용 사업 지원도 계속되고 있다. 메타버스로 울산 반구대 암각화의 원형을 체험하는 콘텐츠와 황새의 시선으로 세상을 바라보는 충남 예산군의 프로그램은 문화유산을 더욱 입체적으로 경험할 수 있게 해준다.

특히 2023년은 세계적으로 K콘텐츠의 인지도가 상승하고 한국 역사와 문화재에 관한 관심이 높아진 것을 확인할 수 있었다. 6월에는 이탈리아 명품 브랜드 구찌가 경복궁 근정전에서 '구찌 2024 크루즈 패션쇼'를 개최하면서 전 세계 패션계의 이목이 쏠렸다. 경복궁 근정전에서 패션쇼가 개최되는 것은 매우 이례적인 일이다. 구찌는 초청장에서부터 패션쇼에 등장한 의상에 이르기까지 한국의 미와 근정전의 여러 요소에 영감을 받은 다양한 요소들을 선보였다. 디자이너뿐만 아니라 전 세계 패션계 팬들까지 경복궁의 아름다움을 접할 수 있는 기회가 되었다. 현대적이고 활동적인 의상을 입은 모델들의 워킹과 우리에게 익숙한, 그러나 근엄한 공간인 경복궁이 한 프레임에 담기는 모습은 자부심과 함께 묘한 즐거움을 가져다주었다.

구찌는 이번 패션쇼를 계기로 향후 3년간 경복궁 보전 관리와 활용을 위한 후원을 약속했다. 정부는 문화재 활용 폭을 넓히기 위해 유적지 사용 및 촬영 허가 제도를 대폭 개선했다. 기존에 한 달 이상 소요되던 문화재 위원회의 별도 심사 과정을 축소해 궁이나 능의 장소 활용성을 높이고, 한국민속촌과 같은 지역 관광 명소는 마이스MICE* 장소로 개발하여 문화 자원 활용의 문턱을 낮추었다.

문화재 축제에 예상외로 많은 관광객이 몰리면서 주최

* 마이스MICE는 기업 회의Meeting, 포상 관광Incentives, 컨벤션Convention, 전시Exhibition의 네 분야를 총칭하는 서비스 산업을 말한다.

함안 낙화놀이

측이 안전사고를 우려해 급히 행사를 축소한 일도 있었다.
숯과 한지를 꼬아 만든 실 수천 개를 줄에 매달아 놓고 불을
붙이는 민속놀이 '함안 낙화놀이'는 그룹 방탄소년단^{BTS}의
리더 RM의 〈들꽃놀이〉 뮤직비디오와 드라마에 잇달아 등장
하면서 많은 관심을 받았다. 특히 무진정 연못 위에서 펼쳐
지는 아름다운 불꽃의 향연이 담긴 황홀한 이미지가 소셜
네트워크 서비스^{SNS}에 공유되면서 인지도가 크게 높아졌다.
그런데 2023년 5월에 열린 경남 무형문화재 제33호 '함안
낙화놀이'에는 예년보다 5배 많은 5만 명의 관광객이 몰리
면서 도로가 마비되고 통신이 끊기는 등의 문제가 발생하기
도 했다. 2023년 4월 기준 함안군 전체 인구가 약 6만1천 명
인 것을 고려하면 하루 관광객이 군 전체 인구와 맞먹는 규
모였던 것이다. 문화재 활용과 향유 측면에서 우리가 어떤

부분을 고려하고 준비해야 할지 생각하게 해준 사건이었다.

2023년은 우리 문화에 대한 자부심에 더해 팬데믹 이후 여행 수요 급증으로 문화재를 더 가까이하게 되고, 해외 시장을 대상으로 새로운 활용법을 소개한 시기이기도 했다. 이제 사람들은 문화재 여부를 떠나 그곳이 얼마나 매력 있는 공간인지에 집중하게 되었다. 해외에서도 생경하면서도 아름다운, 그리고 '인스타그래머블 instagramable 한(인스타그램에 올릴 만한)' 사진 촬영 명소에 더해 그 안에 담긴 스토리에서 우리 문화재의 매력을 느끼고 있다. 그동안은 문화재를 어떻게 활용하고 알릴 것인지를 고민했다면 이제 어떻게 하면 지속 가능한 방식으로 문화재의 가치를 확산할 것인지에 생각을 집중해야 할 차례다.

주목 경제의 정치적 표출

주목 경제Attention Economics는 대중의 주목받는 것을 통해 이득을 얻는 현상을 설명하는 개념이다. 쉬운 예로 유튜버가 많은 구독자를 거느리면 큰 광고 수입을 얻게 되는 일을 들 수 있다. 《문화 트렌드 2023》에서 설명했듯이 이러한 주목을 받고 싶은 동기에는 경제적 동기 외에도 희생적 동기와 정치적 동기도 찾아볼 수 있다. 사람들이 다루는 정보의 양이 증가하면서 주목 경제 효과도 커지고, 미디어의 종류와 수가 늘어나면서 주목의 대상도 다양화되었다.

 2023년에 주목을 받은 사람들의 특성을 살펴보면 주목 경제 트렌드가 어떻게 흘러왔는지 이해하는 데 도움이 될 수 있다. 기업인 중에서는 전 세계적으로 일론 머스크가 단연 최고일 것이다. 그의 말 한마디 한마디가 세계 경제에 영향을 미치는 것은 어제오늘 일이 아니다. 2021년에는 암호화폐 도지코인Dogecoin을 언급하여 27일간 60배, 즉 6,000% 급등 하는 일이 벌어졌고, 2022년에는 트위터를 인수하면서 파산 가능성을 거론하여 전 직원을 두려움에 떨게 했다. 2023년 4월에는 트위터의 파랑새 로고를 도지코인의 시바견으로 바꾸면서 도지코인 가격이 30% 급등하기도 했다. 어찌 보면 《문화 트렌드 2023》에서 언급했던 '관종'의 행태를 머스 크가 행하고 있다고 볼 수 있다. 쓸데없이 관심을 끄는 일에 집착하는 사람인 것이다. '일론 타임'이라는 말도 있다. 머스 크가 말하는 계획은 그것보다 훨씬 오래 걸릴 것으로 이해 해야 한다는 뜻이다. 한마디로 허풍을 떠는 것이다. 예를 들

주목을 받는 것은 권력을 얻는 것과 같다

우주 항공 기업 스페이스X의 창업자
일론 머스크

어 그는 2016년에서 2022년까지 유인 우주선을 화성에 보
내고 2025년까지 화성 식민지 개발에 착수하겠으며, 2020
년 말까지 자율주행 택시 100만 대가 다니는 세상을 만들겠
다고 공언했다. 이러한 요란한 계획들은 결국 기한 내에 이
루어지지 못했다. 그러나 일단 그의 장대한 계획은 대중의
관심을 끌었고 어쩌면 그가 말한 대로 실현될 수 있을지도
모른다는 희망을 불러일으켰다. 그중 몇 가지는 비록 시간
이 걸렸지만 실현되고 있기도 하다. 머스크는 관심을 끄는
것만으로 사람들에게 동기부여를 했고, 또 그것이 실현 가
능성을 높이는 측면도 있었다.

　말 한마디로 대중의 주의를 환기하여 특정한 방향으로
미래를 만들어가는 사람은 정치인 또는 정치적 힘을 가진
사람이다. 예를 들어 2023년 3월에 파산하여 전 세계 금융

권에 불안을 초래했던 실리콘밸리은행 사태에 대해 제롬 파월 미국 연방준비제도 의장은 즉각적으로 미국의 은행 시스템이 건전하며, 은행의 안정을 위해 모든 수단을 동원할 것이라고 발표했다. 파월의 이 말 한마디는 사람들에게 심리적 안정을 가져다주었다. 실제로 통화 정책을 실행하지 않았지만 대중의 시선을 끄는 말 한마디가 그와 유사한 효과를 가져다준 것이다.

조 바이든 대통령은 2022년 대만이 공격당한다면 직접적으로 군사 개입을 할 것이라고 밝혀 중국을 긴장시켰다. 바이든의 이 말 한마디는 이후 중국을 견제하려는 미국의 정치적·경제적·사회적 조치를 상징했다. 2023년 6월에는 중국의 정찰 풍선을 언급하는 과정에서 시진핑 주석을 독재자라고 표현하여 중국의 반발을 샀다. 나중에 이러한 발언이 미국과 중국의 관계에 영향을 미치지 않을 것이라는 견해를 밝히기도 했다.

2023년 머스크, 파월, 그리고 바이든과 같은 유명인의 말에 대중이 주목하고 경제적 효과가 나타난 주목 경제 현상은 2024년에도 다양한 형태로 이어질 것으로 전망된다. 주목 경제 현상은 불확실성이 높고 정보가 부족한 상황에서 두드러질 수 있다는 점을 고려할 때, 2024년 한국 사회에서 대중이 가장 원하는 정보는 무엇일지 점쳐보는 일도 의미 있을 것이다. 예를 들어 2023년에는 수많은 젊은이를 좌절에 빠뜨렸던 전세 사기나 코인 사기가 성행했는데 2024년에도 이러한 분야에서 일확천금을 약속하는 사이비 전문가가 등장할 것으로 보인다. 사교육 분야에서는 지난 수십 년간 입시 정보에 목마른 학생들에게 서울 지역 대학 진학을 약속하는 학원 컨설턴트와 수능 시험과 가장 유사한 형태의 문제 제공을 약속하는 스타 강사가 존재해왔는데, 2024년에도 이 분야의 주목 경제는 여전히 건재할 것이다.

마지막으로 이러한 분야에서 주목 경제의 부정적인 효과를 낮출 수 있는 현상이 나타나는 것도 흥미로운 일이 아닐 수 없다. 전세 사기나 코인 사기, 사교육 시장의 비대화가 일어나는 원인 중 하나는 정부 정책의 미비에 따르는 정보 불균형이다. 코로나19 팬데믹으로 부동산 시장이 요동치는 가운데 정부 정책이 형평성과 공신력을 잃으면서 사이비 전문가가 활개를 치게 되었다. 공교육만으로는 원하는 대학에 갈 수 없다는 신뢰의 부재가 사교육 시장의 비정상적인 비대화를 가져왔다. 정부는 2023년 5월 전세 사기 방지 대책을 내놓았고 6월에는 공교육 경쟁력 제고 방안을 발표하기도 했다. 모두 부동산 시장과 사교육 시장에서 정보 불균형을 해소하려는 조치라 할 수 있다. 이러한 조치가 과연 대중의 마음을 움직여 주목 경제의 부정적인 효과를 낮출 수 있을지 관찰해보는 것도 흥미로운 일이다.

2장

글로벌 한류의
현재

중국의 K푸드 식도락 열풍

2023년 유행할 문화 트렌드의 하나로 소개했던 K푸드 열풍은 2024년에도 이어질 전망이다. 특히 코로나19 팬데믹 이후 집에서 간편하게 조리해서 먹을 수 있는 가정간편식HMR 시장은 엔데믹endemic(풍토병화) 시대에도 성장 일로에 있다.

국내 시장부터 살펴보자. 한국농수산식품유통공사에 따르면 국내 가정간편식 시장 규모는 2016년 2조2,700만 원에서 2020년 4조 원, 2022년에는 5조 원대로 성장했다. 팬데믹이 끝나는 시기에도 25%나 성장했던 것이다. 2023년 말에는 7조 원대로 성장할 것으로 추정된다. 이러한 성장의 배경에는 식당에서 쓰는 외식 소비 금액을 부담스러워하고 배달 서비스의 편리함에 익숙해진 소비 패턴의 변화가 있다. 유통 목적으로 개발한 간편식은 물론 외식 업체와 협업

중국 선양에 있는 대형 마트 매대

하여 고급 식당 메뉴를 포장해서 판매하는 레스토랑 간편식
도 가정간편식 시장 확대를 견인했다.

국내 가정간편식 시장의 성장은 K푸드의 글로벌 확장을
위한 토대가 되고 있다. 국내 시장의 성장이 매출 증대와 경
쟁 심화를 초래하면서 기업들은 해외 시장에서 기회를 추구
하게 된다. 《문화 트렌드 2023》에서 설명했듯이 한류 문화
전파에 힘입어 외국 소비자가 한국의 가정간편식을 선호하
는 일은 이제 보편적인 현상이 되었고, 기업들은 적극적으
로 해외 시장 공략에 나서고 있다.

대표적인 예로 아워홈은 외국 단체 급식 점포에서 떡국,
비빔밥, 떡볶이 등 한식 메뉴를 편성하는 전략을 펴고 있다.
농심은 2022년 4월 미국에서 라면을 중심으로 생산하는 두
번째 공장을 완공하여 직전 연도 대비 24% 성장한 4억8천

외국에서 판매되는 한국의 라면

만 달러의 매출을 달성했고, 2023년 1분기에는 전년 동기 대비 472억 원 상승한 1,647억 원의 매출을 올리는 쾌거를 이루었다. 풀무원도 미국 시장에서 2023년 1분기 전년 동기 대비 매출이 36% 성장하며 8년 연속 미국 두부시장 점유율 1위를 유지하고 있다. 오리온의 K스낵, 삼양식품의 K 매운맛 불닭면, 대상의 K김치 등 K푸드의 약진은 2024년에도 계속될 전망이다.

글로벌 시장에서 K푸드를 선보이는 곳은 기업만이 아니다. 정부와 공공기관도 다양한 행사를 통해 K푸드 지원 활동을 벌이고 있다. 한국농수산식품유통공사는 2023년 4월 하노이에서 열린 베트남 건국 국경일인 홍브엉 기념일 축제에서 아이스크림, 떡볶이, 홍삼 음료 등 K푸드 시식 행사를 주관했다. 5월에는 베이징에서 중국 노동절 연휴에 맞춰 K

2장 글로벌 한류의 현재

푸드 홍보를 위한 K페스타를 개최하여 막걸리와 소주, 쌀과자 등을 선보였고, 캄보디아 프놈펜에서 열린 동남아시안게임에서는 막걸리와 소주 등의 시음 행사를 진행했다. 중국 상하이에서 열린 2023년 상하이 국제식품박람회에서는 농림축산식품부, 수출 업체, 전라북도와 협력하여 79개 부스로 구성된 통합 한국관을 설치하여 전통차 등 음료와 스낵류를 홍보하고 바이어를 유치했다.

《문화 트렌드 2023》에서 중점적으로 다루었던, 세계 최대 규모의 중국 식품 시장은 2023년 전년 대비 6.4% 증가한 1,556조 원 규모로 성장했다. 코로나19 팬데믹이 끝나고 리오프닝reopening(경제 활동 재개) 과정에 있는 중국 시장에서 일단 K푸드는 선전하고 있는 것으로 알려졌다. 산업통상자원부 수출입 통계에 의하면 2023년 3월 농수산 식품 수출액은 9억8천만 달러로서 전년 동기 대비 2.3% 증가했고 2022년 9월의 8.1%, 2022년 12월의 8.9%에 못 미치더라도 꾸준해 증가하고 있다. 공급망 관련 무역 마찰을 빚고 있는 반도체와 디스플레이 품목의 수출이 2022년 9월 대비 각각 25.2%와 29.8% 급감한 것과 대조된다.

농수산 식품의 대중국 수출 증가가 가정간편식을 중심으로 이루어지고 있다는 것은 《문화 트렌드 2023》에서 내다본 우리의 예측이 적중했음을 보여준다. 관세청에 따르면 2022년 면류 수출액은 8억6,200만 달러로서 역대 최대 실적을 보였고, 품목도 일반 라면에서 짜장·불닭·할랄·생면·

우동·국수 등으로 다양화되었다. 그러나 최근 일고 있는 미국과 중국의 무역 갈등, 2023년 6월 다시 살아난 사드^{THAAD}(고고도미사일방어체계) 배치 이슈와 관련하여 중국 정부의 한류 규제 조치가 재발동될 가능성도 조심스럽게 제기된다.

K푸드 식도락 열풍은 한국 문화에 대한 선호와 한국 제품의 우수성을 배경으로 2024년에도 지속될 가능성이 크다. 그러나 국제 정치의 역학 관계가 이러한 장밋빛 전망에 안개를 드리울 수도 있다.

한식당을 반기는 동남아

2022년은 한류 확산으로 전 세계적으로 한국 음식과 한식에 대한 관심이 증가했고, 이를 반영하듯이 한식당 수가 눈에 띄게 늘어난 것을 확인할 수 있었다.《문화 트렌드 2023》에서는 이러한 현상을 프랑스 파리와 말레이시아 쿠알라룸푸르의 사례를 통해 살펴보았다. 한식의 세계적인 열풍은 플랫폼 역할을 하는 식당과 콘텐츠 역할을 하는 음식으로 나누어볼 수 있다. 프랑스의 경우 한식의 인기가 급상승하여 한식당은 개업만 해도 성공한다는 인식이 확산하고, 파리를 비롯해 수도권에 개업한 한식당 중 한국인이 직접 운영하지 않는 식당이 절반 이상을 차지한다. 말레이시아의 경우 한식 프랜차이즈 업체가 한국의 트렌디한 식당 분위기를 재현하여 현지인 사이에 인기를 얻고 있다.

말레이시아의 대표적인 한식 체인점인 K Fry의 웹사이트

　해외에서 인기를 얻는 한식 트렌드는 불고기, 비빔밥과 같은 전통 한식에서 김밥, 치킨, 핫도그와 같은 분식으로 그 영역이 확대되고 있다. 한식은 한식당뿐만 아니라 현지 식당에도 영향력을 미치는 것을 확인할 수 있다. 한식에 사용되는 재료나 소스는 현지 식당에서 메뉴명에 한국과 관련된 단어를 넣어 한식의 영향을 받았음을 알렸다. 한국 드라마나 유튜브 쿡방 등을 통해 한국 음식에 들어가는 재료, 조리 방식 등에 관한 정보를 쉽게 접할 수 있다. K컬처 팬들은 이제 직접 한식을 만들거나 한식당을 찾아 적극적으로 한식을 전파하고 있다.

　2023년 방송가에서는 해외를 배경으로 한식을 소개하는 다양한 예능 프로그램이 탄생했다. MBC 〈무한도전〉 멤버들이 2009년 뉴욕에서 한식을 알리기 위해 떡갈비, 김치전, 된장국, 비빔밥 등을 만들던 시절과 비교하여 메뉴뿐만 아니라 그 형식도 다양해졌다. tvN 〈윤식당〉의 스핀오프 프로그램 격인 〈서진이네〉는 멕시코 바칼라르에서 떡볶이, 김밥, 핫도그 등 분식을 주메뉴로 내세웠다. 의외로 한국의 분식을 잘 아는 손님들이 있었고, 원래 알고 있던 핫도그나 라면과는 조금 다른 맛임에도 새로운 음식을 즐기는 손님들도 많았다.

JTBC 〈한국인의 식판〉은 'K급식'을 소재로 한층 새로운 방식으로 한식을 다뤘다. '외국인 선생님이 맛본 한국 급식'과 같은 유튜브 채널을 통해 화제가 된 한국의 급식 메뉴를 잉글랜드 울버햄튼 축구팀, 옥스퍼드대학, 로스앤젤레스 시티칼리지 등 다양한 곳에서 선보였다. TV조선 〈형제라면〉

한식의 인기가
분식으로 확장되고 있다

에서는 '라멘의 나라' 일본에서 한국의 인스턴트 라면 요리를 선보였고, tvN 〈장사 천재 백사장〉에서는 모로코, 이탈리아 나폴리 등 한식의 불모지에서 한식당을 개업하는 과정을 보여주었다.

해외에서 먼저 한식의 가치를 인정하는 사례들도 눈에 띈다. 미국의 유명 인플루언서는 한식으로 체중을 50kg 감량하는 데 성공한 후 문화 엔터테인먼트 기업 블랙유니콘을 설립해 한국을 알렸다. 온라인에서는 '코리안 쿠킹 프렌즈'라는 커뮤니티를 운영하며 한식을 주제로 다양한 사람들과 소통하고 한국 문화를 전파했다. 미주한인위원회는 한국 문화 확산에 기여한 공로를 인정하여 그에게 '임브레이스 유니티 상Embrace Unity Award'을 수여했다. 한식을 다루는 해외 유튜버들도 늘어나, 다양한 재료를 활용한 한식의 매력과 함께 바닥에 앉아서 먹거나 대화를 나누는 등의 식사 문화도 소개되고 있다.

한식과 함께 식문화도 세계인의 관심을 받고 있다

한식진흥원은 급격히 확산하는 한식에 대한 관심과 세계적으로 늘어나는 한식당의 질적 제고를 위해 스타 셰프들의 한식 노하우를 담은 영상을 제작하여 배포했다. 8개 언어(한국어, 영어, 프랑스어, 일본어, 아랍어, 스페인어, 베트남어, 인도네시아어) 자막을 포함하고 있는 이 영상은 양질의 한식 제공을 위해 해외 한식당에서 활용할 수 있는 팁을 담고 있다. 농림축산식품부는 해외 우수 한식당 지정 사업과 함께 CJ 제일제당의 한식 셰프 발굴과 육성 프로그램 '퀴진 케이^{Cuisine K}' 프로젝트를 지원하고 있다.

2023년에는 방송과 정부 활동을 통해 유럽과 동남아를 비롯해 다양한 국가와 연령층에게 한식이 사랑받을 수 있는 토대가 구축되었다면, 2024년에는 식자재·식기·조리도구 등 한식과 식문화에 관련된 수출 산업이 급성장할 것으로 예상한다. 조만간 세계 어디를 가도 자유롭게 한식을 먹을 수 있는 시절이 오지 않을까 기대해본다.

중동 지역의 한류 연결 소비

한국의 콘텐츠는 세계 곳곳에서 주목받고 있으며, 문화 콘텐츠에서 시작된 한류는 전에 없던 큰 인기를 누리고 있다. 《문화 트렌드 2023》에서는 중동 지역에서 특히 강하게 부상하는 한류의 연결 소비 현상을 2023년의 주요 트렌드로 꼽았다. 중동의 한류 트렌드를 파악하려면 다양한 인종에 기인하는 이 지역 특유의 다양성을 이해하는 과정이 선행되어야 한다. 고가 시장과 저가 시장으로 양분된 중동 지역을 장악하려면 이러한 트렌드에 부합하는 문화 콘텐츠 발굴과 굿즈 개발이 필요하다. 2020년 이후 시작된 소비 행태 변화는 온라인보다는 오프라인으로, 디지털보다는 아날로그로 회귀하는 트렌드를 보여준다.

개혁과 개방을 위한 중동 국가들의 장기 비전 선포는 단

더핑크퐁컴퍼니와 사우디아라비아 투자부 간의 업무 협약 체결

계별로 이러한 비전을 실현하는 데 집중하고 있다. 2023년을 보낸 지금 이 같은 중동 국가들의 정책을 활용하여 중동 지역에서 한류와 한류 비즈니스를 발전시키기 위한 한국 기업과 정부의 활동은 더욱 활발하게 진행되고 있다.

2023년은 그동안 문화 콘텐츠 수출의 불모지로 알려진 중동 지역에서 한국 기업들이 내디딘 힘찬 발걸음이 빛을 발했다. K동요의 선두주자이자 유튜브 조회 수 전 세계 1위를 기록한 〈아기상어〉의 제작사 더핑크퐁컴퍼니는 2023년 3월 사우디아라비아 투자부MISA와 현지 사업 확대를 위한 양해각서MOU를 체결했다. K팝의 대표 주자인 SM엔터테인먼트는 2022년 12월 사우디 문화부와 문화 분야 협력을 위한 업무 협약을 맺고 2023년부터 사우디팝(S팝) 프로듀싱, 현지 인재 발굴과 육성, 아티스트 트레이닝 시스템 구축, 콘텐츠 제작을 위한 스튜디오 설립, 초대형 콘서트 개최 등 다양한 활동을 진행하고 있다.

프린스술탄대학 세종학당에서 개최한 K푸드와 K문화 이벤트

2022년 프린스술탄대학에 설립된 세종학당은 2023년 3월 리야드한인회와 함께 'K푸드와 K문화' 이벤트를 개최했다. 이 행사에서는 김밥, 김치, 떡볶이 등의 한국 음식과 윷놀이, 제기차기, 딱지치기 등 K놀이문화가 소개되었다. 문화 콘텐츠에서 시작된 중동의 한류가 언어, 음식, 문화, 관광, 상품의 연결 소비로 확장되고 있음을 보여주는 대표적인 사례다.

한국 중소벤처기업부는 2023년 6월 사우디 수도 리야드에서 사우디 상무부, 중소기업청장, 투자부와 회담을 갖고 두 나라 간의 공동 사업을 발전시키기 위한 협력 관계를 공고히 했다. 이는 제2의 중동 붐을 일으키는 신호탄이 되었다. 그해 3월 초 열린 사우디 최대 스타트업 행사 비반^{BIBAN} 뿐만 아니라 두 나라 간의 교역을 확대하기 위한 통관 절차

한국 중소벤처기업부 장관과 사우디 투자부 장관 회담

개선, K팝을 비롯한 문화 행사와 동행 축제를 위한 협력 방안 등 다방면에 걸쳐 논의가 이루어졌다. 이는《문화 트렌드 2023》에서 예측했던 '중동에서의 한류' 트렌드가 연결 소비로, 민간을 넘어 국가 간의 협력 관계로 확대되는 모습을 보여준다.

3장

공정성과
정치 논리의 충돌

팬덤 정치의 발흥과 반작용

《문화 트렌드 2023》에서 우리는 팬덤 정치와 관련해 정치인 개인에 대한 유권자의 높은 선호가 그의 정책에 대한 관심으로 연결되는 긍정적인 측면이 존재함에도 불구하고 두 가지 이유에서 폐해를 발견할 수 있다고 진단했다.

첫 번째 폐해는 편파성이다. 우리 편은 무조건 옳다는 편향된 생각을 감추기보다는 오히려 드러내어 논리와 토론이 실종되는 가치의 상실이 나타난다는 것이다. 예전에는 적어도 표면적으로는 객관적인 입장을 견지하려는 시늉이라도 취했으나 이제는 어떤 이슈에 대해 상대방이 반론을 펼치면 '프레임'이라는 한 단어로 쉽게 대처하는 폐해를 낳았다. 두 번째 폐해는 배타성이다. 상대 진영에 대한 적대적 행동뿐만 아니라 같은 당내에서도 강성 지지층의 문자 폭탄 등의 공격적 행동이 나타났다. 그 결과 정치인 사이에는 회복하기 어려운 반목을, 국민에게는 정치에 대한 혐오를 불러오는 결과를 가져왔다. 이러한 부정적인 결과에도 팬덤 정치가 계속되는 원인으로는 강한 지지층만 결집하면 선거에서 승리하는 승자독식의 정치 구조를 들 수 있다.

2023년을 보낸 현재 팬덤 정치는 여전히 누그러질 기미를 보이지 않는다. 지난 3월에는 더불어민주당 이재명 대표에 대한 체포 동의안 무기명 투표에서 다수의 이탈표가 발생하자 '겉은 민주당이지만 속은 국민의힘'을 상징하는 이른바 '수박' 의원 명단을 작성하여 발표하고 민주당사 앞에서 '수박 깨기 집회'도 열렸다. 이재명 대표가 비명계를 색출하고 공격하면 당의 단합을 해치는 것이니 자제하라는 취지의 메시지를 보냈지만 '개혁의 딸'들의 공격적인 언행은 계속되었다. 결국 9월에 체포동의안이 가결되자 찬성표를 던진 것으로 추정되는 의원 명단이 공개되고 원내 대표가 사임

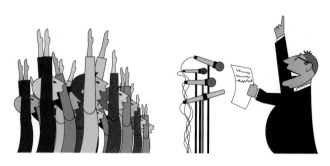

특정 정치인이나 정당을 지지하는 팬덤 정치 현상

하는 등 홍역을 치렀다. 2021년 전당대회 돈 봉투 의혹으로 송영길 위원이 민주당을 탈당하고 코인 의혹으로 김남국 의원이 탈당했을 때도 그들의 팬덤은 무한한 지지를 보냈다.

이제 국회의원 선거가 있는 2024년에 이러한 팬덤 정치가 어떤 방향으로 영향을 미칠지 주목된다. 먼저 보수 진영에서는 한동훈 장관이나 김건희 여사 팬덤이 발견되는데, 이 집단이 선거에 어떤 영향을 미칠지는 미지수다. 그보다는 이준석 전 대표를 지지하는 정치 세력이 팬덤이 될 가능성이 높아 보인다. 이와 관련해 2023년 3월에 열린 여당 진영의 전당대회를 살펴보면 이준석 전 대표와 가까운 후보로 평가된 천하람, 김용태, 허은아 후보가 당 대표와 최고위원 후보로 거론되었으나 오히려 이준석 전 대표와의 관계가 선거에 도움이 되지 않을 것이라는 주장이 제기되었다. 만약 이준석 전 대표가 2024년 총선에서 '윤핵관'과의 대결 구도를 강조하면서 자신의 지지 세력을 규합한다면 이는 또 다

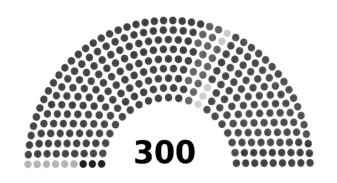

2024년은 한국 총선의 해다

른 버전의 팬덤 정치로 변질될 가능성이 높다. 이러한 현상이 재현될 것인지, 팬덤 정치가 아닌 다른 방식으로 이준석 전 대표의 좌표가 정해질 것인지 귀추가 주목된다.

2024년 총선을 앞둔 야권의 정치 지형은 더욱 흥미진진하다. 문재인 전 대통령이 2023년 4월에 연 평산책방은 일주일 만에 일반 방문객 1만 명을 넘겼고, 이재명 대표와 조국 전 장관이 방문하기도 했다. 조국 전 장관은 그곳에서 "길 없는 길을 걸어가겠다"라고 밝혀 총선에 출마하는 것이 아니냐는 추측이 제기되었다. 6월에는 이낙연 전 대표가 귀국하여 "못다 한 책임 다하겠다"라고 말해 총선에서 어떤 역할을 할 것이라는 의견이 나왔다. 이재명 대표와 대립하는 '반명' 세력의 핵심이 되지 않겠냐는 분석도 있다.

또 하나의 관전 포인트는 금태섭 전 의원이 이끄는 '다른 미래를 위한 성찰과 모색 포럼'이 창당할 제3지대 정치 세력의 역할이다. 금태섭 전 의원이 열어갈 새로운 정치 세력은 과연 팬덤 정치 현상에 대해 어떤 대응을 내놓을지 두고 볼 일이다.

참을 만한 불공정

《문화 트렌드 2023》에서는 공정성과 관련해 사람들은 전반적으로 공정을 지향하지만 참을 만한 불공정도 인정하는 심리가 존재한다는 화두를 던지고 그와 관련해 구체적인 사례를 살펴보았다.

예를 들어 재벌이나 정치인이나 대학 교수의 자녀가 부모의 직업을 물려받을 때 실력과 철학이 인정받는다면 불공정한 세습이라고 생각하지 않을 수 있다. 방탄소년단의 입대와 관련하여 다른 영역의 경우와 비교하여 공정성의 문제를 제기할 수도 있었지만 상식에 기반한 이성적인 팬들은 참을 만한 불공정을 인정했다. 마지막으로 '괜찮아' 시리즈에서 볼 수 있듯이 너그러운 마음을 가질 수 있는 경우에 어느 정도의 불공정이 허용될 수 있다.

공정성의 화두를 던진 미국 정치학자 마이클 샌델

　엄격한 공정성과 참을 만한 불공정의 논리는 2023년에
도 다양한 분야에서 충돌했다. 먼저 정치 분야에서 여권을
공격하는 야권의 단골 메뉴는 '검찰 공화국'이라는 이슈였
다. 여권은 지난 정권에서의 적폐를 청산하기 위해 공정한
법적 절차를 밟아야 한다고 주장했고, 야권은 법을 집행하
는 기준이 공정하지 않고 법적 절차만을 강조하다 보니 정
치도 실종되었다고 설파했다. 검찰과 법무부를 중심으로 하
는 법 집행에 있어서 여권은 엄격한 공정성을, 야권은 참을
만한 불공정의 입장을 대변했다. 그러나 야당이 다수를 차
지하는 국회에서는 그 반대였다. 2023년 3월에 야당 주도
로 국회에서 통과되었던 양곡관리법은 대통령의 거부권 행
사에 막혔다. 야권은 국회의 다수결 원칙이라는 엄격한 공
정성을 주장했지만 여권은 국고 손실에 대한 우려와 다른

흰 피부와 빨간 머리카락으로 상징되는 인어공주

곡물과의 균형을 위해 국회의 의결을 뒤집는 불공정의 길을 택한 것이다.

2023년에 개봉한 디즈니의 영화 〈인어공주〉 실사판에서도 우리는 공정성과 관련된 논리의 충돌을 목격했다. 빨간 머리카락을 가진 흰 피부의 인어공주에 익숙했던 대중에게 유색 인종이 연기한 인어공주는 일종의 충격이었다. 이는 '화이트워싱whitewashing'과 대비되는 '블랙워싱blockwashing' 논란과 함께 정치적 올바름political correctness에 대한 관심으로 이어졌다. 화이트워싱은 할리우드에서 유색 인종의 배역을 백인에게 맡겨 문제가 된 현상을 의미하는데, 이번에는 반대로 백인으로 익숙한 배역을 유색 인종에게 맡기는 블랙워싱으로 인해 오히려 백인을 역차별하는 것이 아니냐는 논란이 일었다. 그 배후에는 인종이나 성별 등에 있어서 사회적 약자에 속하는 집단을 배려해야 한다는 정치적 올바름의 철학이 있는 것으로 추정된다.

사실 정치적 올바름의 철학은 엄격한 공정성과 참을 만한 불공정성의 균형에 있어서 중요한 위상을 차지한다. 사회적 약자나 소수자에 대한 차별적 행위는 당연히 금지되어야 한다. 문제는 엄격한 기준을 지나치게 강조하다 보면 또 다른 문제가 발생할 수 있다는 것이다. 예를 들어 《문화 트렌드 2023》에서 언급했던 연예인의 대체복무 허용이나 여성의 복무 가산점 미적용 등에 있어서 한 가지 불공성을 해결했다고 생각하는 순간 다른 차원의 불공정이 발생할 여지가 있었다. 정치적 올바름의 경우에도 이와 유사한 논란을 낳을 가능성이 크다.

이러한 문제는 사회가 성숙하면서 참을 만한 불공정성이 적용되는 분야가 확대되는 가운데 자연스럽게 완화될 수 있다. 《문화 트렌드 2023》에서 설명했던 철학과 실력에 대한 존중, 상식과 이성에 기반한 행동, 그리고 너그러운 마음의 확대는 어느 정도의 불공정성에 대한 인내를 가능하게 한다. 그러한 논란에 대해 사안별로 과연 가치가 있는지에 대한 합리적 판단도 필요하다. 유색 인종 배우가 인어공주를 연기한다고 해서 무슨 큰일이 있겠는가? 결론적으로 이 영화는 초반 흥행 실패로 마무리되었으나 영화의 가치는 영화적 요소로서만 평가되었으면 하는 바람이다.

4장

다양한 환경 변화와
인식의 전환

플랫폼 기업의 변신

국내 대표적인 플랫폼 기업 네이버와 카카오가 콘텐츠를 바라보는 시각은 큰 차이를 보여왔다. 네이버가 자신들의 플랫폼에 고객을 유인하는 수단으로 콘텐츠를 활용하는 전략을 취해왔다면 카카오는 플랫폼 사업 못지않게 비중 있는 사업으로서 새롭게 콘텐츠 사업에 진출해왔다. 그러나 갈수록 콘텐츠의 중요성이 강조되면서 네이버도 점차 지식재산권을 보유하는 데 역량을 쏟고 있는데 새롭게 선보인 네이버 나우NAVER NOW.를 통해 자체 콘텐츠를 제작하고 방영하는 데 집중할 것으로 예상되었다. 네이버 나우는 라이브 스트리밍 서비스로 실시간 채팅과 멀티태스킹이 가능한 콘텐츠 플랫폼이다.

《문화 트렌드 2023》에서 우리는 네이버가 대형 음악 경

4장 다양한 환경 변화와 인식의 전환

MBC 서바이벌 프로그램 〈소년 판타지〉 데뷔 팀 '판타지 보이즈'

연 프로그램에 참여하는 등의 시도가 가능할 것으로 예상했는데 실제로 네이버 나우는 2023년 대형 음악 경연 프로그램 제작에 참여했다. MBC가 기획하고 제작한 글로벌 보이그룹 서바이벌 오디션 프로그램 〈소년 판타지〉에 참여하여 실시간 투표를 진행하고 순위 발표식을 독점 방송했다. 이 프로그램은 일본 OTT 아베마^{ABEMA}를 통해서도 방송되었다.

뒤늦게 콘텐츠의 중요성에 눈뜬 네이버는 다양한 방식으로 나우의 장점을 살린 콘텐츠 제작에 심혈을 기울이고 있다. 반면 일찌감치 콘텐츠의 중요성에 눈뜬 카카오는 이미 플레이엠, 크래커, 안테나 등 다수의 엔터테인먼트 기업을 손에 넣고 2023년 SM엔터테인먼트 인수에 나섰다. 《문화 트렌드 2023》에서 우리는 SM엔터테인먼트 인수 시도는 카카오의 필연적인 선택일 수밖에 없었다고 분석했다. 카카오에게 SM엔터테인먼트는 반드시 손에 넣어야 할 대상이기

'소년판타지', 네이버 투표 '1000만' 넘겼다…오늘(8일) 생방송 투표

일간스포츠 | 입력 2023.06.08 19:06

MBC '소년판타지' 네이버 나우 투표 수가 천만을 돌파했다.

8일 오후 10시 파이널 방송을 앞두고 있는 '소년판타지 - 방과후 설렘 시즌2'(이하 '소년판타지')는 앞서 데뷔조 12인을 결정하기 위한 네이버 나우 투표를 진행, 해당 투표수가 천만을 돌파하며 인기를 실감케 하고 있다.

국내를 넘어 일본, 태국, 중국 등 다양한 국가에서 '소년판타지' 참가자들을 향한 투표 열기를 불태웠던 상황에서 온라인 투표만으로도 '소년판타지'는 큰 파급력을 보여주고 있다. 이런 가운데, 온라인 투표에 8일 파이널 생방송 문자 투표를 합산해 최종 데뷔조 12인이 결정된다.

네이버 나우 투표수가 천만을 돌파한 사실을 소개한 기사

때문이었다. 많은 우여곡절을 거쳐 SM엔터테인먼트는 결국 카카오의 손에 들어갔다. 이제 카카오는 SM엔터테인먼트가 보유한 다수의 지식재산권과 브랜드를 바탕으로 콘텐츠 사업 확장에 날개를 달게 될 것이다.

2023년 2월 3일

SM 경영진, 이수만 없는 멀티 제작센터와 레이블 체계를 담은 SM 3.0 발표

2023년 2월 7일

SM 경영진, 카카오: 신주 및 전환사채 발행으로 SM 지분 9.05% 확보

이수만: 법적 대응 예고

2023년 2월 10일

이수만: SM 지분 18.46% 중 14.8%를 하이브에 양도하는 계약 공시

2023년 2월 27일

카카오: 모든 방안을 강구하여 SM 인수 의사 표명

2023년 3월 3일

법원: SM 신주 및 전환사채 발행금지가처분 신청 인용

2023년 3월 6일

카카오: 주당 15만 원에 SM 주식 공개 매수 선언(지분의 35% 한도)

2023년 3월 12일

하이브: SM 인수 중단 선언

2023년 3월 28일

카카오: SM 지분의 39.87%를 확보해 최대 주주 등록

콘텐츠의 중요성 강화 트렌드는 히트 콘텐츠를 보유한 채널의 고객 접근성을 높이는 움직임으로도 나타나고 있다. 2022년 6월 말 방영된 드라마 〈이상한 변호사 우영우〉는 흥행 돌풍을 일으키며 국내는 물론 해외에서도 큰 인기를 얻었다. 이 드라마가 방영된 채널 ENA는 2022년 4월 29일

ENA 채널 번호 변경

SKY에서 명칭이 변경된 신생 채널로, 올레TV는 29번, BTV
는 40번, U+TV는 72번에서 송출된다. 《문화 트렌드 2023》
에서 우리는 인터넷TV^{IPTV}의 채널 변경 시 채널 번호가 수
직 상승될 수 있다고 예상했는데, ENA 채널은 올레TV에서
29번에서 1번으로 채널 번호가 수직 상승했다. 물론 ENA
채널이 올레TV를 서비스하는 KT 계열이라는 사실을 간과
해선 안 되지만 채널 번호 변화를 위한 정당성을 제공했다
는 사실은 의심할 여지가 없다.

콘텐츠의 중요성이 강화되는 추세는 향후에도 지속될
것이며 여러 현상을 통해 이러한 흐름을 엿볼 수 있다.

디지털 기술과 NFT 아트

2022년에는 코로나19 팬데믹과 함께 미술계의 많은 활동이 온라인화되면서 기존에 주목받지 못했던 디지털 창작물들이 대중의 관심을 받았다. 여기에는 대체 불가능한 토큰Non-Fungible Token, NFT 기술이 핵심 역할을 했다. NFT 기술은 무수히 복제가 가능한 디지털 데이터에 대체 불가능한 토큰을 부여하여 유일성과 희소성을 보장한다. 이 기술을 통해 디지털 창작물은 거래 대상으로서 금전적 가치를 갖게 된다.

2021년 3월 비플Beeple이라는 이름으로 알려진 디지털 아티스트 마이크 윈켈만Mike Winkelmann의 작품 〈매일: 첫 5천 일Everydays: The First 5000 Days〉의 NFT가 크리스티 경매에서 6,900만 달러(약 850억 원)에 낙찰되었다. 당시 무명에 가깝던 작가가 다니엘 리히터, 야요이 쿠사마 등 세계적인 거

아트 영역으로 확장된 NFT 기술

장들의 작품보다 높은 가격에 거래되었다는 사실에 미술계가 발칵 뒤집혔다. 이전에도 NFT 기술과 NFT 아트 거래가 활성화되었으나 주류 미술계에서 주목을 받지 못했다.

비플의 작품 낙찰 후 세계적으로 NFT 아트 열풍이 불었다. NFT 아트는 태생적인 디지털natively digital 작품을 NFT화하는 것과 물리적인 원본 작품을 NFT화하는 방식으로 나눌 수 있다. 화가 김환기의 〈우주〉나 구스타프 클림프의 〈키스〉와 같은 유명 작품들이 NFT화되어 판매되기도 했다. 《문화 트렌드 2023》에서는 주요 갤러리들이 NFT 아트 플랫폼을 구축하는 현상에 주목했다. 2022년 가상화폐의 가치 하락으로 NFT 시장이 큰 타격을 받았지만 창작 환경에서 디지털 창작물의 비중이 높아지는 만큼 NFT 아트는 사

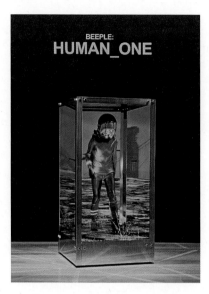

NFT 미술품 시장의 상징적 존재인 비플의 실물 작품 〈휴먼원Human-one〉

라지지 않으리라 예상했다. 다만 NFT 아트 시장이 예술적 수준에 따라 재조정되는 과정을 거칠 것이라 덧붙였다.

2023년에는 NFT 아트를 바라보는 미술관들의 시선 변화가 눈에 띄었다. 프랑스 현대미술관 퐁피두센터는 "무형 예술 정책: 증명서에서 블록체인으로"라는 제목의 NFT 아트 전시를 개최했다. 미술관에 기증된 NFT 작품 〈크립토펑크CryptoPunks #110〉을 포함해 전 세계 13명의 작가 작품과 18개의 NFT 프로젝트를 전시했다. 이 전시는 퐁피두센터가 유럽 최대 현대미술관이라는 점에서 NFT 아트가 투자 수단이나 디지털 수집품을 넘어 예술적 가치를 인정받을 수 있는 발판을 마련했다고 볼 수 있다.

미국 LA카운티미술관^{LACMA} 역시 '코지모 데 메디치^{Cosimo de' Medici}'라는 이름으로 활동 중인 래퍼 스눕독으로부터 수백만 달러 상당의 NFT 작품 22점을 기증받았다. 한국 동대문디자인플라자^{DDP}는 'DDP 45133 프로젝트'를 통해 DDP를 둘러싸고 있는 4만5,133개의 은색 패널을 NFT로 발행했다. 공공 미술과 공공 프로젝트에서도 NFT를 접목하는 사례가 늘어나고 있으며, 갈수록 빨라질 일상의 디지털화 과정에서 NFT가 예술계에서 갖는 중요성은 더욱 커질 것으로 보인다.

NFT 아트는 다양한 업계에서 영향력이 확대되고 있다. 세계적인 브랜드들은 NFT 아트를 마케팅에 활용하고 있다. 패션 명품 브랜드 입생로랑뷰티는 NFT와 소셜 토큰을 발행하고 3명의 아티스트와 NFT 컬렉션을 출시했다. 젤리로 유명한 독일 제과 기업 하리보 역시 NFT 관련 상표를 출원하고 디지털 예술 작품과 컬래버레이션을 한 NFT 아트를 제작할 계획이다. 국내 한 고급 빌라는 업계 최초로 각 세대에 NFT 아트를 설치하고 작품 소유권을 분양받은 계약자에게 넘기는 조건을 내세우기도 했다.

NFT가 대중화되면서 굿즈와 스탬프 등으로 그 활용과 소유 방식이 확대되는 것도 주목할 만한 현상이다. 스타벅스는 NFT를 기반으로 한 새로운 리워드 프로그램 오딧세이를 도입했다. 여행 스탬프라고 불리는 NFT를 구매하면 포인트와 함께 여러 단계의 보상 프로그램을 제공한다. 새로

스타벅스는 NFT 기반 리워드 프로그램 오딧세이를 출시했다

운 메뉴 시음, 리저브 로스터리 초대권, 스타벅스 농장 견학 기회 등 다양한 행사를 통해 고객과의 관계를 돈독히 다지는 데 그 목적이 있다. K팝에서도 아티스트들의 콘서트 영상이나 활동을 NFT로 만들어 디지털 굿즈로 소장하는 사례가 보편화되고 있다.

　이처럼 NFT가 다양한 용도로 활용되고 대중에게 익숙해질수록 NFT 아트의 가치도 높아질 것이다. NFT 아트를 통해 디지털 기반으로 활동하는 신인 작가들은 더 많은 기회를 얻게 되었고, 기존에 찾아볼 수 없었던 디지털 컬렉터가 등장했다. 미술 시장의 판도를 바꾼 NFT 아트 시장은 여전히 성장 중이다.

다시 유니버스로

한동안 몰아쳤던 메타버스^{metaverse} 열풍은 고전적 의미의 유니버스를 구식으로 만드는 듯하더니 어느새 새로운 의미의 유니버스가 대세로 자리 잡아가고 있다. 《문화 트렌드 2023》에서는 힙한 용어로 떠오른 유니버스 트렌드에 대해 다루었다. 고전적 의미의 유니버스가 단지 물리적 우주를 의미하는 개념이었다면, 새로운 의미의 유니버스는 세계관 또는 거대 담론을 의미하는 개념으로서 멀티버스^{multiverse}(다중 우주)와 메타버스를 포함하는 주도적인 세상을 의미한다.

유니버스가 메타버스보다 초월적이고 멀티버스보다 다중적인 개념이라면 언어적 측면에서 모순이 아닐 수 없다. 그러나 《문화 트렌드 2023》에서 유니버스 개념이 그러한 힘을 가질 수 있었던 이유에 대해 주인공이 주도하는 강력하고 매력적인 서사 또는 스토리텔링이라고 설명했다. 세상이 복잡하고 힘들수록 내가 주도하는 나만의 유니버스를 구축하고 싶은 욕구가 유니버스 열풍의 근원에 자리 잡고 있는 것이다.

《문화 트렌드 2023》에서는 2023년에 유니버스의 경제적 효과가 창출되고, 가공적 유희보다는 진정성을 강조하는 유니버스가 유행할 것으로 예측했다. 이러한 예측은 대체로 현실로 나타났다. 기업들은 2022년과 마찬가지로 2023년에도 독자적인 캐릭터를 중심으로 고객을 자사의 유니버스에 머무르게 하려는 시도를 계속하고 있다. 예를 들어 신세계는 6월에 통합 멤버십 '신세계 유니버스 클럽'을 출시하면서 저렴한 연회비로 6개 계열사의 멤버십 할인을 받을 수 있는 정책을 내놓았고, 신세계푸드는 청담동에서 '유니버스

〈마이 유니버스〉를 열창하는 콜드플레이

바이 제이릴라' 베이커리를 운영하면서 제이릴라 캐릭터를 내세우고 있다.

이러한 캐릭터를 활용한 유니버스 전략은 2023년에 이어 2024년에도 지속될 전망이다. 2024년을 주도할 문화 트렌드로 캐릭터를 꼽은 이유가 여기에 있다. 현대백화점의 흰디, 롯데홈쇼핑의 벨리곰, 신세계백화점의 푸빌라는 캐릭터를 활용한 유니버스 마케팅의 중심에 있다.

진정성에 기반한 유니버스 확장도 지속되고 있다. tvN에서 많은 리얼리티 예능 프로그램을 제작했던 나영석 피디는 이제 〈채널 십오야〉를 기반으로 온라인 동영상을 제작하고 있다. 2023년에 시작한 〈나영석의 나불나불〉은 배우 이서진이나 가수 김종민과의 일상적인 대화를 그대로 영상에 담는 프로그램이다. 〈신서유기〉나 〈뿅뿅 지구오락실〉에서 작위적

'유니버스 바이 제이릴라' 베이커리 디스플레이에 나타난 제이릴라

인 설정을 기반으로 게임을 진행하거나 〈출장 십오야〉에서 퀴즈를 맞히는 형식에서 확장하여 개인적 친분이 있는 대상과의 토크로 예능 프로그램의 범주를 확장한 것이다. 이는 웹툰 작가 이말년의 유튜브 채널 〈침착맨〉에서 차용한 형식으로서 유재석도 〈뜬뜬〉이라는 유튜브 채널에서 제작하는 '핑계고'에서 유사한 프로그램을 선보이고 있다.

바꿔 말하면 2023년 예능 프로그램의 유니버스 확장은 새로운 상황을 설정하거나 새로운 지역을 방문하는 물리적 확장과 더불어 주인공의 개인적 친분을 활용하는 진정성의 확장으로 이어졌다. 물론 이러한 유니버스 확장이 대중적 인기를 얻기 위해서는 진행자와 출연자 각각의 세계관이 시청자의 공감을 얻어야 하고 그들의 '케미' 역시 시청자의 관심을 이끌어야 한다. 그들의 유니버스가 대중적으로 친근하게 받아들여지기 위해서는 재미와 진정성 면에서 모두 성공적이어야 한다는 것이다.

이러한 법칙은 비단 예능 프로그램에만 적용되는 것은 아니다. 캐릭터의 세계관을 홍보와 마케팅의 수단으로 사용하는 모든 기업과 기관에 해당되는 사항이다. 거의 모든 지방자치단체와 공공기관은 자체 캐릭터를 보유하고 있지만 이들 캐릭터가 효과적으로 활용되는 경우는 드물다. 기업 역시 고객을 사로잡기 위해 유니버스 마케팅을 활용하는 경우가 많지만 효과적으로 대중의 기억 속에 각인되는 경우는 찾아보기 힘들다.

진정성은 오랜 시간에 걸친 관계에서 나온다. 2023년 예능 프로그램의 유니버스 확장을 위해 나영석 피디는 이서진과, 이말년은 주호진과, 그리고 유재석은 지석진과 함께 출연했다. 유니버스 마케팅을 활용하려는 기관과 기업에게 교훈이 될 듯하다.

기후 위기를 마주하는 문화예술

2022년 문화예술 분야에서는 기후 위기에 대응하는 각자의 방식이 눈에 띄었다. 가장 먼저 관찰된 현상은 그간 다큐멘터리에서 진지하게 논의되어온 환경 오염이라는 이슈가 예능이라는 장르를 통해 보다 친근하고 실천적으로 다루어지기 시작했다는 점이다. KBS2 〈오늘부터 무해하게〉, JTBC 〈바라던 바다〉 등은 시청자가 일상에서 실천할 수 있는 다양한 탄소 절감과 시클린sea-clean 활동을 소개했다. 세계적으로 한국 콘텐츠에 대한 관심이 높아지면서 예능 프로그램에서 기후 위기를 다루는 방식도 주목을 받았다.

　기획 전시를 하는 과정에서 많은 폐기물이 발생하는 미술관 역시 탄소 절감을 위한 전시 방식을 다각도로 시도했다. 세계 박물관들이 함께 공모한 '기후 행동을 위한 박물관

프로젝트^{Museums for Climate Action}'부터 작품 운송 방식 변화, 폐기물을 활용한 작품 제작, 재사용이 가능한 모듈형 파티션 사용 등 지속 가능한 미술관으로 거듭나기 위한 여러 시도에서 아직 과도기이지만 동시대 미술의 사회적 역할에 대한 고민을 엿볼 수 있었다.

패션계 역시 폐기되는 텐트나 현수막을 활용한 업사이클링 제품이나 재생 가능한 신소재를 사용한 제품을 선보이며 그간 의류 폐기물이나 염색으로 환경 오염을 일으킨 책임에 대한 실천적 논의를 이어 나가는 모습이었다. 2022년에는 빈티지 또는 세컨핸드^{second hand}(중고품)로 불리는 중고 의류를 거래하는 전문 플랫폼이 등장하여 중고 의류 거래를 패션 소비 방식의 하나로 바라보는 시각 변화를 체감할 수 있었다. K팝 팬들의 지구를 위한 행동 모임 '케이팝포플래

지구 곳곳의 산불

닛^{Kpop4planet}' 사례 등을 통해 창작자와 소비자 모두 적극적 인 참여와 견제로 기후 위기에 대응하는 문화예술 분야의 움직임을 확인할 수 있었다.

안타깝게도 우리는 2023년에도 지구의 기후 변화를 오롯 이 체감할 수밖에 없었다. 봄철에 한국 남부 지방은 극심한 가뭄에 시달렸고, 전국 각지에서 주말마다 발생하는 산불은 큰 피해를 입혔다. 한국뿐만 아니라 캐나다 동부에서는 3월 에 발생한 산불이 서쪽으로 번지며 여름까지 지속돼 산림 파 괴는 물론이고 대기 오염까지 발생했다. 태풍, 폭우, 폭염, 폭 설 등 예측하지 못한 천재지변에 전 세계가 시름에 잠겼다.

갈수록 심화하는 기후 위기만큼 2023년 문화예술 분야 에서는 이에 대응하기 위한 보다 조직적이고 실천 가능한 접근 방식에 대한 고민이 눈에 띄었다. SM엔터테인먼트 창 업자 이수만 전 총괄 프로듀서는 2023년 1월 1일 'SM 지속 가능 포럼'에서 "지구를 살리고 우리의 터전을 보존해야 한 다는 절박함을 느껴야 한다. 사막화를 막는 노력이 절대적으로 필요하다"라고 말했다. SM엔터테인먼트뿐만 아니라 세계적으로 영향력이 커진 K팝 기획사들이 ESG(환경·사회·지배구조) 경영에 목소리를 높이는 모습이다.

할리우드의 유니버설 필름 엔터테인먼트 그룹^{UFEG}은 지속 가능한 영화 제작을 위한 이니셔티브를 발표하고 그리너 라이트^{GreenerLight} 프로그램을 시작했다. 이 프로그램은 대본 개발에서 촬영, 제작, 배급에 이르기까지 영화 제작 전 과정에 친환경적이고 지속 가능한 방식을 적용하도록 설계되었다. 실제로 UFEG는 엔터테인먼트 업계 최초로 로케이션 결정, 세트 제작 등 다양한 문제에 대해 에너지 효율성과 지속 가능성을 고려한다. 이러한 관점은 영화 속에서 일회용기를 사용하지 않는 것과 같이 화면에 드러나는 부분부터 촬영을 위해 대기하는 시간에 친환경 행동을 실천하는 것과 같은 보이지 않는 부분까지 모두 포괄한다.

미술관의 경우 기후 위기를 주제로 한 작품이나 탄소 절감을 추구하는 전시 방식에 더해 관람객과 함께할 수 있는 실천적 행동을 전면에 내세웠다. 국립현대미술관 서울은 2023년 개관 10주년을 기념하는 '국립현대미술관 서울 10축제'의 주제를 '탄소 중립·친환경·공감 예술'로 정하고 이를 실천할 수 있는 프로그램을 기획했다. 서울관 주변 쓰레기를 줍는 '플로깅' 이벤트와 친환경 장터 등을 마련하여 기후 위기에 대한 인식 개선을 넘어 실천 촉구에 나섰다.

국립현대미술관 서울 10주년 플로깅 세트

　문화가 가진 힘은 콘텐츠를 활용해 대중에게 다양한 방식으로 기후 위기의 심각성을 알리고 경각심을 일깨울 수 있다는 데 있다. 2023년 국내 개봉해 MZ세대의 입소문을 타고 500만 명이 넘는 관객을 동원한 일본 애니메이션 〈스즈메의 문단속〉의 신카이 마코토 감독은 '재난'이라는 키워드로 작품 활동을 해왔다. 대지진을 다룬 〈스즈메의 문단속〉 이외에도 2019년 개봉한 〈날씨의 아이〉는 기후 변화를 맞이한 일본 사회의 모습을 보여준다.

　국내 작품의 경우 넷플릭스 오리지널 드라마 〈택배기사〉에서 극심한 대기 오염으로 산소 호흡기 없이 살 수 없는 미래 어느 순간을 묘사했다. 역시 넷플릭스에서 공개된 드라마 〈고요한 바다〉는 지구 전체가 물 부족에 시달려 한강이 바짝 말라버린 미래를 배경으로 했다. 이처럼 문화 콘텐츠는 위기의식에 상상력을 더해 다가올 미래를 보여주며 경각심을 불러일으킬 수 있다. 최근 OTT로 공개되는 국내 드라마 중 SF 장르가 늘어나면서 기후 위기로 변화한 근미래를 다루는 방식이 더욱 다채로워질 것으로 예상된다.

한편 2023년에는 《문화 트렌드 2023》에서 언급한 '그린워싱greenwashing'과 '행동하는 팬'이라는 키워드가 결합하여 나타난 현상도 관찰할 수 있었다. 지난 5월 인도네시아 자카르타에서 방탄소년단 팬클럽 아미ARMY가 현대자동차의 그린워싱을 비판하는 캠페인을 진행했다. 이들은 방탄소년단의 노래 〈마이크 드롭Mic Drop〉을 빗대 "현대, 석탄 멈춰 Hyundai, Drop Coal"를 외치며 현대자동차의 그린워싱에 반대하는 서명 운동과 현대자동차 전기차 충전소에서 방탄소년단 커버댄스를 추는 퍼포먼스를 진행했다. 이 캠페인은 'B20 서밋 인도네시아 2022B20 Summit Indonesia 2022'에서 현대자동차와 인도네시아의 광물 생산 기업 아다로미네랄PT Adaro Minerals Indonesia이 체결한 저탄소 알루미늄 공급 협약에 신규 석탄발전소 건설이 포함된 사실이 드러나며 그린워싱 논란이 발생한 것에 대해 현대자동차의 광고 모델로 활동하고 있는 방탄소년단 팬들이 반발한 것이다. 이러한 사건은 이제 표면적으로 친환경적인 행보를 하는 것만으로는 소비자를 설득할 수 없으며 기업들의 행태를 소비자와 팬들이 그저 바라보고만 있지 않다는 점을 보여준다. 기후 위기라는 재난은 앞으로 우리 사회에 많은 영향을 미칠 것이며, 이에 대응하는 방식이 문화 산업의 큰 흐름이 될 것이라는 점은 의심할 여지가 없다.

인공지능의 인격화

인공지능^AI의 인격화가 진행되어 협업 파트너로 부상하는 문화 트렌드는 지난해 이래 세 가지 양상을 보여주었다.

첫째, 인공지능 아트가 하나의 장르로서 인정되고 있다. 저명한 미디어 아티스트 레픽 아나돌^Refik Anadol은 대용량 데이터를 처리하기 위해 머신러닝^machine learning을 사용하여 건축물과 대형 스크린에 웅장한 시각 예술을 구현했다. 그는 인간과 인공지능의 관계에 대해 "완전한 컬래버레이션: 기계와 함께한 상상"이라고 표현했다.[1] 뉴욕현대미술관이 2023년에 인공지능을 활용한 아나돌의 '레픽 아나돌: 감독되지 않은^Refik Anadol: Unsupervised' 전시를 열었다는 사실은 미국의 주류 미술계와 전시기관이 인공지능 아트를 받아들이고 있다는, 아니면 적어도 논의의 대상으로 삼고 있다는

미디어 아티스트 레픽 아나돌의 스튜디오

사실을 보여준다.

둘째, 챗GPT^{ChatGPT} 등 생성형 인공지능이 등장하면서 대중이 인공지능을 협력자로 인식하는 추세가 급속히 확산되었다. 마이크로소프트 오피스나 어도비 포토샵, 또는 코딩 프로그램 깃허브^{GitHub}에 생성형 인공지능 기능이 결합되는 현상은 이러한 추세를 더욱 가속화하고 있다. 전문가가 아닌 일반 대중도 인공지능을 단순한 도구가 아닌 창조적 협력자로 인식하게 되는 계기가 마련된 것이다. 생성형 인공지능이 수행하는 작업이 때로는 예상과는 다른 결과를 가져다주는 사례를 보면 더욱더 기계보다 사람처럼 생각되기도 한다.

마지막으로 인공지능은 점점 더 다양한 분야에서 협력자 역할을 담당하고 있다는 사실을 발견할 수 있다. 예를 들

(위) 이미지 생성 AI 미드저니Midjourney가 그린 그림
(아래) 퍼스널 AI 서비스 피Pi의 스크린샷

어 정신의학 분야에서 창업하는 기업들은 인공지능을 활용하여 대화 기능을 극대화하는 새로운 서비스를 제공하고 있다. 물론 이러한 서비스가 결정적인 순간에는 예상하지 못한 문제를 일으킬 수 있다는 우려가 제기되기도 한다. 예를 들어 미국섭식장애협회National Eating Disorders Association는 음식물 섭취 습관과 관련하여 어려움을 겪고 있는 사람들을 위한 챗봇 서비스를 마련했는데, 식단 조언을 하는 서비스를 개시하자마자 서비스를 중단해야 했다.[2] 체중 관리를 위

한 식단 조언은 일반인에게는 별문제가 없는 정보 제공 서비스이지만 정작 서비스 대상이 되는 섭식 관리 대상자에게는 식단 조언을 위한 정보 제공 자체가 오히려 음식물 섭취를 자극한다는 사실이 발견되었기 때문이다.

인공지능의 인격화가 진행되고 많은 사람이 이를 일상적으로 받아들이게 될수록 그 유용성과 한계성이 드러나게 될 것이다. 더 많은 공개적 논의와 기술적 혁신과 제도적 보완을 거칠 때 인공지능의 인격화는 대중이 창의적으로 사고하고 표현하며 문제를 해결하는 과정에 긍정적으로 기여하게 될 것이다.

2부

2024년
문화 소비
트렌드 전망

5장

아주 사적이면서
가장 대중적인

두 얼굴의 페르소나
이코노-럭스 문화소비자

N스크린(하나의 콘텐츠를 여러 개의 스크린에서 즐기는 행위), N개 구독(여러 개의 OTT 채널을 구독하는 행위), N차 관람 또는 독서(좋아하는 콘텐츠를 여러 번 보거나 읽는 행위), N잡러(여러 개의 직업을 가진 사람), N포 세대(N가지 것들을 포기한 세대)…. 현대인은 멀티플 N$^{Multiple\,N}$의 시대를 살아가고 있다. 더 많은 선택지가 주어지는 멀티플 N의 시대를 살아가는 문화소비자는 자기만의 고유하고 역동적인 기준에 따라 선택과 포기를 거듭한다.

이러한 흐름을 타고 경제적 합리성을 생각하면서도(돈을 아끼면서도, Economically) 한편으로는 자신에게 가장 큰 행복을 안겨주는 상품을 소비하며(럭셔리하게, Luxuriously) 문화를 풍부하게 즐기는 '이코노-럭스$^{Econo-lux}$' 문화소비자가

세대마다 사람마다 다르게 받아들이고 있는 '럭셔리'의 의미

나타나고 있다. 이제 '럭셔리luxury'의 의미는 세대마다 사람
마다 다르게 해석되고 있다. 부자는 못 될지언정 부자 체험
을 해보는 것은 중요하며, 삶은 선택의 연속이라지만 꼭 선
택해야 할 것도 없다. 열심히 살되, 치열한 삶은 내려놓을 준
비가 된 것이다. 목에 칼이 들어와도 자기 취향은 포기하지
않아서 종잡을 수 없는 요즘 문화소비자, 그리고 시대적 가
치 변화를 묵묵히 받아들이는 기성세대 모두가 이러한 트렌
드 변화 속에서 한 방향으로 나아가고 있음은 분명하다.

개인이 스스로 정의를 내리고 기준을 정하는 '선택의 다
양성'을 받아들인 만큼이나 문화소비자의 소비에 대한 가치

관도 바뀌고 있다. 그리고 이러한 이코노-럭스 문화소비는 다양한 형태로 나타나고 있다. 이코노-럭스 문화소비자들의 원년이 될 2024년을 앞두고 이들의 특징과 성향을 살펴보는 것은 매우 의미 있는 일이다. 이는 결국 이들의 니즈를 반영하여 제품과 서비스를 만드는 기업의 경영 전략과 연결되며, 사회와 국가와 같은 거대 커뮤니티를 변화시키는 힘이 되기 때문이다. 이코노-럭스 문화소비자의 등장 배경과 의의를 살펴보기로 하자.

개인이 주인공이 되는 시대

시장조사 전문기업 엠브레인이 전국 성인 남녀 1천 명을 대상으로 개인의 취향에 관한 인식을 조사한 결과 응답자의 93.9%가 '개인의 취향은 존중되어야 한다'라고 답변했다. 이는 이제 MZ세대뿐만 아니라 사회 전반적으로 다양성을 존중하고 인정하는 문화가 자리 잡기 시작했다는 증거로 볼 수 있다. 2024년은 이코노-럭스 문화소비자가 이끄는 한 해가 될 것이다. 개인의 소비 행태를 두고 정상과 비정상, 옳음과 그름, 주류와 비주류, 같음과 다름을 따지거나 강요하거나 설득하지 않으며 사회 전반에 내재한 다양성과 개인의 판단을 존중하는, 말 그대로 개인이 주인공이 되는 한 해가 될 것이다. 그 결과 우리는 타인의 결정을 진정으로 존중하고 다양성을 인정하는 태도를 습득하게 될 것이다.

이제까지는 이러한 문화가 사회 전반에 정착하기 위해 여러 가지 변화를 겪은 과도기였다면 2024년은 이코노-럭스 문화소비자가 빛을 발하고 소비를 주도하는 원년이 될 것이다. 《멈추면 비로소 보이는 것들》부터 《나는 나로 살기로 했다》, 《지쳤거나 좋아하는 게 없거나》까지 우리 시대상을 반영하는 베스트셀러들도 이러한 트렌드를 보여주고 있다. 어떤 선택이든 내가 옳다고 또는 지금 이대로의 모습이 괜찮다고 다독여 줄 수 있다면 이코노-럭스를 받아들일 만반의 준비가 끝난 것이다. 빅데이터로도 증명된 '나로 살기' 열풍은 이제 이코노-럭스 문화소비로 이어져 시대정신을 만들어가고 있다. 해병대나 특전부대의 전유물로 여겨졌던 "안 되면 되게 하라"는 신조가 "안 되면 되는 거 하라"로 바뀐 것처럼 우리의 고정관념과 사고가 변하면서 '내'가 중심인 시대가 왔다.

위스키 대신 집을 포기한 소녀

2018년과 2019년 크고 작은 여러 영화상을 거머쥔 독립영화 〈소공녀〉는 자신만의 방식대로 살아가는 밀레니얼 세대의 주인공 '미소'의 하루살이를 보여준다. 가사 도우미로 일하며 근근이 살아가는 미소의 삶은 고단하기 그지없다. 새해가 되자 집세도 오르고, 좋아하는 담배와 위스키 가격마저 오른다. 빠듯한 살림살이에 무언가를 포기해야 하는 시점에 이르자 미소는 가계부를 적어본 뒤 하루 일당의 4분의 1을 차지하는 '위스키'가 아닌 '집'을 포기하기로 결정한다. 안식 공간이자 주거 공간인 집을 포기한 그녀의 행동은 보통 사람의 상식으로는 언뜻 이해되지 않는다. 그러나 미소는 자기 삶에 가장 큰 행복을 가져다주는 것이 위스키 한 잔, 담배 한 모금, 그리고 남자친구임을 잘 알고 있다.

영화라는 장르의 특성상 다소 과장된 면이 없지 않지만 이 영화는 현재 밀레니얼 세대들이 생각하는 삶의 기준이 무엇인지 여실히 보여준다. 작은 서식지라는 의미의 영어 제목 'Microhabitat'가 눈길을 끄는 이유다. 밀레니얼 세대의 대표 주자인 전고운 감독은 이 영화에서 자신의 가치관을 고스란히 담아내며 이 세대의 사고관을 여과 없이 보여준다. 프랑스 시인 보들레르가 "빵 없이는 삼 일을 버틸 수

가사 도우미 '미소'의 하루살이를 담은 영화 〈소공녀〉

있지만 시 없이는 그럴 수 없다"라고 말한 것처럼 미소에게 담배 한 모금과 위스키 한 잔은 보들레르의 시인 것이다.

밀레니얼 세대의 삶을 보여주는 것은 아니지만 〈소공녀〉와 비슷한 주제 의식을 담은 해외 영화가 있다. 1957년 런던과 파리를 배경으로 중년 여성의 고군분투기를 담은 넷플릭스 영화 〈미시즈 해리스 파리에 가다Mrs. Harris Goes to Paris〉에서도 현대인이 꿈꾸는 가치관의 변화를 엿볼 수 있다. 남편을 잃고 청소부로 일하면서 홀로 사는 중년 여성 해리스

(위) 영화 〈미시즈 해리스 파리에 가다〉
(아래) 폴 갈리코의 소설 《아리스 부인 파리에 가다》 시리즈

는 일하는 집에서 크리스티앙 디오르의 드레스를 보고 첫눈에 반한다. 그날부터 그녀에게는 디오르 드레스를 사서 입겠다는 꿈이 생긴다. 현실은 암울하지만 기적 같은 행운들이 찾아오면서 우여곡절 끝에 드레스를 살 돈을 모은 해리스는 마침내 프랑스 파리로 향한다. 간신히 찾아간 디오르 매장에서 해리스는 문전 박대를 당하지만 그녀만의 방식으로 사람들을 사로잡으면서 조금씩 꿈에 다가간다.

영화는 프랑스 철학자 장 폴 사르트르의 저서 《존재와 무L'Etre et le Neant》의 한 대목을 빌려 "해리스는 청소부인가, 아니면 그 이상의 어떤 존재인가"라는 질문을 던진다. 남에게 보이는 모습과 실제가, 실존과 본질이 모두 다르다는 점을 일깨우면서 지금 우리가 마주하는 삶과 우리 자신에 대해 돌아보게끔 유도한다. 보이지 않는 것을 보이게 만들면서, 누군가의 부속품이 아닌 오롯이 자기 자신을 마주하면서 현실을 살아가는 것에 대해.

이 영화는 미국 작가 폴 갈리코Paul Callico가 1958년 발표한 소설 《아리스 부인 파리에 가다Mrs. Arris Goes to Paris》를 원작으로 하며, 영화 감독 앤서니 풀렌 쇼가 1992년 영화화한 동명의 영화를 각색한 작품이다. MZ세대나 알파 세대에게는 영화 속 주인공처럼 궁핍하게 살아가더라도 자신이 진정 원하는 무언가를 갖기 위해 다른 것들을 포기하는 모습이 당연하게 여겨질 수 있다. 원작 소설이 출간되었을 당시 사람들은 이러한 가치관을 어떻게 받아들였을까? 요즘 사람들처럼 자유롭게 드러낼 수는 없었지만 이러한 가치관을 따르고 있었음을 여러 작품을 통해 확인할 수 있다. 한 가지 확실한 점은 기성세대가 자유롭게 드러낼 수 없었던 가치관이 MZ세대나 알파 세대를 통해 과감히 드러나고 있다는 사실이다.

명품 드레스를 꿈꾸는 청소부

명품 드레스를 꿈꾸는 청소부. 역설적으로 들리는 이 표현은 이코노-럭스 소비의 본질을 꿰뚫는다. 현세대 소비자의 본질과 변화된 소비 양상을 살펴보기 위해 기업들은 MZ세대나 알파 세대를 집중적으로 분석하고 있다. 그러나 이코노-럭스 소비를 꿈꾸는 세대가 MZ세대와 알파 세대에 국한된 것은 아니다. 반세기 전에도 이코노-럭스를 꿈꿨던 소비자가 있었다. 세대를 통틀어 그러한 트렌드는 이미 만연해지고 있다.

드레스를 입고 갈 곳이 없더라도, 드레스를 입은 모습을 봐줄 사람이 없더라도, 드레스가 불타서 재가 되었더라도, 암울한 현실로 돌아오더라도 그러한 경험은 해리스에게 매우 가치 있는 일임이 분명하다. 이는 자신의 마음에 귀를 기울이는 일이 중요하다는 사실을 보여준 것이며, 열심히 살아온 자신을 위한 보상이자 행복이며 세상을 대하는 태도를 담은 가치관이 될 수 있기 때문이다. "과감히 꿈을 좇아라!" 라는 영화 속 대사에서도 여실히 느낄 수 있듯이 말이다. "이 드레스에 걸맞은 삶을 살 수 있겠어요?"라는 디오르 매장 직원의 질문에 해리스는 당당하게 대답한다. "그건 내 꿈이에요. 우리에겐 꿈이 필요해요. 그 어느 때보다도." 비록 아름다운 허상, 헛된 허영에 불과할지라도 누군가에게는 삶에 힘을 더해주는 그러한 경험 자체를 소중한 기준점이 될 수 있다.

물론 부자와 귀족, 그리고 또 누군가는 남에게 보이기 위한 수단으로 이를 활용하겠지만 해리스와 비슷한 누군가는 자신이 원하는 것과 꿈을 경험하는 데 가치를 부여할 수 있다. 영화 속에서 해리스는 디오르가 우아함과 탁월함, 그리고 경험을 상징하는 옷이고 드레스를 만드는 일은 단순한 재봉이 아니라 달빛을 만드는 일이라 표현하며, 디오르 매장 직원들조차 전혀 생각해보지 않았던 또는 깨닫지 못했던 일과 삶에 대한 가치관을 일깨워준다. 해리스의 이야기를 듣고 디오르 매장 직원들은 그녀를 위해 드레스를 만들고 싶다고 생각하게 된다. 영화에서 해리스가 말했듯이 그 시절 디오르 드레스는 단순히 상류층의 상징만을 의미하지 않는다. 우아함과 퇴폐, 파리의 멋과 낭만을 상징하는 대상이다. 그것을 지니고 경험하고 싶었던 해리스는 이코노-럭스 문화소비자가 꿈꾸는 이상향과 맞닿아 있다.

MZ세대를 넘어 MZA세대로

 멀티플 N의 시대를 사는 이코노-럭스 문화소비자들은 어떤 사람들일까? MZ세대로 분류되는 밀레니얼 세대와 Z세대도 서로 10년 이상 나이 차이가 나다 보니 다양한 스펙트럼을 가지고 바라볼 수밖에 없다. 같은 시대 또는 같은 연도에 태어났더라도 개개인이 지닌 성향과 처한 상황이 달라서 일관되지 않은 특징을 보일 수 있다. 그렇다면 사회 전반적인 문화 트렌드에 영향을 미칠 이코노-럭스 문화소비자들은 어떻게 나타났으며 그 배경은 무엇일까?

 한동안 책과 대중매체에서는 1980년대 초반에서 1990년대 중반에 출생한 밀레니얼 세대와 1990년대 중반에서 2000년대 초반 출생한 Z세대를 통칭하는 MZ세대에 대해 이야기하느라 바빴다. 이들은 누구인지, 어떤 특성을 가졌는지, 기성세대와는 어떻게 다른지 분석하면서 다양한 이야기를 쏟아냈다. 1990년대생들이 사회생활을 시작했을 때는 《90년생이 온다》와 같은 책이 인기를 끌기도 했다. 기성세대와는 전혀 다른 특징을 보이는 MZ세대를 두고 새로운 종의 기원에 비유하기도 했지만 그것도 잠시뿐이었다.

 2023년 하반기를 넘어서는 지금 또다시 세대론이 등장했다. 밀레니얼 세대, Z세대에 이어 이번에는 2010년에서 2024년 사이에 출생한 알파 세대다. 완전한 인공지능 세대로 분류되는 이들은 생후 1년이 채 지나기 전부터 스마트폰 스크롤을 시작하고 기계와의 대화가 익숙하며 온라인으로 모든 것을 해결하는 세대다. 알파 세대 초창기인 2011년에 출시된 애플의 인공지능 시스템 '시리siri'는 이 세대의 특징을 상징적으로 보여준다.

이제 우리는 MZ세대와 함께 진정한 알파 고객으로서 알파 세대를 논해야 한다. 2030년을 기점으로 세계 명품 고객의 80%가 알파 세대가 될 것으로 예상되기 때문이다. 글로벌 컨설팅 회사 베인앤컴퍼니는 "2030년까지 MZ세대와 그 이하 젊은 세대가 지구촌을 아우르는 고급 패션 브랜드 매출의 약 80%를 차지할 것"으로 전망했다. 현재 Z세대의 첫 구매 연령이 M세대보다 3-5년 빠른 것에 비추어볼 때, Z세대와 알파 세대는 2030년 전체 소비의 약 3분의 1을 차지할 것으로 예측된다. 이코노-럭스 트렌드는 바로 이 세대, 즉 MZ세대와 알파 세대를 통칭하는 MZA세대(엠자 세대)가 보여주는 소비 방식을 대변한다.

승진보다 N잡러의 길

주된 소비층이 바뀌면 기업의 물건을 파는 방식은 물론 소비자를 끌어들이는 방식과 경영 전략 또한 바뀌어야 하는 게 이치다. MZA세대의 소셜미디어 활동과 온라인 쇼핑은 기업의 마케팅과 경영 전략에 급진적이고도 파괴적인 영향을 미쳤다. 그러나 무엇보다도 MZ세대와 미래의 알파 세대는 기성세대와는 확연하게 다르다는 점을 인지해야 한다. 이는 기업의 내부 고객인 MZ세대 직원들을 보면 알 수 있다. 직원들이 회사에 인생을 거는 시대는 지났다. 수평적인 환경에서 자란 이들에게 야근을 당연시하는 문화는 받아들여지지 않는다. MZ세대 직원들은 자기계발을 위해 틈틈이 이런저런 교육을 받지만 이는 회사를 위한다기보다는 자신의 가치를 올리려는 목적이 더 크다.

회사에서 미래를 발견하지 못한 사람들은 승진보다는 N잡러의 길을 선택한다. 그러한 사람들은 불명확한 보상을 신뢰하지 않으며 기약 없는 미래가 아니라 지금 여기서 받을 수 있는 확실한 보상을 원한다. 회사가 아니라 '나 자신과 나의 미래'에 충성한다. 회사에서는 '자발적 아싸(아웃사이더)' 또는 '선택적 인싸(인사이더)'가 되어 자신의 상황을 스스로 결정하고 판단한다. MZ세대는 SNS도 용도에 따라 골라 쓴다. 페이스북부터 트위터, 인스타그램, 틱톡, 카카오 페이지, 페이스북 메시지 등 다양한 SNS가 넘쳐나지만 자기만의 고유한 기준에 부합하는 SNS를 선택한다.

이코노-럭스 문화소비 트렌드는 코로나19로 삶의 불확실성이 급증한 4차 산업혁명 시대에 능동적으로 대응하고자 하는 소비자의 양면성이 드러난 결과다. 젊은 세대들은 이러한 시대적 흐름을 읽고 있는 것일까? 전통적인 결혼관이 무너지면서 비혼주의자가 늘어나고, 결혼보다 동거를 선택하며, 이민과 문화적 다양성을 받아들이고 외국인과의 결혼도 마다하지 않는다. 갈수록 살아가기 힘든 세상이 되다 보니 결혼을 해도 아이를 갖지 않는 부부도 많다. 앞서 말한 것처럼 다른 누구도 아닌 '내'가 중요한 세상에서 개인이 주인공이 되는 시대가 온 것이다. 2024년 이코노-럭스 문화소비자들은 이러한 트렌드를 여실히 보여줄 것이다.

제한된 합리성

이코노-럭스 문화소비자를 설명할 수 있는 또 다른 배경으로 미국 사회과학자이자 노벨경제학상 수상자인 허버트 사이몬이 주창한 '제한된 합리성Bounded Rationality'을 들 수 있다. 단순히 물건을 구입하는 일부터 음식 메뉴를 정하는 일, 중요한 의사결정을 내리는 일까지 인간은 항상 완벽하고 합리적인 선택을 꿈꾼다. 그러나 현실세계에서 개인이 의사결정을 할 때는 다양한 상황과 요인을 고려해야 하고, 주어진 자원과 시간의 한계를 감안해야 한다. 어떤 상황에서든 예상 가능한 모든 대안을 고려해 완벽한 결정을 내리는 것은 인간의 인지 능력 밖의 일이다. 따라서 우리가 내리는 의사결정은 완벽하게 합리적일 수는 없다.

이코노-럭스 문화소비자의 가치관도 이와 비슷하다. 세

상에 완벽한 것은 없다. 멀티플 N의 시대를 살아가는 이코노-럭스 문화소비자는 항상 다양한 선택지가 존재했기 때문에 완벽하고 합리적인 선택을 내리는 일은 거의 불가능에 가깝다고 생각한다. 그 선택도 누군가가 강요해서도 안 되고, 판단은 각자의 몫으로 남겨야 한다. 결론적으로 사이몬이 말한 '제한된 합리성'이라는 최선의 선택지만 남겨진 것이다. 이는 인간이 가진 인지 능력의 한계를 보여주는 것이자 미래 소비를 이끌 MZA세대의 주된 특성이다. MZA세대는 편의점 도시락으로 끼니를 때울지언정 자신이 원하거나 가치 있는 상품에는 기꺼이 큰돈을 쓰는 용기 있는 소비자다. 그들은 그렇게 개인이 주인공이 되는 시대를 만들어가고 있다. 2024년은 제한된 합리성을 추구하는 이코노-럭스 문화소비자가 주인공이 되는 원년이 될 것이다.

Where is it going?
자기만의 고유한 기준

월급만 빼고 다 올랐다는 고물가, 고금리 시대에 소비 주체로 부상한 밀레니얼 세대와 Z세대, 그리고 미래의 알파 세대 사이에서 도무지 종잡을 수 없다고 판단되는 이러한 이코노-럭스 소비 행동은 다양한 모습으로 나타날 것이다.

먼저 이들은 경제적 합리성을 따지기보다는 자기만족을

위한 고유한 기준을 추구한다. 경제력이 충분치 않아도 수백만 원을 호가하는 명품을 구매하거나 최고급 호텔에서 하룻밤을 지내는 일이 가능한 것이다. 아끼고 아끼다가 어쩌다 하루 즐기는 플렉스^{flex}를 나무랄 수는 없다. 평범한 젊은 세대가 매번 명품을 사거나 매일 호화 생활을 고집할 수는 없다. 평소에는 미니멀하게 살다가 필요할 때 플렉스하는 것이다. 사람마다 삶에서 감동하는 부분이 다르기에 개인의 고유한 기준을 함부로 판단해서는 안 된다. 그러한 개인의 고유한 기준으로 인해 이코노-럭스 소비에서는 일관성을 찾아볼 수 없다.

요즘 명품 브랜드들 역시 다양한 협업을 통해 이코노-럭스 소비 트렌드를 실천하고 있다. 프랑스 명품 브랜드 루이뷔통과 스트리트 패션의 상징 슈프림의 컬래버는 전 세계 패션 업계를 깜짝 놀라게 했다. 명품이지만 진부하게 느껴졌던 루이뷔통에 슈프림의 젊은 감각이 더해졌다. 이는 단순히 명품과 이코노 브랜드의 협업 상품을 뛰어넘어 자기만의 고유한 기준을 추구하는 이코노-럭스 소비자의 구매욕을 자극하는 상품이 될 수 있다.

또 다른 명품 브랜드 구찌 또한 'DIY 프로그램'을 통해 개인 맞춤형 상품을 선보이기 시작했다. 구찌의 니트에 이름이나 의미 있는 단어의 이니셜을 새기는 서비스를 시작으로 청재킷이나 가죽 재킷 등에 맞춤형 패치를 덧대는 서비스, 슈트에 꽃무늬와 알파벳 자수를 새기는 서비스 등을 제

명품 브랜드 구찌의 'DIY 프로그램'을 통해 탄생한 개인 맞춤형 상품

공하고 있다. 이는 '나를 위한' 과감한 소비를 넘어 '나만을 위한' 상품을 소비하고 싶은 이코노-럭스 문화소비자들의 주목을 끌 만하다.

만리미엄, 편리미엄

이코노-럭스 소비는 단순히 유형 제품에만 해당하는 현상이 아니다. 이코노-럭스 소비자의 또 다른 모습은 콘텐츠와 같은 무형 제품을 즐기는 방식에서 드러난다. 요즘 젊은 세대들은 내가 선별하는 세상에서 나만의 기준에 부합하는 방식으로 콘텐츠를 즐긴다. 극장이나 공연장에 직접 가서 볼 콘텐츠, OTT를 구독해서 몰아볼 콘텐츠, TV에서 일상적으로 볼 콘텐츠, 모바일로 간단히 볼 콘텐츠, 유튜브에서 무료로 볼 콘텐츠···. 다양한 문화 콘텐츠별로 즐기는 방식을 선별하고 경제적 가치까지 따지는 전형적인 이코노-럭스 소비를 추구한다. 편의점 도시락을 먹거나, 고급 호텔 레스토랑에서 한 끼를 즐기듯이 그들은 아무리 비싼 콘텐츠라도 스스로 만족스러우면 또는 자신에게 편리함을 가져다주면 기꺼이 구입한다. 돈을 주고 내가 원하는 만족감 또는 편리함을 사는 '만리미엄' 또는 '편리미엄'을 추구하는 것이다.

경험과 체험

마지막으로 경험과 체험을 중시하는 이코노-럭스 소비자의 모습도 빼놓을 수 없다. 명품 소비가 단순히 '갖는 것'에서 '경험하는 것'으로 진화하면서 명품 브랜드 매장은 고객에게 경험과 체험을 할 수 있는 복합 공간으로 변신하고 있다. 대표적인 예로 미국 명품 브랜드 티파니를 비롯해 메종키츠네, 메종 마르지엘라 등은 중국에서 작은 유럽으로 불리는 상하이 신텐디에 카페를 개설했다. 이탈리아 명품 브랜드 아르마니의 창업자 조르지오 아르마니는 전 세계에서 20개 이상의 레스토랑을 운영 중이다. 그는 이러한 레스토랑에 대해 "쇼핑을 마친 고객들이 반드시 들르는 곳이자 아르마니 라이프스타일을 표현한 최고의 장소"라고 설명했다. 요즘 젊은 세대는 명품을 입는 것과 마찬가지로 명품을

5장 아주 사적이면서 가장 대중적인

117

먹는 행위를 통해 '스몰 럭셔리'를 경험하고 있다. 명품 브랜드의 레스토랑에서 고가의 명품을 사지 않더라도 적은 금액을 지출하고 명품 브랜드를 경험할 수 있다는 것은 지갑 사정을 걱정해야 하는 젊은 문화소비자들에게 큰 매력으로 다가온다. 식사가 끝나면 부티크를 둘러볼 수 있고, 식사 예약 시간 전에 직원과 함께 매장 구경도 할 수 있다. 이코노-럭스 문화소비자들은 자신들이 쉽게 진입할 수 있는 카페나 레스토랑에서 명품 브랜드를 즐기며 부자 경험을 한다.

그런가 하면 영국 패션 브랜드 알렉산더 맥퀸은 디자이너 초청 무료 강연을 열어 이코노-럭스 문화소비자들의 이목을 끌고 있다. 브랜드를 '사게 만드는' 전략이 아니라 '관심을 만들고 경험을 만드는' 전략을 통해 소비자와 장기적인 관계를 구축해 나간다. 구찌의 모회사 케링 Kering 또한 세계적 패션 스쿨 런던칼리지오브패션 LCF 과 공동으로 온라인 패션 교육을 실시하고 있다. 이코노-럭스 문화소비자가 명품 브랜드에 다가갈 수 있는 루트는 더욱 다양해질 것이다.

나노 디그리 마켓

양면적인 모습을 지닌 두 얼굴의 페르소나 이코노-럭스 문화소비자를 사로잡기 위해 기업은 어떻게 대응해야 할까? 이코노-럭스 문화소비자들이 추구하는 양면적인 소비 행태는 더욱 세분화되고, 이에 대응하기 위해 시장은 나노 디그리 마켓^{Nano-degree Market} 또는 마이크로 디그리 마켓^{Micro-degree Market}으로 더욱 쪼개질 것이다. 유형재이든 무형재이든 물건을 파는 기업은 나노 디그리 마켓 전략 또는 마이크로 디그리 마켓 전략을 수립해야 한다.

나노 디그리 마켓에서 '나노nano'라는 단어는 난쟁이를 뜻하는 고대 그리스어 '나노스nanos'에서 유래했다. 나노는 반도체 회로 선폭을 측정하는 단위로, 1나노미터는 1미터의 10억 분의 1에 해당하는 매우 작은 크기다. 극미세 입자 크기의 물체를 만들고 조작하는 나노 기술은 현대 생활에서 핵심 기술로 자리 잡은 지 오래다. 스마트폰, 노트북, PC 등의 전자제품을 비롯해 화장품, 비누 등의 뷰티 제품에도 나노 기술이 접목되고 있다.

이제 기업은 이코노-럭스 문화소비자를 사로잡을 수 있는 다양한 형태의 나노 디그리 마켓을 창출해내야 한다. 이는 치열한 경쟁을 벌여야 하는 레드오션이 아니라 현재 존

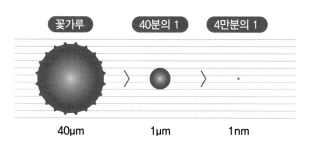

나노미터 크기 비교

재하지 않거나 잘 알려져 있지 않아 유망한 블루오션이 될 수 있다. 기업은 단순한 틈새시장이 아니라 보다 세분된 나노 디그리 마켓을 찾아서 소비자를 특정하고 이들의 니즈를 파악하여 제품과 서비스를 개발해야 한다. 이코노-럭스 문화소비자들이 합리적으로 소비하고 만족감을 느낄 수 있는 제품과 서비스 개발 전략을 마련해야 한다.

하루의 플렉스를 즐기는 데 가진 돈을 모두 쓸 수 있는 이코노-럭스 문화소비자들을 위해 어떤 제품과 서비스를 만들고 어떤 방법으로 이를 즐기게 할지 고민해야 한다. 콘텐츠를 소유하기 위해 다운로드를 하기보다 더 많은 콘텐츠를 경험하기 위해 스트리밍을 하는 이들의 성향을 이용하는 제품과 서비스 개발도 필요하다. 이코노-럭스 문화소비자들은 칫솔, 와인, 생리대, 영양제를 비롯해 요리나 작곡 등을 배우는 강의, 전문가 수준의 교육에 이르기까지 별걸 다 구독하고 스트리밍을 한다. 불합리함을 거부하고 불공정함을 참지 못하는 이코노-럭스 문화소비자를 공략하기 위한 기업의 나노 디그리 마켓 전략은 2024년 경영계의 화두가 될 것이다.

2024

2024년에는 양면적인 모습을 지닌 두 얼굴의 페르소나 이코노-럭스 문화소비자가 부상할 것이다. 멀티플 N의 시대를 살아가는 이들은 자기만의 고유하고 역동적인 기준에 따라 경제적으로 합리적이면서도 자신에게 가장 큰 만족감과 행복함을 주는 제품과 서비스를 소비한다. 새로운 유형의 이코노-럭스 문화소비자는 MZ세대뿐만 아니라 2010년에서 2024년 사이에 출생한 알파 세대를 포함한다. 이코노-럭스 트렌드는 코로나19로 삶의 불확실성이 급증한 시대에 능동적으로 대응하고자 하는 소비자의 양면성이 드러난 결과다. 젊은 세대들은 이러한 시대적 흐름에 따라 '제한된 합리성'의 기준으로 세상을 바라보며, 돈을 주고 내가 원하는 만족감이나 편리함을 사는 '만리미엄' 또는 '편리미엄'을 추구한다. 이들을 사로잡기 위해 기업은 보다 세분화된 나노 디그리 마켓 전략으로 대응해야 한다.

익숙함에 익숙해진 사람들
추억 보정과 문화소비

유튜브에는 매일 새로운 추천 영상이 당신의 선택을 기다리고 있다. 알고리즘은 당신의 취향을 파악하고 수없이 쏟아지는 새로운 영상 속에서 당신이 좋아할 만한 영상을 골라 보여준다. 그런데 알고리즘이 파악하고 있는 당신의 취향은 대체 어디에서 온 것일까?

유튜브 쇼츠shorts를 멍하니 보고 있자면 한때 열광했던 드라마 영상들이 계속 올라온다. 가슴에 검 꽂힌 사람을 좋아하게 했던 〈도깨비〉도 나오고, 친구들을 서로 '그대'라고 부르게 만들었던 〈미스터 션샤인〉도 나온다. 최근에는 어린 시절 열렬히 좋아했던 〈프렌즈〉도 올라온다. 미국 전설의 시트콤 〈프렌즈〉는 종영한 지 20년이 지났는데도 유튜브 쇼츠에서 되살아나 웃게 한다.

시청자의 검색 기록이나 시청 기록을 기반으로 영상을 골라 보여주는 유튜브 추천 영상은 내 '과거'의 선택에 기인한다. 이러한 알고리즘의 추천 시스템이 콘텐츠 시장에 처음 등장했을 때 우리는 이제 새로운 세상을 '고민 없이', '편하게' 만날 수 있음에 환호했다. 하지만 실제로 소비자들이 기대만큼 새로운 콘텐츠를 소비하고 있는 것인지는 생각해봐야 할 것 같다. 어쩌면 우리는 익숙한 것이 좋아 반복되는 짧은 영상들을 별생각 없이 소비하고 있는 것은 아닐까? 아니면 빠르게 변화하는 사회에 적응하기를 강요받는 것에 지쳐 추억 속에서 편안한 무언가를 찾고 있는 것은 아닐까?

추억 속의 영화가 인기를 얻고, 과거 영상을 끊임없이 반복 소비하며, 단종되었던 패션 브랜드나 과자가 부활하는 현상을 단순히 레트로 열풍으로만 설명하기는 어려울 것 같다. 그 내면에 작용하는 보다 복잡한 사회 변화와 문화소비 특성을 살펴보자.

What do we see?

추억에 대하여

최근 영화계의 성공 키워드 중 하나는 '추억'이다. 2022년 6월에 개봉한 〈탑건: 매버릭〉은 코로나19 팬데믹 이후 얼어붙은 영화 시장에서 819만 명의 관객을 동원하며 성공을 거

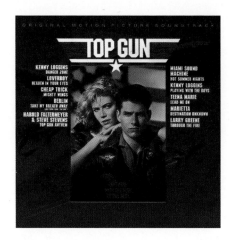

영화 〈탑건〉 사운드트랙

됐다. 〈탑건: 매버릭〉 상영관에는 1987년 〈탑건〉 개봉 당시 젊은 세대였던 4050세대 관객이 가득했다. 〈탑건〉의 상징과 도 같은 오프닝 음악이 흐르며 중년이 된 매버릭(톰 크루즈) 의 모습이 스크린에 등장하자 영화관에는 환호성이 가득했 다. 이제 더 이상 패기 넘치는 꽃미남은 아니지만 지난 36년 의 세월이 매버릭에게도 결코 쉽지 않은 시간이었음을 알 수 있었다. 나이 들면서 책임자로서 해야 할 역할에 고뇌하 는 그의 모습에 중년 관객들은 한껏 감정 이입했으며, 영화 가 끝나자 눈물을 훔치는 이들도 심심찮게 볼 수 있었다.

그뿐 아니라 1990년대 대한민국 전역에 농구 붐을 일으 켰던 만화 〈슬램덩크〉가 2023년 1월 〈더 퍼스트 슬램덩크〉 라는 제목의 영화로 개봉하여 누적 관객 수 450만 명을 기 록했다. 이 영화의 수입사 대표는 〈탑건: 매버릭〉의 국내 흥행을 지켜본 뒤 〈더 퍼스트 슬램덩크〉의 수입을 결정했다고 한다. 추억을 불러일으키는 콘텐츠의 흥행 트렌드가 〈더 퍼스트 슬램덩크〉로도 이어지리라 확신했다는 것이다. 실제로 1990년대 〈슬램덩크〉를 보며 학창 시절을 보낸 3040세대 남성 관객이 상영관을 가득 채웠다. 당시 만화에서 사용되었던 한국식 지명과 이름을 영화에도 그대로 사용하여 원작의 감성을 녹여낸 것도 성공의 주요인이 되었다.

2023년 2월 작품 개봉 25주년을 맞아 리마스터링되어 재개봉한 영화 〈타이타닉〉을 본 사람들은 영화 그 자체뿐만 아니라 그 시절 우리가 생각하고 느꼈던 감성들을 모두 줄소환했다. 영화를 보기 전 먹었던 음식, 함께 봤던 사람들, 그 사람들과 나눴던 대화까지 생각나며 향수에 젖었다. 영화의 묘한 매력이다. 코로나19 팬데믹으로 시작된 영화계 전반의 어려움을 타개하게 해준 영화들이 대부분 '추억'을 키워드로 한다는 점은 사람들 사이의 단절된 관계나 경제적 위기로 어려움을 겪고 있는 사회적 상황과 무관하지 않을 것이다. 사람들은 추억 속에서 잠시나마 '좋았던 그 시절'을 떠올리며 위안받고 있는 것은 아닐까.

패션은 돌고 돌아

패션은 돌고 돈다고 했다. 패션 업계에서는 그간 자취를 감췄던 세기말 브랜드들이 부활해 화제를 모으고 있다. 이러한 현상은 패션 업계에서 2020년을 전후하여 Lee, 마리떼 프랑소와 저버 등 과거 인기를 끌었던 브랜드의 라이선스를 사들인 뒤 국내 시장에서 선보여 인기를 끌면서 주목을 받기 시작했다. 이처럼 사라진 브랜드를 다시 론칭시키는 것을 '레저렉션 패션resurrection fashion(부활 패션)'이라고 한다. 왕년에 세계 3대 청바지 브랜드 중 하나였던 Lee는 2021년 브랜드 커버낫을 운영하는 비케이브가 라이선스 전개권을 확보하여 국내 시장에 재론칭한 후 2년 만에 500억 원에 가까운 연매출을 달성했다.

2023년에는 서태지와 아이들이 광고했던 유일한 패션 브랜드이며 드라마 〈응답하라 1994〉의 '삼천포'와 '윤진'의

부활한 청바지 브랜드 Lee

커플티로 눈길을 끌었던 티피코시도 2008년 시장에서 철수한 이후 15년 만에 되살아났다. 1990년대 전성기를 누렸던 이 브랜드는 지금 1020세대에게는 전혀 새로운 브랜드이지만 당시 X세대로 불리던 4050세대에게는 추억의 브랜드다. 티피코시를 재론칭한 LF는 티피코시를 접하지 못했던 젊은 직원들에게 브랜드 론칭 작업을 맡겨 '추억'에 더해 트렌디함을 추구했다.

가끔 옷 잘 입는 사람들이 엄마 옷장에서 꺼낸 듯한 옷을 힙한 감성으로 소화해내는 모습을 부러운 눈빛으로 바라보곤 한다. 우리가 화사한 봄옷을 찾을 때 가을·겨울 패션쇼를 하고, 패딩을 꺼내 입을 때 여름옷의 트렌드를 이야기하는, 언제나 한발 앞서가는 패션계는 왜 레저렉션 패션에 꽂힌 것일까?

패션 디자이너는 언제나 경계를 넓히고 새로운 소재와 스타일을 찾으려고 노력한다. 이러한 과정에서 그들은 영감을 얻기 위해 끊임없이 과거를 되짚어본다. 사람들은 특정 스타일과 트렌드를 삶의 어떤 의미 있는 순간과 연관시키는 경향이 있으며, 이는 그리움과 감성을 유발한다. 새로운 디자인 속에 녹아 있는 노스탤지어가 사람들에게 친숙함을 끌어내는 마력을 발휘하는 것이다. 요즘 부활하는 세기말 패션 역시 당시 불안했던 사회적 분위기와 새 시대에 대한 기대감이 코로나19 팬데믹 이후 급격한 변화를 겪고 있는 지금과 비슷하기 때문일지도 모른다.

밈으로 배운 옛드와 옛능

 영상물의 저장, 편집, 재생, 공유가 쉬워지면서 오래전 영상의 활용이 용이해진 것도 추억 속 콘텐츠 소비를 촉진하는 이유 중 하나다. TV 채널을 여기저기 돌리다 보면 '이런 프로그램을 아직도 방영하다니!' 하고 놀라는 경우가 있다. 1980년부터 2002년까지 방영한 드라마 〈전원일기〉도 보이고, 1992년에 방영한 드라마 〈아들과 딸〉도 보인다. 그 시절 출연자들은 2023년 어느 날에도 TV에서 〈전원일기〉를 볼 수 있으리라고 상상이나 했을까?

 과거 콘텐츠의 인기가 높아지자 각 방송사는 '옛드(MBC, 구독자 344만 명)', '드라마 클래식(KBS, 구독자 169만 명)', '빽드(SBS, 구독자 50만 명)' 등의 유튜브 채널을 개설하여 운영하고 있다. 종영한 지 5년이 지난 예능 프로그램 〈무한도전〉도 유튜브 채널 '오분순삭'이나 '옛능'을 통해 편집본이 100

밈으로 꾸준히 활용되는 〈무한도전〉

만 뷰 가까이 재생되고 있다. 이러한 편집 영상은 이미 저작권을 보유하고 있는 영상을 별다른 추가 비용 없이 새로운 콘텐츠로 재생산할 수 있다는 점에서 가성비 높은 콘텐츠로 자리매김하고 있다. OTT의 등장으로 과거와 같이 영향력을 발휘하기 쉽지 않은 환경에서 과거의 영광과도 같은 효자 콘텐츠들을 활용해 수익을 창출할 수 있으니 지상파 방송사 입장에서는 마다할 이유가 없다. 거기에 시대에 맞는 센스 있는 자막과 댓글이 더해진다면 본 방송보다 더 인기 있는 콘텐츠로 부상할 수 있다.

　방송사들이 보유한 저작권을 바탕으로 편집 영상을 만들어 배포하면 시청자들은 방송 속 재미있는 부분을 밈meme으로 재생산해낸다. 유명 짤, 레전드 짤, 짤 부자 등에 등극하면 그 화제성이 웬만한 TV 인기 프로그램에 못지않다. 특히 레전드 짤로 유명한 〈무한도전〉은 "무한도전 예언설", "무한도전에는 없는 것이 없다"와 같은 표현이 나올 정도로 엄청난 밈으로 재현되어 온라인 속 다양한 상황에 등장한다. 출연자의 평균 연령이 25세인 예능 프로그램 〈뿅뿅 지구오락실〉 게임 장면에서 출연자들이 그 또래는 모를 법한 드라마나 영화 퀴즈도 밈으로 유명한 프로그램은 정확하게 맞추는 모습이 무척 흥미롭다. 지금과는 사뭇 다른 방송 환경에서 만들어진 콘텐츠들이 Z세대에게 이질감과 신선함을 주며 디지털 놀이도구로 적극적으로 활용되고 있음을 확인할 수 있는 장면이다.

익숙함이 주는 편안함과 추억 보정

학교 입학식 날을 떠올려 보자. 처음 보는 선생님, 처음 만나는 친구들, 낯선 공간… 어떤 일이 일어날지 몰라서 한껏 긴장한 모습으로 교실에 들어서게 된다. 그런데 입학한 지 한 달만 지나도 학교가 익숙해지면서 어느새 입학식 날 느꼈던 긴장감은 모두 사라진다. 익숙하다는 것은 곧 예측 가능성이 크다는 뜻이다. 우리는 무언가에 익숙할 때 어떤 것을 기대해야 하는지 알고, 그것에 대응하여 어떻게 행동해야 하는지 안다. 이러한 예측 가능성은 불안감을 줄여 편안함을 느끼게 한다.

사람들은 자주 보는 것을 신뢰하는 인지적 편향성을 갖고 있다. 반복적으로 노출된 대상에 대해 친숙함을 느끼고 이 친숙한 느낌을 그 대상이 가진 장점으로 해석하곤 한다. 이러한 인간의 특성 때문에 한때 즐겨 봤던 영상이 다양한 형태의 추천 영상으로 반복 재생되고, 이러한 과정에서 친숙함과 신뢰감이 쌓여 우리의 취향으로 굳어질 수 있다. 우리는 알고리즘을 통해 새로운 것을 자주 접할 수 있으리라 기대하지만 어쩌면 과거의 시청 기록을 되짚으면서 무의식적 소비를 거듭하고 있을 수도 있다.

휴대전화를 켜면 매일 생겨나는 새로운 콘텐츠가 우리를 반긴다. 그 콘텐츠가 과연 재미있을지, 아니면 그저 시간 낭비에 그칠지 시청 전에는 알 수 없다. 이러한 이유로 우리

추억의 문구점

는 익숙한 것에 의존하게 된다. 내가 좋아하는 배우가 출연한 영화, 좋아하는 작가가 집필한 드라마를 찾게 되는 것이다. 수많은 콘텐츠 속에서 선택 장애를 겪으며 실패를 경험한 시청자들은 이제 익숙함에서 오는 편안함을 찾는다. 특히 쇼츠나 릴스reels와 같이 길이가 짧은 영상에서는 앞뒤 서사를 이해하지 않아도 되는, 이미 알고 있는 스토리를 감상하게 된다.

'추억 보정'은 과거에 이미 경험한 것에 대해 익숙함에서 오는 편안함과 추억에서 오는 감성을 더해 보다 호의적으로 평가하는 대중의 심리를 뜻하는 개념이다. "구관이 명관이다", "그때가 좋았다" 등 우리가 평소에 자주 사용한 표현에 '추억 보정'의 의미가 담겨 있다. 최근 서울 종로구 창신동 문구 거리에는 '고전 문구'를 찾는 어른들의 발길이 이어진다고 한다. '고전 문구'는 1990년대에서 2000년대 초반 판매되었던 문구용품을 일컫는데, 어린 시절 즐겨 쓰던 문구류를 어른이 되어 다시 찾는 키덜트족들은 '고전 문구'를 보며 추억을 떠올린다. 학교 앞 문방구에서 지우개 하나 사려고 친구들 여럿이 몰려갔던 기억, 멋진 변신 필통이 갖고 싶어 부모님을 몇 날 며칠 졸랐던 기억. 어른이 된 지금 생각해보면 귀엽기만 했던 그때의 고민들이 모두 '고전 문구' 안에서 몽글몽글 피어오른다.

우리가 찾는 편안함은 심리적으로 고립되거나 불확실한 스트레스 상황에서 더 큰 영향력을 발휘한다. 힘든 하루를 보내고 집에 와서 〈이십세기 힛-트쏭〉을 보면서 예전 노래를 따라 부르고, 이불 속에 누워 어린 시절 좋아했던 영화를 다시 보면 이보다 더한 힐링이 어디 있을까 싶다.

늙어가는 주 소비층

한국은 현재 전 세계적으로 유래를 찾기 어려울 정도로 빠르게 고령화되고 있다. 경제협력개발기구OECD는 한국이 향후 50년 이내 가장 늙은 나라에 등극할 것으로 전망했다. 2022년 통계청 발표에 따르면 1970년 42.5%였던 한국 0-14세 인구 비율이 2022년 11.5%로 급격히 감소했다. 이대로 가다간 2070년에는 유소년 인구 비율이 7.5%로 감소한다는 암울한 전망도 포함되었다. 인구 피라미드를 봐도 인구수가 가장 많은 연령대가 점점 높아지는 역피라미드 형

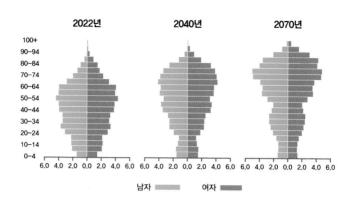

태를 한눈에 확인할 수 있다.

상황이 이렇다 보니 문화 콘텐츠 기획자 입장에서는 아무래도 소비층이 두터운 연령대를 고려하지 않을 수 없다. 과거에는 주된 문화소비층이 1020세대를 중심으로 형성되어 기성세대와의 대척점에서 그들이 공유하는 히피 문화, 반항 등의 키워드가 주목받았다. 1980-90년대만 해도 취업하고 가정을 꾸리고 육아를 하다 보면 자연스럽게 문화소비와 멀어졌기 때문에 이러한 현상은 더욱 두드러졌다. 하지만 2000년대 이후 사회적으로 일과 삶이 균형을 이루는 워라밸과 여가 향유에 대한 관심이 높아지고, 각종 미디어를 통해 문화소비가 쉬워지면서 문화 향유는 더 이상 젊은 층의 전유물이 아니었다. 인구수뿐만 아니라 경제력도 갖춘 지금의 4050세대는 주된 문화소비층으로서 톡톡히 역할을 하고 있다. 이에 따라 앞으로 이들에게 인지도가 높은 배우, 음악,

스토리를 활용한 콘텐츠 제작이 줄을 이을 것이다.

2023년 5월 현재 방영되고 있는 지상파 방송사와 종합 편성채널 드라마 15편의 주연 배우들의 평균 연령은 38.1 세다. 10년 전인 2013년 언론 기사에서 분석한 드라마 주연 배우들의 평균 연령이 남성 34.2세, 여성 33.1세였던 것과 비교해보면 훨씬 높아진 것을 알 수 있다.[1] 당시 기사를 읽어보니 드라마 주연 배우들이 20대가 주를 이루던 1990-2000년대 초반과 달라진 방송가 분위기가 놀랍다는 어조다. 주연급 배우의 절반 정도가 40대 이상인 지금과 비교하면 격세지감이 든다.

인기 예능 프로그램 〈유 퀴즈 온 더 블록〉의 진행자 유재석은 1991년에 데뷔하여 〈무한도전〉, 〈런닝맨〉 등 장수 프로그램을 이끌며 국민 MC로 인기를 얻고 있다. 2023년 상반기 학교 폭력을 사회적 이슈로 끌어올리며 많은 명대사와 패러디를 양산했던 드라마 〈더 글로리〉의 주연은 1996년에 데뷔한 배우 송혜교이고, 치열한 사교육 시장의 이면을 담아내 호평을 받았던 드라마 〈일타 스캔들〉의 주연은 1990년에 데뷔한 배우 전도연이다.

물론 이들은 30여 년 동안 대중의 사랑을 받기 위해 엄청난 노력을 기울였을 것이다. 그렇지만 과거 짧았던 연예인들의 방송 수명을 생각해보면 1990년대, 2000년대 스타들이 여전히 높은 영향력을 행사하는 것은 개인의 노력뿐만 아니라 방송 환경과 사회적인 변화도 어느 정도 영향을 미쳤다고 볼 수 있다.

어느 날 길을 걷다 귀에 익숙한 노래가 들렸다. "단지 널 사랑해 이렇게 말했지- 이제껏 준비했던 많은 말을 뒤로한 채-" HOT의 〈캔디〉인 줄 알고 신나게 따라 불렀는데, NCT가 리메이크한 〈캔디〉란다. 보통 리메이크곡은 시대 분위기에 맞게 재해석하는 경우가 많은데 NCT는 이 곡을 리메이크하면서 의상부터 안무까지 원곡을 그대로 살렸다. 귀여운 의상과 망치 춤 등 원곡의 추억이 있는 사람들을 제대로 저격해 각종 음원 차트에서 1위를 석권하여 원곡을 모르던 세대들에게도 인기를 누렸다. 10대들은 NCT의 〈캔디〉를 들으며 흥얼거리는 부모에게 내력을 물을 것이고, 부모는 노래뿐만 아니라 춤도 출 수 있다고 대답할 것이다. 추억 속의 노래들이 되살아나 세대와 세대를 잇는다.

Where is it going?
익숙한 듯 새롭게

김완선, 엄정화, 이효리, 보아, 화사 등 한 시대를 풍미했던 여가수들이 모여 전국을 돌며 공연하는 예능 프로그램 〈댄스가수 유랑단〉에서 가수 이효리는 "나중에 네 노래를 들으며 사람들이 생각한다. 그때 그 벚꽃이랑 그 사랑이랑" 이라고 말한다. 오랫동안 활동하면서 세월의 흐름을 오롯이

그때를 떠올리게 하는 가수
이효리의 무대

느낀 스타의 한마디가 우리가 추억 속의 노래를 듣고 옛날
영화를 보며 눈물 흘리는 이유를 설명한다. 문화라는 것은
참 신기해서 전혀 다른 요소들이 수없이 얽히고설켜 한 시
대의 문화를 만들기 때문에 그중 하나만 건드려도 연결된
수많은 기억과 추억들이 따라 올라온다.

　2023년은 문화소비 측면에서 새로운 것에 도전하기보
다는 추억이 보정된 콘텐츠를 소비하는 패턴이 두드러졌다.
예전에 좋아했던 콘텐츠를 소비하는 모습을 자주 관찰할 수
있었다. 우리는 익숙한 것을 마주하면 그것이 제공하는 익
숙한 환경에서 편안함과 안정감을 느낀다. 2024년에도 이
러한 소비 패턴은 지속될 것으로 예상된다. 현재의 문화소
비 형태는 일시적인 레트로 유행이 아니라 다양한 사회적·
기술적 요인이 복합적으로 작용한 결과이며 이러한 현상은
오래 지속될 것이다. 불안한 사회적 분위기, 급격히 증가한
미디어 채널, 사람들의 향수를 불러일으키는 콘텐츠를 쉽게

발견하고 공유할 수 있는 기술, 짧은 영상 시청 패턴, 사용자의 취향을 분석한 알고리즘의 추천, 인구의 고령화 등 수많은 원인들이 그 내면에 작용하고 있다.

그렇다면 우리는 이러한 추억 보정 문화소비자를 타깃으로 어떤 전략을 마련할 수 있을까? 그동안 '추억' 또는 '레트로'라고 하면 대부분의 시장에서 1990년대생이 주 타깃이 되었다. 하지만 이제 20대가 되기 시작한 2000년대생 역시 그들만이 공유하는 문화와 추억이 존재한다. 아직 시장의 주류는 아니지만 SNS에서 그들이 어린 시절 즐겼던 만화, 게임, 장난감을 활용해 자신만의 추억 보정 콘텐츠를 만들어내고 즐기는 모습을 관찰할 수 있다. 이러한 소재는 그들뿐만 아니라 그들을 양육했던 부모 세대까지 아우를 수 있는 기회가 될 것으로 예상된다.

드라마, 영화, 그리고 예능까지 시리즈 제작 방식은 이제 피할 수 없는 흐름이다. 과거에는 '본편보다 재미있는 속편은 없다'라며 어쩌다 2편까지는 봐줄 만하더라도 3편까지 호평을 받는 경우는 매우 드물었다. 하지만 2023년에는 〈낭만닥터 김사부 3〉, 〈범죄도시 3〉 등 경쟁력 있는 국내 시리즈가 탄생한 사례를 여럿 확인할 수 있었다. 시리즈물의 익숙함은 가장 큰 장점인 동시에 가장 큰 약점이 된다. 스토리가 예측 가능해질 수밖에 없는 시리즈물은 이러한 단점을 극복하기 위해 다양한 시도를 한다. 영화 〈범죄도시 3〉에서 주인공 '마석도'와의 좋은 케미로 감초 역할을 했던 '전일만'

반장이 빠진 것도 이러한 이유 때문일 것이다.

2024년에는 신선한 재미를 찾기 위해 익숙함을 기반으로 변화를 추구하는 사례가 더욱 늘어날 것이다. 특히 국내에서는 자주 시도되지 않았던 프리퀄 형식의 작품이 늘어날 것으로 예상된다. 그렇게 되면 기존 콘텐츠의 장점을 얼마나 잘 재현하며 변화를 꾀하느냐가 성공의 핵심 요인이 될 것이다. 또한 알고리즘 추천 서비스가 고도화되면서 사용자의 선택권을 넓히는 방식에 대한 관심도 증가할 것으로 예상된다. 몇몇 음악 스트리밍 서비스에는 적용되고 있는 '평소 자주 듣는 음악 위주로 추천', 또는 '새로운 시도를 위한 추천'과 같이 사용자가 원하는 것을 직접 선택 가능하다면 소비자의 니즈에 맞는 영상을 제공할 수 있을 것이다. 이를 통해 소비자들은 다양한 콘텐츠를 풍부하게 즐길 수 있고, 플랫폼들은 지속적으로 변화하는 소비자의 선호도와 요구사항에 보다 유연하게 대응할 수 있다. 익숙한 것이 좋은 소비자들도 때로는 지겨워지는 순간이 오기 마련이다. 이러한 서비스는 특히 무의식적으로 반복해서 보는 짧은 포맷의 영상을 시청할 때 더욱 효과를 발휘할 것이다.

우리는 추억 속에만 빠져 있어서는 발전하기 어렵다는 사실을 잘 알고 있다. 하지만 팍팍한 현실에서 잠시 벗어나 조금은 편안한 분위기에서 문화를 즐기면서 위안을 받고 싶어 한다. 이러한 이유로 앞으로도 사람들의 기억 속 어딘가를 두드리는 콘텐츠는 계속 사랑받을 것이다.

2024

2023년은 문화소비 측면에서 새로운 것에 도전하기보다는 '추억 보정'된 콘텐츠를 소비하는 패턴이 두드러졌다. 추억 보정은 과거에 경험한 것에 대해 익숙함과 추억을 더해 보다 호의적으로 평가하는 대중의 심리를 뜻한다. 이러한 현상은 일시적인 레트로 유행이 아니라 불안한 사회 분위기, 미디어 채널의 증가, 영상 저장·편집 기술의 발전, 짧은 영상 시청 패턴, 알고리즘 추천, 인구 고령화 등 여러 사회적·기술적 요인이 복합적으로 작용한 결과다. 따라서 2024년에도 추억 보정 문화소비 패턴은 지속될 것으로 예상된다. 기업은 추억의 타깃을 다양화하는 과정과 익숙함을 바탕으로 차별화하는 전략이 필요할 것이다. 2000년대에 출생한 세대 역시 그들만이 공유하는 문화와 추억이 있다는 점을 잊지 말아야 한다. 콘텐츠 시장에서는 프리퀄 형식의 작품이, 알고리즘 추천 서비스에서는 소비자에게 '익숙함'과 '새로움' 사이 선택권을 주는 방식이 주목받을 것이다.

게으른 다이어터들의 세상
레이지어터 이코노미

"지금은 휴대전화를 보면서 누워 있지만 날씬하고 싶고, 치킨은 먹고 있지만 건강하고 싶으며, 오늘도 헬스장은 건너뛰었지만 멋진 몸매를 가지고 싶고, 퇴근하고 맥주 한잔하고 있지만 내일은 가볍게 일어나고 싶다." 이 문장에 격하게 공감했다면 당신도 '레이지어터 Lazieter', 바로 게으른 Lazy 다이어터 Dieter다.

화면 속 아이돌은 마르다 못해 '저 몸으로 춤은 어떻게 추는 걸까' 궁금하고, 온라인 쇼핑몰에는 스포츠용품이 끝도 없이 쏟아지는데 내 몸 하나 일으켜 운동장으로 나가는 것은 참 지난한 일이다. 코로나19 기간에는 홈트레이닝이다 뭐다 해서 집에서 열심히 관리했었는데, 이제 사무실에 출근하고 사람들을 만나느라 하루가 빠듯하다. 그럼에도 보다

제로의 시대를 견인한 제로 콜라

날씬한 몸매를 갖고 싶은 사람들의 욕망은 줄어들지 않으면서 이들을 타깃으로 한 레이지어터 이코노미가 폭발적으로 성장하고 있다.

이러한 현상이 가장 두드러지게 나타나는 분야가 식품 업계인데, 2023년을 휩쓸었던 제로 푸드$^{zero\ food}$ 열풍이 대표적이다. 제로 콜라, 제로 맥주, 제로 아이스크림… 2023년 식품 업계 주요 기업의 대표적인 제품 라인업을 보면 '제로' 옵션을 갖추지 않은 제품을 찾는 것이 더 어려울 지경이다. 먹고 즐기며 보다 손쉬운 다이어트를 추구하는 사람들, 레이지어터와 관련해 어떤 현상들이 관찰되고 향후 전망은 어떤지 살펴보기로 하자.

제로 열풍

유튜브 채널 〈킥서비스〉는 10년 뒤 가까운 미래를 배경으로 현재 우리가 겪고 있는 사회문제를 풍자하는 채널이다. 이 채널에서 구독자들이 크게 공감한 콘텐츠 중 하나가 '2033년 콜라'라는 제목의 영상이다. 주인공 친구가 '제로 블랙 선글라스'라며 아무리 봐도 안경과 다른 점이 없어 보이는 선글라스를 자랑한다. 평범한 바람막이 점퍼처럼 생긴 '제로 오리털 패딩'과 '제로 영혼 강아지'라고 부르는 강아지 인형은 모든 제품에 '제로'를 붙여야 직성이 풀리는 현대사회를 풍자한다. 이 콘텐츠의 하이라이트는 편의점 앞에서 밤을 새우고, 중고 거래 사이트에서 사기를 당하면서까지 오리지널 콜라를 찾아 헤매던 주인공이 동남아 어딘가에서 발견한 콜라를 결국 소매치기를 당하게 되는 눈물겨운 장면이다.

이 영상이 인기를 얻은 이유는 허무맹랑한 상상 속 이야기가 아니라 정말 10년 뒤 일어날 법한 일처럼 보인다는 공감대가 형성되었기 때문이다. 2023년은 바야흐로 '제로의 시대'라고 말할 만큼 식품 업계에 제로 열풍이 불었는데 그 시작은 탄산음료가 견인했다고 볼 수 있다. 제로 콜라에서부터 시작해 '맥콜 제로', '밀키스 제로'가 인기를 얻더니 이온 음료와 비타민 음료로 번져 나가기 시작했다. 그 영향으로 국내 제로 탄산음료 시장은 2019년 1,904억 원에서 2022년 9,507억 원으로 3년 사이 5배 가까이 성장했다.

제로 열풍은 주류 시장도 예외가 아니었다. 롯데칠성음료가 출시한 제로 슈거 소주 '처음처럼 새로'는 출시 6개월 만에 누적 판매량 5천만 병을 돌파하며 소주 시장 점유율 확대를 이끌었다. 이제 제로 푸드에 과연 한계가 있는 것인지 궁금할 정도다. 다이어트 최대의 적으로 꼽히던 아이스크림도 설탕 제로, 당류 제로로 출시되기 시작했고, 무심코 뿌리던 소스들도 설탕 대신 대체당을 넣어 저칼로리의 옷을 입고 새롭게 탄생했다.

제로 푸드의 '제로'는 보통 원재료에 설탕이 포함되지 않은 것을 의미하지만 알코올, 카페인, 글루텐, 동물성 성분 등 소비자의 건강에 대한 다양한 니즈를 반영한 식품도 시장에서 호응을 얻고 있다. 맥주의 맛은 살리고 알코올을 뺀 무알코올 맥주와 디카페인 커피, 글루텐 프리 빵 등은 그동안 건강상의 문제 등으로 이러한 식품을 즐기기 어려웠던 사람들의 선택권을 넓혔다. 이러한 제로 푸드들은 먹고 싶은 음식을 마음껏 먹으며 보다 편하게 건강 관리를 하고 싶은 레이지어터들의 마음을 사로잡았다. 햄버거를 먹으면서도 제로콜라를 주문하고, 치킨을 먹으면서도 저칼로리 맥주를 마시는 이유는 '제로'가 주는 마음의 위안 때문이다. 정말 마음껏 먹어도 비만 걱정하지 않는 꿈의 세상이 올지 레이지어터들의 마음은 벌써부터 설레인다.

미디어와 레이지어터의 욕망

2023년 여름 인기리에 방영된 드라마 〈킹더랜드〉에서 여주인공 천사랑은 늘 퇴근 후 친구들과 맥주 한잔하며 고단했던 하루 일과를 마무리한다. 스트레스가 많았던 날은 피자, 족발, 치킨 등 온갖 음식을 배달시켜 먹으며 파티를 하는데, 그 모습을 보고 있자면 나 역시 맥주 한잔을 참기 어렵다. 참 이상하게도 드라마 속 주인공들은 아무리 치맥(치킨+맥주)에 피맥(피자+맥주)을 먹어도 날씬한 몸을 유지하는데, 현실 속 나는 다음 날 아침에 통통 부은 얼굴을 마주해야 한다. 물론 현실 속 배우들은 엄격한 식단 관리와 엄청난 운동을 하며 몸을 관리하지만, 화면을 통해 보여지는 드라마 속의 모습은 자유분방하기 이를 데 없다. 우리는 드라마 속 그들의 모습을 보면서 자신도 마음껏 먹어도 완벽한 모습이길 바라는 레이지어터의 욕망을 키워나간다.

예능 프로그램을 보면 이러한 레이지어터의 시선을 좀 더 자세히 들여다볼 수 있다. 예능 프로그램 〈나 혼자 산다〉는 먹을 것을 즐기는 팜유 라인의 먹방과 전 스켈레톤 선수 윤성빈, 배구선수 김연경 등 꾸준한 운동과 자기 관리를 하는 출연진들의 모습을 번갈아 보여준다. 대개 게스트로 등장하는 출연진들은 규칙적인 운동과 꾸준한 식단 조절을 하는 반면, 고정 출연진들은 그 모습을 보며 감탄하거나 질투 어린 멘트를 던진다.

한때 소재 고갈로 위기설이 돌았던 〈나 혼자 산다〉가 다시 인기를 얻게 된 계기는 전현무-박나래-이장우로 형성된 일명 '팜유 라인'의 먹방 소모임이 큰 역할을 했다. 늘 음식을 마다하지 않고 즐기는 모습을 보며 서로 기름진 얼굴이 '팜유' 같다는 뜻에서 지어진 '팜유 라인'은 베트남에서 원피스를 가위로 찢으면서까지 먹고 싶은 음식을 포기하지 못한다. 하지만 그들도 건강에 대한 걱정과 몸매 관리에 대한 부담을 안고 있다. 함께 건강검진을 받고 서로 몸무게를 물으며 폭식한 다음 날이면 조금이라도 운동을 하려고 노력하는 장면에서 그러한 마음을 엿볼 수 있다.

〈나 혼자 산다〉에서 우리는 레이지어터들의 두 가지 시선을 관찰할 수 있다. 하나는, 건강하게 먹고 운동하는 것이 자기 관리에 충실한 선善이고, 마음껏 먹고 즐기는 것이 마치 방탕한 악惡인 듯 죄책감을 느끼는 사람들이 늘어난 가운데 팜유 라인의 즐거운 폭식을 보며 대리만족을 하는 시청자들의 시선이다. 늘 마음 한구석에 다이어트를 해야 한다는 의무감을 가지고 양껏 먹지 못하는 레이지어터들은 타인이 마음껏 먹는 모습을 보며 잠시나마 해방감을 느낀다. 다른 하나는, 게스트들의 철저한 자기 관리를 지켜보면서 코멘트를 하는 고정 출연자들의 관점이다. 이들의 시선은 자기 관리를 해야 하는데 마음처럼 쉽지 않다는 사실을 알기에 게스트들의 모습을 마냥 즐겁게 볼 수만은 없는 시청자들의 마음을 대변한다.

이처럼 미디어에 노출된 우리는 그들이 보여주는 완벽한 라이프스타일과 아름다움에 경의를 보내면서도 현실과의 괴리감을 느낀다. 레이지어터들은 오늘도 다이어트와 편안한 삶 사이에서 조금이라도 쉬운 다이어트 방법을 찾아 헤매고 있다.

갓생과 복세편살 사이에서

우리는 언제부터 날씬한 몸을 곧 건강한 몸이라고 생각했을까? 이러한 인식은 19세기 근대화 무렵부터 시작되었다고 알려졌다. 경제 성장과 함께 음식 섭취량은 증가했으나 사무직 등 실내에서 일하는 사람들이 많아지면서 비만율이 높아진 것이다. 한국 역시 1980년대 들어서 다이어트에 대한 관심이 높아진 것을 확인할 수 있다. 1980년대 초반 5kg이었던 1인당 고기 섭취량이 후반에 들어서 18kg으로 급격히 증가했고, 풍요로워진 식탁에 반해 사람들의 운동량은 감소하면서 의사들은 규칙적인 운동과 식단 관리를 강조하기 시작했다.

코로나19 팬데믹을 계기로 사람들의 건강에 대한 관심은 더욱 증가했다. 갑작스레 전 세계를 강타한 전염병은 개인의 면역력과 건강 상태가 얼마나 중요한지 깨닫게 해주었고, 사람들은 앞다투어 건강 관리 비법을 찾아나섰다. 팬데믹 초기 '확찐자'라는 웃지 못할 표현이 유행처럼 번진 것도 운동과 식단 관리의 중요성을 깨닫게 해준 계기가 되었다. 한국보건산업진흥원에 따르면 코로나19 팬데믹 이후 국내 건강 관리 시장은 2020년 214조 원에서 2021년 253조 원으로 1년 만에 18% 확대되었다. 팬데믹으로 집에 머무르는 시간이 늘어나고 건강은 스스로 지켜야 한다는 인식이 깊어지면서 홈트레이닝을 비롯해 건강 관리 비법에 대한 관심이 높아진 것이 원인이 되었다.

과거에는 나이가 들고 몸이 아프기 시작하면 그제야 건강에 신경 쓰는 사람들이 많았지만 최근에는 젊은 층도 건강에 대해 높은 관심을 보인다.《대학내일》이 2030 세대를 대상으로 실시한 설문 조사에서 중요한 자기계발 활동 2위로 '신체 건강 관리'가 꼽히기도 했다. 요즘 유행한다는 '갓생'(갓God과 인생生의 합성어로 부지런하고 계획적인 삶을 사는 태

건강 관리는 현대인의 주요 덕목으로 자리하고 있다

도를 의미)의 중요한 덕목 중에는 규칙적인 운동과 건강한 식
습관 유지가 빠지지 않는다.

문제는 이 모든 것이 많은 시간과 노력을 요한다는 것이
다. 나도 한번 갓생으로 살아보고 싶은데 그러자니 너무 피
곤할 듯해 엄두가 나지 않는다. 퇴근하고 침대에 누워 있으
면 그저 '복세편살'('복잡한 세상 편하게 살자'의 줄임말로 현재에
만족하고 편안한 마음으로 살자는 의미)이 낫겠다는 생각이 든
다. 오늘도 우리의 하루는 갓생과 복세편살 사이 어딘가를
헤매고 있다.

엔데믹으로 전환하면서 사회는 급격한 일상 복귀가 이
루어졌다. 재택근무가 줄어들고 대면 미팅이나 저녁 약속이
늘어나면서 몸매 관리에 대한 관심은 늘었으나 여기에 투자
할 시간은 줄었다. 집에서 부지런히 홈트레이닝을 하고 건
강한 식단으로 식사를 하던 사람들도 외식을 자주 하고 운
동을 빠지는 날이 늘어나면서 좀 더 편한 방법으로 다이어
트를 할 수는 없는지 고민하게 되었다. 바로 이러한 니즈가
레이지어터 시장의 성장을 꾸준히, 그리고 빠른 속도로 견
인하고 있다.

레이지어터를 위한 제품들

현대약품의 '미에로화이바'는 국내 다이어트 음료의 효

시로 일컬어진다. 1989년에 출시된 미에로화이바는 당시 식이섬유가 비만과 변비에 좋다는 연구 결과를 마케팅에 활용하여 소비자의 관심을 끄는 데 성공했다. 당대 톱클래스의 여성 연예인을 모델로 내세우고 "날씬한 기분"이란 카피로 광고하여 국내 최장수 다이어트 식품으로 자리매김했다.

사실 다이어트만큼 유행이 빠르게 바뀌는 분야도 없다. 당장 떠오르는 다이어트 종류만 해도 고기만 먹는 황제 다이어트, 탄수화물을 줄이는 저탄고지 다이어트, 덴마크 다이어트, 디톡스 다이어트 등 어마어마하다. 한국의 다이어트 시장은 1990년대 중반 약 2천억 원에서 2023년 현재 10조 원 이상의 규모로 성장한 것으로 알려졌다. 사람들의 건강에 대한 관심만큼 다이어트 시장도 빠르게 성장하고 있는 것이다.

국내 다이어트 시장은 보다 효과적이고 편한 방법으로 다이어트를 하고 싶은 레이지어터들을 타깃으로 급성장했다. 가장 대표적인 제품으로는 다이어트 보조제를 들 수 있다. SNS에는 '기적의 약'이라는 이름을 달고 수많은 '다이어트 약' 또는 '보조제' 광고가 등장한다. '이 광고 내용이 사실이라면 이 사람들은 노벨상을 받았겠지' 싶으면서도 '그렇더라도 한번 속는 셈 치고 먹어볼까?' 하는 것이 레이지어터들의 심리다. 하지만 '혹시나'는 늘 '역시나'로 끝나게 마련이고 잠시 줄어드는 것 같던 체중은 금세 제자리로 돌아오게 된다.

최근 다이어터들 사이에서 자주 사용되는 표현 중에 '또 가슴살', '또미밥'이라는 말이 있다. 이는 '오늘도 또 닭가슴살', '오늘도 또 현미밥'이라는 의미다. 식단 관리용 음식에 질려버린 다이어터들을 위해 다양한 저칼로리 음식이 쏟아져 나오고 있다. 최근에는 전문 쇼핑몰에서 저칼로리 라면, 곤약 떡볶이, 다이어트 도시락, 닭가슴살 소시지와 같은 음식들을 주문할 수도 있다. 이러한 쇼핑몰에서는 먹고 싶은 음식을 마음껏 먹으며 다이어트를 할 수 있다며 레이지어터들을 유혹한다.

유튜브 홈트레이닝 채널에서 가장 인기 있는 영상 중 하나는 '누워서 할 수 있는 복근 운동'이다. 운동도 누워서 하려는 심리는 무엇인가 싶지만 레이지어터들에게 그만큼 쉽게 실천할 수 있는 운동도 없다. 입고만 있어도 살이 빠진다는 EMS(전기근육자극요법) 저주파 마사지기, 누워만 있어도 살이 빠진다는 찜질 다이어트 기계 등 다양한 제품과 서비스가 레이지어터들의 시선을 사로잡는다. 정해진 시간에만 식사를 하고 나머지는 공복을 유지하는 간헐적 단식 다이어트가 한때 인기를 얻었던 이유도 특별한 준비 없이 시간만 지키면 되기 때문이었다.

제로 과자, 제로 아이스크림처럼 이름에 '제로'나 '다이어트'라는 단어가 들어간 음식들이 오히려 혈당을 끌어올리거나 칼로리가 높을 때도 있지만 사람들은 '제로'와 '다이어트'라는 단어 자체에서 위안을 얻고 있다. 레이지어터들은

'이왕 먹을 거라면 살이 덜 찌는 걸로 먹자'라는 소극적인 다이어트 방식을 추구한다.

대체 감미료와 제로 푸드

"맛있게 먹으면 0칼로리"라는 말을 철석같이 믿었는데 다 거짓말이었나보다. 세계 최초의 제로 칼로리 탄산음료는 1952년 커시 베버리지Kirsch Beverages가 출시한 '노-칼No-Cal' 이다. 시클라메이트cyclamate라는 인공감미료를 사용하여 당뇨병 환자용으로 만들어진 이 음료는 다이어트 음료로 마케팅하여 큰 인기를 얻었다. 그러나 이후 코카콜라, 펩시 등 주요 음료 업체들이 앞다투어 다이어트 콜라를 출시하면서 세계 최초의 다이어트 탄산음료였던 노-칼은 설 자리를 잃고 시장에서 사라졌다.

'다이어트 콜라'와 '제로 콜라'의 차이점은 무엇일까? 두 제품 모두 제로 칼로리, 제로 설탕인데 왜 어떤 것은 다이어트 콜라이고, 어떤 것은 제로 콜라일까? 두 제품은 주성분이 탄산수, 캐러멜색소, 아스파탐aspartame 등으로 크게 다르지 않은데 첨가물 비율 차이로 각각 다른 맛을 낸다. 다이어트 콜라는 단맛이 덜하고 더 부드러운 데 비해 제로콜라는 아스파탐이 더 많이 첨가되어 오리지널 콜라와 유사하게 강한 맛을 낸다. 한국 사람들은 오리지널 콜라와 유사한 맛을 더 좋아하는지 다이어트 콜라는 점점 시장에서 찾기 어렵고 제로콜라가 그 빈자리를 채우고 있다.

제로 푸드에 사용되는 인공감미료는 그 종류도 효과도 매우 다양하다. 우리에게 익숙한 사카린saccharin은 가장 오래된 합성 감미료로 1900년부터 사용되었는데, 설탕의 200-300배에 이르는 당도를 발휘해 소량으로도 원하는 만큼의 단맛을 낼 수 있다. 그 외에도 설탕에 염소 반응을 일으켜 만드는 수크랄로스sucralose, 아세설팜 칼륨acesulfame potassium 등 이름은 낯설지만 다양한 고강도 감미료high-intensity sweet-ener들이 우리가 먹는 제로 푸드에 사용된다.

앞서 살펴본 건강에 대한 관심 증가는 자연스럽게 음식에서 설탕 섭취를 줄이기 위한 노력으로 이어졌다. 세계보건기구WHO가 설탕이 첨가된 음료를 장기간 섭취하면 충치, 비만, 암 발생 위험이 증가한다고 경고하며 회원국에 가당음료부담금, 일명 '설탕세' 부과를 촉구하면서 설탕은 세계적인 공공의 적이 되었다. 한국은 아직 도입 전이지만 전 세계 80개국 이상이 설탕세를 도입하면서 설탕에 대한 규제가 확산되는 모양새다. 설탕에 대한 부정적인 인식이 증가하면서 대체감미료 시장이 급성장했다. 한국농수산식품유통공사에 따르면 국내 대체감미료 시장은 2015년 2,100억 원에서 2020년 3,300억 원 규모로 성장했다. 글로벌 컨설팅 회사 프로스트앤설리번Frost & Sullivan은 글로벌 감미료 시장이 2025년에 123억8,620만 달러 규모로 성장할 것으로

대표적인 설탕 대체 인공감미료 아스파탐

예측한 바 있다.

그런데 2023년 제로 푸드의 주재료로 사랑받던 감미료 중 아스파탐이 WHO 산하 국제암연구소IARC에 의해 '발암 가능 물질(2B군)'로 분류되면서 인공감미료의 유해성 논란이 일었다. '발암 가능 물질'이라는 표현이 주는 불안감 때문에 제로 푸드에 대한 소비자들의 우려가 커졌던 것이 사실이다. 아스파탐의 발암 물질 논란은 사카린이 겪었던 유해성 논란과 유사한 점이 많다. 사카린 역시 '발암 비분류 물질(3군)'로 분류되었다 1998년에 제외된 역사가 있다. 한국인의 아스파탐 섭취량이 일일섭취허용량ADI 대비 0.12%에 불과하다고 하니, 제로 푸드가 아무리 유행하더라도 일일섭취허용량을 넘기는 쉽지 않아 보인다. 전문가들도 인공감미료의 안전성에 대해서는 의견이 분분하지만, 인공감미료뿐만 아니라 대체로 안전하다고 여겨지는 천연감미료도 과잉 또는 중복 섭취하면 유해할 수 있다는 공통적인 의견을 내놓는다.

결국 제로 푸드 시장이 폭발적으로 성장하는 현시점에서 중요한 것은 기업들은 보다 '안전한' 대체감미료를 '적정한' 양을 소비할 수 있도록 관련 정보를 공개하고, 소비자들은 이에 관심을 가지고 현명하게 소비하는 태도라고 할 수 있다.

레이지어터 이코노미의 성장

다이어트는 인간이 가진 고유한 특성 중 하나다. 우리는 애초에 먹지 않으면 될 것을 먹고 후회하고, 그리고 다이어트를 한다. 우리가 건강하고 멋진 몸매를 원하는 마음이 사라지지 않는 이상 다이어트 시장 역시 사라지지 않을 것이다. 그중에서도 레이지어터 이코노미는 힘들이지 않고 손쉽게 건강 관리를 하고 싶은 우리의 심리를 자극한다. 2023년의 제로 열풍은 바로 이 지점을 정확히 파고들었다. '이왕 먹을 거라면 살이 덜 찌는 걸로 먹자'라는 소극적인 다이어트 방식은 건강 관리를 자기 관리의 중요한 덕목 중 하나로 생각하는 현대인의 또 하나의 라이프스타일이다.

몸에 좋은 영양소는 남기고 유해한 성분은 뺀 제로 푸드 트렌드는 향후 '식물성 식품'이라는 키워드로 옮겨갈 것으로 예상된다. 고칼로리, 고지방의 대명사로 여겨지는 동물성 식품의 자리를 식물성 식품이 빠르게 대체할 것으로 보인다. 꼭 채식주의자가 아니더라도 건강과 다이어트를 위해 육식을 줄이고자 하는 소비자들의 니즈가 확산되면서 '식물성 대체육' 또한 시장에서 저변을 넓혀 나가고 있다. 아직 '대체육'이라는 표현이 주는 이질감과 맛의 차이에서 오는 거부감을 완전히 극복하지 못했지만, 2023년 1월 롯데리아에서 출시한 대체육 버거 '리아 미라클버거 II'는 6개월 동안 35만 개 이상 판매되는 기록을 세웠다. 지금의 제로 열풍 역시 다이어트 콜라가 출시되고 오랜 기간 맛의 개선이 이루어졌기 때문에 가능한 일이다. 이 점을 생각해보면 대체육 역시 고기 본연의 식감과 맛을 살릴 수 있다면 성장 잠재력이 무궁할 것으로 판단된다.

인테리어 분야의 '오늘의 집', 패션 분야의 '무신사'처럼 다이어트와 관련된 다양한 정보를 한곳에 모아놓은 플랫폼 역시 레이지어터들의 관심을 끌 것으로 예상된다. 인공지능 기술을 결합한 모바일 헬스케어 프로그램을 통해 체중 감량을 위한 개인별 맞춤형 안내와 지원을 제공하고, 이것이 커머스로 연결되는 눔Noom과 같은 플랫폼은 넘쳐나는 다이어트 정보와 제품에 지친 사람들에게 보다 손쉬운 접근 방법이 될 것이다.

레이지어터 시장은 수동적인 다이어터들을 위해 보다 손쉬운 건강 관리를 돕는 제품들을 중심으로 빠르게 성장하

식물성 대체육을 사용하여 만든 버거

고 있다. 시장은 성장하고 있지만 이것이 얼마나 지속 가능할 것인지는 또 다른 문제다. 손쉽고 빠른 효과를 가져다준다며 현혹하는 제품들 때문에 소비자는 신뢰할 만한 제품을 찾아내는 데 어려움을 겪고 있다. 아스파탐 논란에서도 확인할 수 있었듯이 레이지어터 시장은 건강과 안전을 지키면서도 소비자의 기대에 부응해야 하는 끊임없는 도전에 직면해 있다. 소비자의 안목이 높아지면서 레이지어터 시장의 투명성과 과학적 검증에 대한 요구도 커지고 있다. 따라서 건강 관리에 대한 균형 잡힌 접근 방법을 보여줄 수 있는 제품이 시장에서 경쟁우위를 확보할 가능성이 크다.

앞으로 레이지어터 시장에는 아무리 먹어도 살이 안 찌는 케이크나 살이 안 찌는 도넛처럼 상상 속에서만 존재했던 제품이 등장할지도 모른다. 0칼로리 치킨이 출시되는 그날까지 레이지어터는 오늘도 하루를 버틴다.

코로나19 이후 일상으로 복귀하면서 운동할 시간은 줄어든 반면 대면으로 사람들을 만나며 날씬한 몸매를 갖고 싶은 사람들의 욕망은 더욱 증가하여 레이지어터 이코노미가 폭발적으로 성장하고 있다. 2023년 식품 업계를 휩쓴 제로 푸드 열풍은 이러한 소비자의 심리를 대변하는 대표적인 현상이라 할 수 있다. 드라마, 예능 등 미디어를 통해 비치는 날씬한 몸매와 먹방 사이의 간극은 부지런한 삶을 의미하는 '갓생'과 편안한 삶을 추구하는 '복세편살' 사이에서 헤매는 레이지어터들의 고민만큼이나 깊다. 앞으로 레이지어터 이코노미는 지금의 제로 푸드 열풍에서 식물성 식품에 대한 관심으로 이어질 것으로 예상된다. 인공지능 기반의 다이어트 커머스 플랫폼의 성장에도 관심이 집중되고 있다. 결국 레이지어터 이코노미에서 경쟁 우위를 확보하는 방법은 건강과 안전을 지키면서도 소비자 기대에 부응할 수 있는 균형 잡힌 접근 방법일 것이다.

아주 사적인 이야기
피핑 톰 사회

피핑 톰 Peeping Tom은 전설 속 이야기에서 유래한 표현이다.
벨기에 초콜릿 브랜드 고디바GODIVA의 주인공으로, 많은 예
술 작품에 영감을 준 11세기 영국의 영주의 부인 고다이
바Lady Godiva에 얽힌 이야기다. 당시 영주인 남편이 지나치
게 높은 세금을 부과해 백성들이 고통을 받자 고다이바는
이를 감면해 달라고 요청하고, 남편은 그녀가 알몸으로 말
을 타고 마을을 돌아다니면 청을 들어주겠다고 한다. 당연
히 못 하겠다고 말할 줄 알았던 고다이바가 이를 실행하자
마을 사람들은 감동해 그녀가 마을을 돌아다닐 때 누구도
밖을 내다보지 않기로 약속을 한다. 그런데 마을 주민 중 재
단사 톰Tom이 약속을 어기고 이를 훔쳐보았고, 그는 그 벌
로 시력을 잃었다. 이 이야기에서 유래하여 피핑 톰은 오늘

날 훔쳐보기, 엿보기, 관음증을 의미하는 표현이 되었다.

요즘 TV 예능 프로그램을 시청하다 보면 누군가의 임신, 출산, 결혼, 이혼의 과정을 속속들이 엿보는 듯한 기분이다. 가족들이나 아주 친한 친구들에게만 공유하던 개인의 내밀한 이야기가 '리얼리티 예능'이라는 이름을 달고 대중에 공개된다. 굳이 알고 싶지 않았던 부부간의 갈등과 누군가의 연애사도 우리는 모두 엿볼 수 있다. 그런가 하면 유튜브에서는 누가 무엇을 입고 먹는지, 자기 전에 무슨 화장품을 바르는지, 심지어 몇 시에 자고 일어나는지까지 알 수 있다. 늘 누군가의 방을 훔쳐보는 기분이다. 전 국민이 피핑 톰이 된 걸까? 가끔은 TMI^{Too Much Information}이고, 안물안궁(안 물어봤고, 안 궁금하다)이다.

너의 이야기가 궁금해

자연스러운 일상을 담은 브이로그^{VLOG}로 팬들과 소통하는 연예인이 많다. 배우 공유는 소속사에서 제작한 콘텐츠를 통해 취미생활인 낚시를 즐기는 모습을 보여준다. 그가 종일 배 위에 앉아 바다만 바라봐도, 물고기를 몇 마리 잡지도 못하고 집으로 돌아가도 연기자로서의 모습 이외의 일상을 궁금해하던 팬들은 환호한다. 배우 김태리도 그간 출연했던 드라마와 영화 촬영지를 돌아다니며 자유롭게 여행하는 모습을 브이로그로 공개해 팬들의 사랑을 받았다.

블랙핑크는 넷플릭스에서 제작한 다큐멘터리 〈블랙핑크, 세상을 밝혀라〉에서 멤버들의 어린 시절 모습과 속마음을 담은 인터뷰를 통해 보다 인간적인 면모를 보여주며 팬들과 유대감을 형성했다. 팬들은 좋아하는 배우나 뮤지션의 화면으로 보이는 공식적인 이미지를 넘어 그들의 '진짜' 모습을 궁금해한다. 인간적인 모습 또는 나만 알고 싶은 모습과 같이 사적인 영역에서의 그들에게 관심을 갖는다. 블랙핑크의 다큐멘터리는 그런 측면에서 팬들의 니즈를 전략적으로 활용한 결과물이라고 볼 수 있다. 그동안 공개되지 않았던 무대 뒤의 모습을 보여주면서도 적절히 편집된 일상은 팬덤을 더욱 강화하는 도구가 되었다.

〈왓츠인마이백What's in my bag?〉은 연예인들이 출연하는

넷플릭스 다큐멘터리에 출연한 블랙핑크

유튜브 인기 콘텐츠 중 하나다. 이 콘텐츠는 연예인들이 평소에 메고 다니는 가방 안에 어떤 물건이 들어있는지 하나씩 꺼내 보여주며 자신의 애장품을 소개한다. 가방은 주인의 성격, 관심사, 생활 방식을 고스란히 담고 있는 내적인 공간이기도 해서 남에게 보여주는 경우가 많지 않다. 팬들은 연예인들의 가방 안을 들여다보면서 그들의 새로운 모습을 발견하기도 하고 동질감을 느끼기도 한다. 사실 연예인들이 〈왓츠인마이백〉에 출연하면서 가방을 정리하지 않고 평소 쓰던 대로 들고 왔을 리 없지만 팬들은 여전히 그들의 가방 속을 궁금해한다.

　팬들은 좋아하는 연예인의 인스타그램을 팔로우하면서 그들이 공유하는 일상을 누구보다 빠르게 받아보고 싶어 한다. 어느 날 불쑥 켜지는 라이브 방송을 기다리며 그들의 방에는 무엇이 놓여 있는지, 오늘은 무엇을 먹었는지 하나도 빠짐없이 알고 싶어 한다. 이러한 관심이 도를 넘으면 사생팬(스타들의 사생활을 파헤치는 극성 팬)으로 전락하기도 한다. 멤버들의 군 복무로 잠시 활동을 중단한 방탄소년단은 군대에서도 사생팬에게 시달리고 있다. 이제 '사생팬'이 아니라 '사생범'(스타들의 사생활을 파헤치는 범죄자)으로 불러야 한다는 의견에 수긍이 간다.

피로를 유발하는 TMI

싱글이면 〈나 혼자 산다〉, 〈미운 우리 새끼〉

결혼하면 〈동상이몽 2: 너는 내 운명〉, 〈살림하는 남자들〉

출산하면 〈슈퍼맨이 돌아왔다〉

이혼하면 〈우리 이혼했어요 2〉, 〈돌싱글즈〉

TV 예능 프로그램은 '관찰 예능'이라는 이름으로 연예인들의 사생활을 주요 소재로 삼는다. 관찰 예능이 너무 많다 보니 우리는 한 연예인의 생애주기를 방송으로 따라가고 있는 느낌이다. 관찰 예능이 등장한 초기에는 연예인들의 새로운 모습을 본다는 사실이 시청자들의 호기심을 자극하며 신선하다는 반응을 얻었다. 그 이유는 늘 화면 속에 화려하게 등장하는 연예인들이 집에서 편안한 옷차림으로 나와 비슷한 아침을 먹고, 나와 별반 다를 바 없는 소소한 하루를 보낸다는 사실이 친근하게 느껴졌기 때문이다. 하지만 최근에는 이러한 신선함은 찾아볼 수 없고 과한 설정과 반복되는 갈등으로 인해 피곤함이 몰려온다.

최근에는 여러 관찰 예능에 겹치기 출연하는 연예인과 가족 간의 다툼, 동거, 이혼과 같은 자극적인 소재들이 난무한다. 방송에서 보이는 갈등 양상과는 달리 SNS에서는 사이 좋은 부부의 모습을 보여주면 어떤 모습이 진짜인지 진정성에 의문이 간다. 예능 프로그램들은 연예인들의 일상생활을

SNS를 통해 실시간으로 공유되는 사생활

통해 사회 변화에 따른 가치관의 변화나 가족 형태의 변화를 보여주겠다고 하지만 출연자들의 갈등을 여과 없이 보여주며 오히려 논란을 유발하는 것이 아닌가 하는 생각마저 든다. 일종의 노이즈 마케팅처럼 싸우고, 화해하고, 만나고, 헤어지는 모습의 반복에 시청자들은 이제 지겹기까지 하다.

SNS에 인증 샷을 올려 논란을 자초하는 인플루언서들도 늘었다. 코로나19 기간 감염 확산을 차단하기 위해 사회적 거리두기가 시행되었을 때 인스타그램에 파티 사진을 올려 논란이 된 이들도 있었다. 차 안에서 찍은 사진에서 안전벨트를 하고 있지 않거나, 운전 중 위험한 모습을 찍은 사진을 올려 누리꾼들이 경찰에 신고하는 사건도 있었다. 그들의 잘못된 행동도 문제이지만 사생활을 공개할 때 발생할 수 있는 상황에 대해 인지하지 못하는 부주의도 간과할 수 없다. 'SNS 리스크'는 비단 기업 경영자나 정치인의 문제가 아니다. 연예인이나 인플루언서들도 SNS에 무심코 올린 사진한 장으로 열애설이 나기도 하고, 사회적 비난을 받기도 한다. 과유불급過猶不及이라 했다. 궁금하지도 않고, 물어보지도 않은 당신의 사생활은 잠시 넣어두어도 되지 않을까?

Why is it?
엿보기의 심리학

예능 프로그램 〈슈퍼맨이 돌아왔다〉를 보면 집 안 곳곳에 놓여 있는 작은 텐트를 발견할 수 있다. 텐트 안에는 카메라 감독들이 숨어 아이들의 자연스러운 행동을 담아낸다. 이처럼 수많은 관찰 예능은 등장인물의 사적인 공간을 엿보는 시점으로 설정되어 있다. 프랑스 철학자 자크 라캉은 인간은 태어나면서부터 어머니와 분리되는 결핍을 메우기 위해 '욕망'이 생겨나며, 이러한 욕망이 '시각'을 통해 다양하게 표출된다고 말한다. 내가 갖고 싶은 무언가를 다른 사람이 지니고 있는지, 내가 모르는 어떤 것이 숨겨져 있는지 궁금하고 또 알고 싶은 마음이 '엿보기'로 드러나는 것이다.

엿보기 프로그램의 원조는 1948년 미국 CBS에서 처음 방영된 〈캔디드 카메라Candid Camera〉이다. 방송인 앨런 펀드Allen Funt가 진행한 이 프로그램은 닫아도 다시 열리는 서랍이나 헹궈내도 계속 나오는 비누 거품과 같이 황당한 상황을 맞이하게 된 일반인의 자연스러운 반응을 관찰하며 웃음을 자아낸다. 2014년에도 시즌제로 방영될 정도로 오랜 시간 시청자의 사랑을 받아온 프로그램이다. 이후 엿보기 프로그램은 몰래 카메라나 정해진 상황에서 벌어지는 사건을 관찰하는 리얼리티 프로그램이나 일상 관찰 예능 등 다양한 방식으로 확장되어왔다.

이러한 프로그램들은 출연자의 자연스럽고 다양한 모습을 보여준다는 장점이 있지만 채널 간 경쟁이 심화되면서 점차 자극적인 소재를 다루는 빈도가 높아지고 있다. 리얼리티 서바이벌 프로그램의 시초인 네덜란드에서 1999년 방영된 〈빅브라더Big Brother〉는 서로 안면이 없는 12명의 출연자를 100일간 빅브라더 하우스에서 생활하게 한다. 프로그램의 제목은 조지 오웰의 소설 『1984년』에 나오는 전지전능한 통치자이자 감시자 '빅브라더'에서 따왔다. 시청자들은 일주일에 한 번 방송을 통해 그들의 생활을 엿보는 것뿐만 아니라 인터넷을 통해 24시간 그들을 관찰할 수 있다. 이 프로그램은 전 세계적으로 큰 인기를 얻으며 각국에 수출되어 다양한 포맷으로 진화했는데 선정적인 구성과 출연진의 진정성 문제는 여전히 논란이 되고 있다.

영화 〈헤어질 결심〉에서 남자 주인공 해준은 살인 사건의 용의자 서래의 집을 망원경으로 들여다본다. 언뜻 보면 혐의점을 찾기 위한 형사의 잠복근무처럼 보이지만 사실 해준은 서래의 사적인 공간을 훔쳐보며 그녀에게 연민을 느낀다. 해준이 윤리적으로 잘못된 행동에 수사 과정이라는 정

타인의 공간을 훔쳐보는 엿보기

당성을 부여하는 것처럼, 시청자들은 타인의 사생활을 엿보는 행위가 나쁘다는 사실을 알지만 무엇이든 관찰 가능한 카메라를 통해 죄의식 없이 볼 수 있는 특권을 갖게 된다. 시청자들은 이 과정에서 묘한 쾌감을 맛보게 되고 방송사들은 이런 시청자들의 심리를 이용해 시청률을 더욱 높이려고 한다. 마치 욕하면서도 계속 보게 되는 막장 드라마 같다고나 할까?

사생활을 '공유하는' 사람들

선마이크로시스템스의 공동 창업자 스콧 맥닐리는 25년도 더 전에 이미 "당신은 사생활 제로 시대에 살고 있다. 이 사실을 받아들여야 한다"라고 말했다. 길을 걷다 보면 몇 미터 단위로 설치되어 있는 CCTV와 언제 어디서든 녹음과 녹화가 가능한 휴대전화 등 사생활을 침범당할 수 있는 장치들이 우리 일상에 널려 있다. 그런 면에서 영화 〈스마트폰을 떨어뜨렸을 뿐인데〉 속 주인공의 모습은 남 일 같지 않다. 그저 휴대전화를 잠시 잃어버렸을 뿐인데 그 잠깐 사이 전화기에 깔린 스파이웨어를 통해 자신의 모든 것이 털리게 된다.

우리는 사생활 보호를 외치며 커튼을 닫고 암호를 건다. 그런데 아이러니하게도 주위를 둘러보면 사생활을 보호하기보다 오히려 세상과 공유하려는 사람들이 더 자주 눈에 띈다. 이는 비단 연예인만의 이야기가 아니다. 럽스타그램, 베이비스타그램 등 연애부터 결혼, 신혼여행까지 모든 과정을 보여주고, 아이가 태어나면 출산 순간부터 아이의 낮잠 시간과 분유량까지 공유한다. 디지털 환경의 사생활 유출 위험을 걱정하면서도 정작 타인에게 사생활을 보여주는 현상을 '사생활 불일치privacy mismatch'라고 부른다.

이런 현상의 배경에는 유튜브 등 SNS를 통해 사적인 공간을 공유하고 소통하기 쉬워진 환경도 있다. 하지만 그것만으로는 사생활을 공유하는 사람들의 심리를 이해하기 어렵다. 사생활을 지키려는 본능은 인간뿐만 아니라 천적을 피하려 하는 동물들에게도 있다. 사람도 동물도 누군가의 시선으로부터 자유로울 공간이 필요한 것이다. 이런 이유로 동물원에서도 동물들이 관람객의 시선을 피할 수 있는 공간이 필요하며, 사람들 역시 타인의 시선에서 벗어나 자연인으로서 아늑하고 편안하게 지낼 수 있는 집이 필요하다.

지하철에서 무심코 문자를 주고받다가도 누군가 내 휴대전화를 들여다보는 듯한 시선이 느껴지면 가리게 되고, 카페에서 자기소개서를 쓰다가도 옆 테이블에서 훔쳐보는 듯한 느낌이 들면 신경이 예민해진다. 남에게 보여주려고 쓰는 자기소개서도 누군가의 시선이 느껴지면 쓰는 행동을 주저하게 된다는 것은 의외로 사람들이 타인의 시선에 많은 영향을 받는다는 의미다. 디지털 세계에서는 이러한 타인의 시선을 느끼기 어렵기 때문에 오히려 사생활이 노출될 수 있다는 경각심이 낮아진다. 우리는 온라인 세상 저 너머에 숨겨진 시선을 미처 감지하지 못하고 경계를 늦추게 된다.

온라인 환경의 발달과 함께 사람들 간의 직접적인 교류가 줄어들면서 우리는 부족한 사회적 욕구를 SNS를 통해 채우려 한다. 공적인 자리에서 업무를 논의하며 보낸 오랜 시간보다 사석에서 대화를 나눈 몇 분에서 더 친밀감이 느껴지듯이 사생활을 공유하는 것은 유대감을 강화하는 연결고리가 된다. 여기에 행복한 자기 모습을 타인에게 과시하려는 욕구가 더해져 오늘도 사람들은 점심 메뉴까지 기꺼이 SNS에 공유한다.

점심 메뉴도 공유하는 사람들

커다란 시장이 된 '사적인 이야기'

　2023년 3월 방영된 여행 프로그램 〈아주 사적인 동남아〉를 보면 '사적인 것'의 매력에 대해 생각하게 된다. 이 프로그램은 지극히 개인적인 목적으로 출연자 중 한 명의 추억이 남아있는 장소로 여행을 떠난다는 콘셉트다. 사전을 찾아보니 사적私的의 유의어는 '개인적', '비공식적'이고 반의어는 '공개적', '공식적'이다. 그렇다면 왜 이 프로그램은 '개인적이고 비공식적'인 이야기를 '공개적이고 공식적'으로 보여주고 사람들은 또 그러한 것들을 보고 싶어 하는 것일까?

　역사도 정사正史보다 야사野史가 재밌다고 했다. 야사는 공식적인 역사 체계에 따라 기록된 정사와는 달리 비공식적으로 민간에서 사사로이 기록된 역사를 의미한다. 이러한 야사는 역사적 사건과 인물 간의 관계에 대해 중요한 정보를 제공하여 풍부한 해석이 가능하게 한다. 정사에서는 드러나지 않는 사건이나 개인 간의 관계에 초점을 맞춘 야사가 훨씬 흥미롭게 읽힐 때도 있다. 일반인들의 세상 사는 이야기를 담은 라디오 사연도 사적인 이야기의 매력을 한껏 드러낸다. 각자의 사연은 내가 겪어보지 못한 또 다른 세상을 보여주며 어느 날은 청취자를 학생들과 많은 시간을 보내는 선생님으로, 또 어느 날은 연로한 부모님을 모시는 자식으로 만들어주기도 한다. 때로는 너무 사소해서 공감되는 이야기들이다.

요즘처럼 콘텐츠가 넘쳐나는 시대에는 새로운 이야기를 찾는 것이 무엇보다 중요하다. 콘텐츠 제작자들은 콘텐츠가 될 만한 이야깃거리를 찾기 위해 소설책도 들여다보고 웹툰과 웹소설도 탐색한다. 결국 사적인 이야기는 끊임없이 새로운 이야기를 찾아나선 콘텐츠 제작자들의 차별화를 위한 노력의 끝자락이라고 볼 수 있다. 그들은 정형화되지 않고 친근하면서도 예측 불가능한 이야기를 발굴하기 위해 보다 사적인 이야기를 찾는 것이다.

연예인이나 인플루언서들은 SNS를 통해 자신의 사적인 이야기를 공유하며 팬들과 유대감을 쌓으려고 노력한다. 이렇게 쌓인 유대감을 바탕으로 동네 언니나 아는 형과 같은 이미지를 구축해 신뢰도를 높인다. 최근에는 SNS를 통해 팬들과 소통하던 연예인이나 인플루언서들이 공동 구매나 쇼핑몰 창업과 같은 온라인 사업에 진출하는 모습이 자주 관

스타들의 결혼식은 쇼 비즈니스 시장으로 전락했다

찰된다. 처음에는 제품을 사용하는 모습을 자연스럽게 보여주다 문의가 오면 직접 판매하는 방식이다. 결혼을 앞둔 연예인 커플들이 신혼집을 꾸미고 결혼식을 준비하는 과정을 담은 방송 역시 협찬과 PPL(간접광고)로 가득하다. SNS에서도 방송에서도 그들이 실제로 사용하는 제품은 무엇인지 궁금할 정도다. 스타들의 사적인 공간은 쇼 비즈니스 시장으로 전락했다고 해도 과언이 아니다.

피핑 톰 시대와 잊힐 권리

우리는 타인의 사생활에 관심이 많다. 처음 만나면 나이와 직업부터 묻고 잠시 뒤 결혼 여부와 자녀에 관해 묻는다. 때로 친해지기 위해, 또는 조언을 구하기 위해 타인에게 자신의 사생활을 드러내 보이기도 한다. 사적인 관계에서는 사생활 공개를 통해 공감을 얻고 유대감을 강화할 수 있지만 널리 알려져 인지도가 높은 공인이 대중을 상대로 무분별하게 사적인 이야기를 내보이는 행위는 피로감을 부를 수 있다. 언론에서는 '사생활 팔기', '우후죽순 관찰 예능' 등의 표현을 사용하며 자극적인 사생활 노출 방송 프로그램에 대한 비판적인 기사를 쏟아내고 있다. 자제를 요구하는 목소리가 끊이지 않는데 개선 속도가 더디게 느껴지는 이유는 앞서 살펴본 것처럼 결국 사적인 이야기가 가진 상업적인 매력 때문일 것이다.

최근 국내외에서 자녀의 일상을 SNS에 올리는 셰어런팅sharenting을 막기 위한 법률 제정에 관심이 집중되면서 사생활 공개 콘텐츠 제작에 제동이 걸리는 모습이다. 셰어런팅은 공유를 뜻하는 영어 단어 '셰어share'와 양육을 뜻하는 '페어런팅parenting'의 합성어로 부모가 자녀의 사진이나 일상을 SNS에 공유하는 행위를 일컫는다. 부모의 눈에 자식의 모습은 늘 귀엽고 사랑스러워서 다른 사람들에게 자랑하고 싶은 마음이 가득하다. 이러한 욕구는 SNS라는 도구를 통해 쉽게 표출되어 오늘도 인스타그램에는 아이들의 모습이 넘쳐난다.

하지만 셰어런팅은 아동 유괴 등의 범죄에 악용될 수 있으며, 불특정 다수에게 공개된 아이들의 영상에 악성 댓글이나 인신공격성 댓글이 달려 문제가 되고 있다. 이러한 지적에 대해 친한 사람들에게만 제한적으로 공개하면 별문제 없을 것으로 생각할 수 있다. 뉴욕주립대학의 조사에 따르면 아동 유괴범의 76%가 부모의 지인이며, 부모 SNS의 77%는 친구에게만 공개된 비공개 계정이었다. 영국 대형 금융사 바클레이즈는 2030년 젊은 층 대상 신분 도용 사건의 3분의 2가 셰어런팅에 의해 발생하고, 피해 규모가 1조2천억 원에 달할 것으로 예측했다.

한편 캐나다에서는 2016년 13세 자녀가 어린 시절 자신의 창피한 모습을 10년간 SNS에 게시한 부모를 상대로 35만 캐나다달러(약 3억 원)의 합의금을 요구하는 소송을 제기하기도 했다. 국내에서도 부모들이 자녀의 사진을 SNS에 올리거나 카카오톡 대표 사진으로 설정해놓은 것을 심심찮게 볼 수 있다. 세이브더칠드런의 조사에 따르면 0-11세 자녀를 둔 부모 86.1%가 자녀의 사진이나 영상을 SNS에 게시한 경험이 있는 것으로 나타났다. 이에 따라 개인정보보호위원

셰어런팅에 관한 논란이 커지고 있다

회는 어린이와 청소년의 잊힐 권리를 보장하기 위해 2024년 셰어런팅 제한을 법제화할 예정이다. 이 법이 제정되면 아이들의 모습을 담은 SNS는 물론 아이들이 주인공으로 출연하는 유튜브 콘텐츠와 TV 예능 프로그램 등에도 영향을 미칠 것으로 예상된다. 과열된 사생활 노출과 육아 콘텐츠 제작에 경종을 울리는 계기가 될 것이다.

사실 잊힐 권리는 어린이뿐만 아니라 성인에게도 해당되는 사항이다. 비연예인 관찰 예능의 경우 방송에 익숙지 않은 출연자들의 사생활이 과도하게 노출되면서 대중의 관심과 비난이 쏟아지는 모습을 볼 수 있다. 그들의 말과 행동 하나하나가 모두 캡처되어 공유되면서 온라인상에 남아 출연자들이 스트레스와 우울감을 호소하기도 한다. 2022년 2년 6개월 동안 서비스가 중단되었던 싸이월드가 재오픈하면서 많은 사람이 추억 속 사진첩을 열어보았다. 당시에는 재밌다고 올렸던 사진과 글들이 지금 보면 그저 흑역사인 경우도 많았다.

그렇다면 피핑 톰 시대에 콘텐츠 기획자들에게 필요한 것은 무엇일까? 인권과 사생활 문제에서 좀 더 자유로운 새로운 소재일 텐데, 아이들의 빈자리는 반려동물과 반려식물이 채워나갈 수 있을 것이다. 이미 반려동물은 예능의 소재로 활용도가 높고 관련 시장도 빠른 속도로 성장하고 있다. 반면 반려식물은 방송에서 이제 막 관심을 보이기 시작한 단계다. 2023년 새롭게 등장한 '반려식물병원'은 반려식물을 키우는 식집사('식물'과 '집사'의 합성어)들에게 큰 환영을 받았다. '나'의 취향을 마음껏 드러내고 '타인'의 공간을 엿볼 수 있는 소재가 패션, 인테리어, 육아에서 새로운 방향으로 향하고 있다.

이제 단순히 출연자들의 사생활을 보여주는 관찰 예능은 점차 설 자리를 잃을 것으로 예상된다. 화제를 모았던 일반인 관찰 예능도 잇따른 논란으로 인해 예전만큼 파급력을 갖지 못하는 모습이다. 이러한 현상들이 관찰 예능이 종말을 의미하는 것은 아니다. 앞서 살펴본 것처럼 타인의 사생활을 궁금해하는 심리와 엿보기 프로그램의 공조는 아주 오래전에 시작되었기 때문이다.

결론적으로 향후 개인의 사생활을 다룬 관찰 예능은 양극화될 것으로 예상된다. 시청자의 시선을 사로잡기 위해 극한의 자극적인 소재를 다룬 관찰 예능과 새로운 소재로 차별화한 프로그램으로 나누어질 것이다. 디지털화가 가속화되면서 우리는 스스로 인지하지 못하는 사이 사생활 침해를 위협받고 있다. 이를 악용하려는 피핑 톰이 어디에 숨어있을지 모르니 SNS에 올리기 전에 한 번 더 생각해보길 바란다.

2024

전설 속 이야기에서 유래하여 훔쳐보기, 엿보기, 관음증을 의미하는 피핑 톰은 오늘날 미디어를 잠식한 '사생활 관찰'이라는 주제와 이를 소비하는 시청자의 모습을 묘사하는 대표적 단어다. 유튜브에는 인플루언서들의 일상을 담은 브이로그가 넘쳐나고 TV에는 육아, 동거, 이혼 등 자극적인 소재의 관찰 예능이 가득하다. 이는 SNS를 통해 무의식적으로 일상을 공유하는 일반인도 크게 다르지 않다. '사적인 이야기'는 더 새롭고 자극적인 이야기를 찾는 콘텐츠 제작자들과 가성비 높은 광고 채널을 원하는 기업들에 의해 커다란 쇼 비즈니스 시장이 되었다. 그러나 무분별한 사생활 콘텐츠에 대한 피로도와 잊힐 권리에 대한 인식이 높아지면서 단순히 출연자의 사생활을 보여주는 관찰 예능은 점차 감소할 것으로 예상된다. 앞으로 개인의 사생활을 다룬 콘텐츠는 극한의 자극적인 소재를 다룬 관찰 예능과 새로운 소재로 차별화한 프로그램으로 양극화되고, 셰어런팅 문제로 생긴 육아 콘텐츠의 빈자리는 반려동물과 반려식물이 채울 것으로 예상된다.

6장

콘텐츠
칵테일 시대

이종 간 융합의 진화
K컬처 하이브리드 전략

바야흐로 신한류^{K-culture} 시대다. 문화체육관광부 등 관계부
처가 합동으로 발표한 '신한류 진흥정책 추진계획'에 따르
면 한류 1.0, 2.0, 3.0 시대를 지나 '신한류' 시대가 열렸다.
새롭게 정의된 신한류 시대는 한류 콘텐츠를 다양화하고,
화장품·의료·교육 등 연관 산업의 동반 성장을 견인하며, 지
속 가능한 한류 확산의 토대를 마련하는 것을 목표로 한다.

안타깝게도 신한류의 시작을 알렸던 2020년에는 코로
나19 팬데믹이 전 지구를 강타했다. 우리는 이 위기 상황을
지나오면서 삶의 많은 부분에서 변화를 경험했다. 특히 코
로나19 팬데믹은 현대인이 미래에서 온 시간 여행자가 되
어 앞으로 경험해야 할 것들을 10년 이상 앞당겨 실행하게
해주었다. 인공지능, 로봇, 드론, 5G, 가상현실, 증강현실,

문화체육관광부에서 주최한 '2022 코시스 한국 문화 큰 잔치'

확장현실^{XR} 등 4차 산업혁명의 핵심 기술들이 우리의 일상
에 완전히 정착하게 되었다. 4차 산업혁명 기술과 신한류,
더 나아가 K컬처의 지속 가능성을 위해서는 다채로운 방법
을 혼합하여 적용하는, 즉 이종 간 융합을 시도하는 하이브
리드^{hybrid} 전략이 필요하다. 이는 2024년에 문화 콘텐츠 산
업뿐만 아니라 K를 붙일 수 있는 모든 연관 산업에 속한 기
업들의 주요 경영 트렌드로 자리매김할 것이다. 야누스적
성격을 지닌 K컬처 하이브리드 전략이 어떻게 나타나고 그
의의는 무엇인지 살펴보기로 하자.

믹스매치와 하이브리드

한류의 시작점이 문화 콘텐츠인 것처럼 신한류의 시작

점 역시 문화 콘텐츠가 되고 있다. 신한류를 견인하는 문화 콘텐츠에서 하이브리드 전략은 어떻게 나타나고 있을까? 콘텐츠의 세계에서 하이브리드 전략은 작품이 밋밋하지 않도록 다양한 작법과 기법을 적용하여 내용을 믹스매치하는 과정에서 나타난다.

2023년 5월 공개된 넷플릭스 오리지널 시리즈 〈택배기사〉는 동명의 웹툰을 원작으로 하는 SF 드라마다. 원작이 웹툰인 만큼 만화적 기법이 매회 시작을 장식하고, 게임 시뮬레이션 장면이 등장하며, VR이나 AR이 일반화된 미래 사회가 그려진다. 배우 노윤서가 맡은 정슬아는 바깥세상에 나가지 않고 집 안에서 VR을 감상하면서 트레드밀 위를 달리는데 그 모습이 전혀 낯설지 않다. 미래 사회를 배경으로 하지만 코로나바이러스로 인해 항상 마스크를 쓰고 지내고, 미세먼지 등으로 인해 극심한 대기 오염에 노출된 드라마 속 등장인물들은 현재의 우리와 매우 닮아있다. 코로나19 팬데믹으로 전 세계적 위기 상황을 경험한 시청자들에게 바이러스, 미세먼지, 공기 오염, 백신접종, QR코드 등은 너무나도 익숙한 소재다.

전 세계적으로 신드롬을 불러일으킨 드라마 〈오징어 게임〉이나 〈피지컬: 100〉의 서바이벌 게임과 닮은 듯 다른 장면도 등장한다. '택배기사 5-8', '난민 034'와 같이 숫자가 사람의 이름을 대신하는 방식은 〈오징어 게임〉이나 〈피지컬: 100〉을 연상시킨다. 난민 이주 계획은 성경 속 노아의 방주나 2023년 5월 개봉한 영화 〈가디언즈 오브 갤럭시: 볼륨3〉의 실험을 마친 동물들의 탈출 장면과 겹친다.

다양한 작법과 기법을 적용하여 내용을 믹스매치하는 콘텐츠 하이브리드 전략은 여기서 그치지 않는다. 우리는 코로나19 팬데믹을 통해 위기 상황에서 스스로를 보호할 수 있는 것은 자신뿐이라는 사실을 깨달았다. 육체적 건강을 넘어 정신적 건강을 지키는 것이 얼마나 중요한 일인지 실감했다. 이러한 정신 건강과 첨단 기술을 결합하여 셀프 케어와 셀프 힐링을 하는 것도 하이브리드 전략이 될 수 있다. 〈택배기사〉의 정슬아처럼 VR이나 AR을 이용해 산책하고 달리면서 육체적·정신적 건강을 관리하는 것이다.

의사의 처방전에도 하이브리드 전략이 적용될 수 있다. 첨단 기술을 접목하여 마음의 건강을 실천하기 위해 우리가 준비해야 할 미래의 처방전에 대해 생각해볼 수 있다. 오직 복용해야 할 약물만을 언급하는 과거의 처방전에서 벗어나 영화 감상 같은 문화생활을 즐기거나 공원을 거닐면서 고독을 떨쳐내는 '사회적 처방전'을 제안할 수 있다. 그렇게 되면 의사가 받아야 할 교육에도 변화가 불가피하다. 일반적인 의약품을 처방하는 데 그치지 않고 질병 예방을 위해 환자가 일상생활에서 시도할 수 있는 다양한 처방전을 고민하는 노력이 필요하다.

하이브리드 전략 카테고리에 있는 이러한 정신 건강 이슈는 집을 정리하거나 인테리어를 하는 데도 나타난다. 유명한 정리 전문가나 인테리어 디자이너들은 "집 정리나 인테리어는 집주인의 현재 마음 상태를 들여다보는 데서 시작된다"라고 한목소리로 말한다. 그들은 집 정리와 인테리어에 심리학을 적용한다. 하이브리드 전략으로 의사의 약 처방 의미가 달라졌듯이 이제 집 정리와 인테리어는 물론 우리의 생활 방식과 사고방식도 하이브리드 전략 카테고리에서 다양하게 변화해야 한다.

문화 콘텐츠를 만드는 방법뿐만 아니라 문화 콘텐츠를 즐기는 방법에서도 하이브리드 전략이 시도되고 있다. 코로나19 팬데믹은 대면 방식으로 해왔던 일상을 온라인을 이용한 비대면 방식으로 바꿨다. 회사 출근은 재택근무로, 학교 수업은 온라인 수업으로, 영화를 비롯해 뮤지컬·연극·콘서트 등 각종 공연도 모두 온라인 공연으로 전환되었다. 사람들은 마스크를 쓰고 다니고, 배달 음식을 시켜 먹으며, 온라인으로 회의와 모임, 공부를 하는 데 익숙해졌다. 그 여파로 온라인과 오프라인을 결합하는 온오프 하이브리드 전략은 2023년과 2024년을 이어주는 트렌드로 자리매김했다.

영민한 엔터테인먼트 기업들은 발 빠르게 온택트^{ontact} 플랫폼을 만들어 첨단 기술을 활용해 온라인으로도 팬들을 만날 수 있는 공연 문화의 새로운 장을 열었다. 2020년 7월에 처음 열린 방탄소년단의 온라인 콘서트는 전 세계 107개국에서 약 75만6천 명의 시청자를 모아 기네스북에 올랐다. 그해 10월에 열린 방탄소년단의 두 번째 온라인 콘서트는

방탄소년단 온라인 콘서트의 멀티뷰 기능

전 세계 191개국에서 99만 명이 넘는 시청자를 모았고, 이로 인한 시청권 매출은 500억 원 규모에 이르렀다.

방탄소년단의 이 온라인 콘서트는 라이브 스트리밍으로도 볼 수 있었고 전날 공연을 재방송하는 스트리밍 서비스도 제공되었으며, 일본의 경우 극장에서 라이브 뷰잉을 진행하기도 했다. 공연 내용 면에서도 AR과 XR을 활용한 새로운 볼거리가 추가되었고, 이용자 편의성을 고려해 멀티뷰multiview 기능과 공연을 관람하는 팬들의 모습을 실시간으로 전하는 '아미 온에어' 서비스를 통해 차별화를 시도했다. 공연 관람에서 그치지 않고 방탄소년단 굿즈를 '위버스'라는 온라인 원스탑 플랫폼에서 곧바로 살 수도 있었다. 공연부터 팬들과의 소통, 굿즈 판매에 이르기까지 모든 것을 하나의 온라인 플랫폼상에 가능하게 했다.

아마존의 오프라인 진출

K팝 공연뿐만 아니라 뮤지컬, 연극, 오페라, 발레 등의 공연예술도 온라인에서 공연 영상을 시청할 수 있게 되었다. 이처럼 엔터테인먼트 기업을 포함한 많은 기업이 오프라인으로 해왔던 활동을 온라인으로 전환하는 데 심취해 있는 동안 역주행하는 행보를 보인 기업들도 있었다. 온라인에서 사업을 시작한 기업, 특히 아마존과 같은 전자상거래 기업들은 코로나19 팬데믹 시기를 지나오면서 반대로 오프라인 매장을 개설하고 확대하는 데 많은 노력을 기울였다. 온오프 하이브리드 전략이라는 카테고리 안에서 변화를 시도한 것이다. 온라인의 지배자인 아마존은 왜 오프라인 매장에 관심을 보이면서 사업 확장을 시도하는 걸까? 아마존 제국을 완성하기 위한 퍼즐의 한 조각을 채우는 걸까? 아마존이 상상하는 온오프라인 매장은 무엇을 위해 존재하는 걸까?

1994년 설립된 아마존은 2013년부터 쇼핑몰에 에코 스피커, 전자책 단말기 등의 팝업스토어를 오픈하기 시작했다. 공식적으로 발표된 자료는 없으나 2019년 기준 아마존은 미 전역 쇼핑몰에서 87개의 팝업스토어를 운영한 것으로 알려졌다. 아마존은 2015년 11월 시애틀에 오프라인 서점 아마존북스Amazon Books를 열었다. 155평 규모의 매장에 6천여 종의 책을 진열했는데, 일반 대형 서점에 비해 책의 종

수는 많지 않았으나 온라인서점에서 별점이 높은 책만 진열해 차별화를 꾀했다. 아마존북스는 2022년 3월 폐점을 맞이했으나 기존 오프라인 서점과 차별화한 점은 높이 평가되었다.

2016년 12월에는 무인 오프라인 매장 '아마존 고Amazon Go'를 오픈했다. 매장 입구에서 아마존 고 앱을 실행한 뒤 원하는 상품을 골라 장바구니에 담아 나오면 미리 등록한 결제 정보를 통해 물건값이 빠져나간다. 이 서비스에는 비전, 센서 퓨전, 딥러닝 기술 등을 융합해 만든 '저스트 워크 아웃Just Workout' 기술이 활용되었다. 여기서 멈추지 않고 아마존은 2017년 유기농 식품 전문 슈퍼마켓 체인점 홀푸드 마켓Whole Food Market을 137억 달러에 인수하여 슈퍼마켓이자 아마존의 상품 배송 및 반품 기지로 활용했다. 이를 계기로 아마존의 온오프라인을 병행하는 하이브리드 전략은 더욱 가속화된다.

2018년 9월에는 전자제품과 주방용품 전문점 '아마존 4-스타Amazon 4-Star'를 오픈했다. 온라인에서 평균 평점이 4점 이상인 상품만 판매하는 아마존 4-스타는 온라인 고객 후기를 기반으로 만들어진 매장이다. 코로나19 팬데믹이 한창이던 2020년 8월에는 '아마존 프레시 스토어Amazon Fresh Store'를 오픈했다. 아마존 고가 편의점에 가까웠다면 아마존 프레시 스토어는 월마트와 경쟁할 수 있는 한층 진화된 형태의 슈퍼마켓이었다. 아마존 프레시 스토어에는 카메라와

아마존 프레시 스토어의 아마존 대시 카트

센서가 탑재돼 물건을 담으면 곧바로 계산해주는 '아마존 대시 카트'라는 스마트 카트가 비치되었다.

미 전역에 있는 아마존 프레스 스토어 매장 19개와 아마존 고 매장 30개에 2017년 인수한 홀푸드마켓 매장 500개를 합하면 2021년 11월 기준 아마존은 식료품 부문에만 약 550개의 오프라인 매장이 있는 것이다. 여기에 팝업스토어까지 더하면 2023년 기준 아마존의 오프라인 매장 수는 612개에 이른다.

그 밖에도 아마존은 2021년 4월 영국 런던에 '아마존 살롱Amazon Salon'이라는 미용실을 열었다. 아마존 살롱은 거울 앞에 붙은 AR 카메라를 통해 커트나 염색 등의 스타일링을 한 모습을 미리 확인할 수 있다는 점에서 기존 미용실과 차별화되었다. 마지막으로 아마존은 2022년 5월 캘리포니아주 로스앤젤레스 인근에 '아마존 스타일Amazon Style'이라는 패션 매장을 열었다. 이곳에서는 직원들이 고객을 따라다니는 것이 아니라 고객이 스마트폰 QR코드를 이용해 디자인과 사이즈를 고르면 탈의실에서 옷을 받아볼 수 있다. 탈의실은 옷을 거는 공간이 두 군데로 나누어져 있어 반대 방향에서 직원들이 추가로 옷을 넣어줄 수 있다. 향후 이 직원들도 로봇으로 대체된다고 하니 AI가 오프라인 매장도 장악할 기세다.

한국에서도 유사한 사례가 존재한다. 새벽 배송 전문 기업 오아시스마켓은 온라인 경쟁력을 강화하기 위해 오프라인 매장 수를 빠르게 늘리고 있다. 모바일 자동화 시스템에 자체 개발한 스마트 기술을 접목해 물류 혁신을 이루었고, 유통비용과 광고비용을 줄이는 비용 우위 전략을 통해 상품 가격을 낮춰 주목받고 있다. 2020년 38개였던 오프라인 점포 수는 2022년 13개가 추가되어 그해 12월 말에는 51개에 이르렀고 2023년에도 49개 점포를 추가로 열었다. 오아시스마켓은 점포 100개를 운영할 계획이라고 밝혔다. 머지 않아 쿠팡과 마켓컬리도 아마존이나 오아시스마켓처럼 오프라인 매장을 여는 게 아닐까?

오아시스마켓의 오프라인 점포

야누스적 하이브리드 전략

지속 가능한 성장을 꿈꾸는 기업들은 시대 변화를 따라 잡기 위해 경영 전략에 믹스매치 전략 또는 하이브리드 전략이라 불리는 새로운 카테고리를 만들어나가고 있다. 하이브리드의 사전적 의미는 '이질적인 요소가 혼합된 것'으로 이종異種, 혼합, 혼성, 혼혈을 뜻한다. 넓은 의미로는 '서로 다른 것을 결합하여 가치를 높이는, 새로운 무엇인가(영역)를 창조하는 통합 코드'로 인식된다. 이러한 개념을 적용하여 K컬처의 혁신 전략으로 소개된 여러 가지 방식을 개별적인 콘텐츠에 맞게 적절히 혼합하여 새롭게 디자인할 필요가 있다.

K컬처 하이브리드 전략은 한류의 시작점인 문화 콘텐츠에 우선하여 도입할 수 있다. 콘텐츠마다 독특함을 선보일 수 있도록 여러 요소를 혼합하는 '콘텐츠 내용의 하이브리드 전략'이 그것이다. 로마 신화에 나오는 두 얼굴을 가진 신 야누스Janus는 처음과 끝, 시작과 변화를 상징한다. 야누스의 이름을 따서 만들어진 1월을 의미하는 영어 단어 January는 한 해가 끝나고 새로운 해로 들어가는 시작점을 의미한다. 두 가지 관점을 바탕으로 두 가지 전략을 혼합하여 사용하는 시작점으로서 야누스적 하이브리드 전략은 2024년을 강타하는 주된 트렌드가 될 것이다.

바티칸 박물관에 소장된 야누스의 흉상

　그렇다면 다양한 형태와 수준의 조합을 유도하는 야누스적 하이브리드 전략의 탄생 배경은 무엇일까? 하이브리드 전략은 여러 가지 전략의 '중간' 지점이 아닌 서로 다른 성질을 가진 요소를 두 가지 이상 혼합하는 이종교배의 결정체다. 이러한 전략의 뿌리는 새로운 기회를 찾아 새로운 시장을 창출하거나 또는 새로운 사업을 발굴하는 '탐색exploration'과 기존 자원을 효율적으로 이용하는 '활용exploitation'을 동시에 추구하는 '양손잡이ambidexterity' 경영 전략에서 찾아볼 수 있다.

　생명체는 살아가기 위해 가지고 있는 자원을 활용하여 안정을 취하지만 불확실성이 증가하고 급변하는 환경에서는 지속적인 변화와 탐색이 필요하다. 기업도 마찬가지다. 현재 가지고 있는 자원을 활용하여 진행 중인 사업에 집중하는 것은 기업의 사활이 걸린 문제다. 이와 동시에 기업은 경쟁 사회에서 도태되지 않기 위해, 미래의 지속 가능성을 위해 새로운 시장과 기회를 탐색하고 새로운 사업을 개척해야 한다. 이러한 상황은 기업에 오른손과 왼손, 탐색과 활용을 동시에 동원하는 양손잡이 역량을 요구한다.

양손잡이 전략은 문화 콘텐츠를 다루는 기업이 혁신에 강한 승자로 살아남기 위해 꼭 필요한 전략이다. 기업은 왼손과 오른손을 모두 사용할 수 있도록 조직 구조를 개편하여 효율성을 높이고 리스크를 줄이며 창조적 사고를 위한 역량을 길러야 한다. 기존 제품이나 콘텐츠가 제작되고 유통되는 방식을 개선하거나 또는 완전히 새로운 카테고리를 발굴하여 현재의 강점과 경쟁우위를 지켜 나가야 한다. 양손잡이 전략을 하이브리드 전략으로 연결하기 위해서는 무엇보다 탐색과 활용의 균형을 유지하는 것이 중요하다. 균형 잡힌 양손잡이 조직이 성과 면에서 긍정적인 결과를 얻을 가능성이 크다는 것은 여러 연구를 통해 증명된 바 있다. 양손잡이 경영 전략은 문화 콘텐츠를 다루는 기업에도 적용되며, K컬처 하이브리드 전략 또는 야누스적 하이브리드 전략 트렌드의 기저를 이루는 개념이 될 수 있다.

레트로와 뉴트로, 클래식과 모던의 결합

야누스적 하이브리드 전략은 클래식과 모던을 동시에

추구하는 방식에서도 그 배경을 찾아볼 수 있다. 우리가 '레트로'라고 말하는 전통적·고전적 감성과 '뉴트로'로 대변되는 현대적 감성을 믹스매치하는 것도 음악, 영화, 연극, 뮤지컬과 같은 콘텐츠는 물론 일반적인 제품과 서비스에서 두드러지게 나타나고 있다. 레트로와 뉴트로를 결합하는 감성은 건축, 미술, 패션, 디자인, 인테리어 영역에서 일찍부터 시도되었다. 그것이 전달되는 방식은 '톤온톤 Tone on Tone' 또는 '톤인톤 Tone in Tone'과 같은 패션계 용어로 설명될 수 있는데, 핵심은 서로 다른 관점으로 접근할 수 있는 포인트를 혼합하는 데 있다.

'톤온톤'이란 우리가 흔히 '깔맞춤'이라 표현하는 것으로서 동일한 계열에서 채도 차이가 있는 색상들을 함께 매치시키는 배색법이다. 비슷한 색상으로 통일하다 보니 확장되는 효과가 나타나 날씬하고 키가 커 보이며 안정감을 가져다준다. 한편 '톤인톤'은 색의 톤을 맞추는 것으로서 다양한 색상을 사용하지만 밝음과 어둠을 통일하는 배색법이다. 보

패션에서 톤온톤과 톤인톤의 예

색이 되는 색상을 매치하다 보면 비슷한 밝기와 농도의 여러 색상을 조합하여 화려하고 멋스럽게 스타일링을 할 수 있다. 어색하지 않고 자연스럽게 보이면서도 혁신적으로 여러 조합의 색상을 배치하려면 전문가의 안목이 필요하다. 이는 경영 전략에서 여러 요소를 결합한 하이브리드 전략이 프로페셔널한 전략가에 의해 탄생하는 것과 같은 이치다.

코로나19 팬데믹이 시작된 2020년 초 우리는 그동안의 삶의 방식을 완전히 바꿔야 하는 상황에 직면했다. 기업의 대면 전략·대면 판매·대면 회의, 학교의 대면 수업, 문화 콘텐츠 영역의 대면 관람 등을 당연시했던 일상생활이 한순간에 끝나버렸다. 특히 제품과 서비스를 통해 고객을 직접 상대해야 하는 기업에 대면 생활 종료는 전혀 예상하지 못했던 전략의 창출로 이어졌다. 하이브리드 전략은 익숙함에서 벗어나 이질적인 요소를 혼합하여 완전히 새로운 양식으로 멋스럽고 화려하게 재탄생시키는 양손잡이 경영 전략과 레트로와 뉴트로를 결합한 감성 기반 전략에서 비롯되었다.

Where is it going?

K컬처 하이브리드 전략

우리 삶의 모든 영역에서 다양한 방식으로 전개되고 있는 하이브리드 전략은 2024년을 기점으로 더욱 과감하게 시도될 것이다. 예를 들면 문화 콘텐츠를 다루는 기업의 온라인과 오프라인(음악의 현장 공연과 온라인 플랫폼 공연, 영화의 극장 상영과 OTT 플랫폼 서비스 등), 빅데이터와 스몰데이터, 대기업과 스타트업, 클래식과 모던(레트로와 뉴트로 음악 스타일의 결합), 글로벌화와 현지화(블랙핑크, 뉴진스 등 해외 국적을 가진 걸그룹, 보이그룹의 재출현 등), 엔터테인먼트 산업과 정보통신 산업 등의 결합을 들 수 있다. 이처럼 서로 다른 영역을 결합하는 하이브리드 전략은 2024년 두 가지 이상을 과감하게 혼합하는 양상으로 전개될 것이다. 문화 콘텐츠를 중심으로 한류와 연관된 모든 기업이 다양한 형태의 하이브리드 전략을 시도할 것이다. 경쟁사와의 협업을 마다하지 않는 것도 이 전략의 한 형태가 될 수 있다. 2024년에는 '한류 콘텐츠＋K브랜드＝신한류' 공식을 만들 수 있는 모든 종류의 K컬처의 하이브리드 전략이 온전히 정착하게 될 것이다.

이를 위해 기업은 새로운 전략 카테고리를 만들어 서로 다른 영역을 결합하는 하이브리드 전략을 개발해야 한다. 오프라인 기업의 신속한 온라인 전환 덕분에 새로운 언택트(직접 대면하지 않는 것)와 온택트(온라인을 통해 대면하는 것) 룰이 만들어졌다. 단순히 오프라인 경험을 온라인으로, 온라인 경험을 오프라인으로 확장하는 단계에서 벗어나 오프라인과 온라인, 즉 대면 전략과 비대면 전략을 넘어설 새롭고 차별화된 기술적 혜택이 더해져야 한다. 그것이 차별화된 품질이든 비용 면에서 혜택이든 소비자에게 새로운 차원의 감동과 경험을 선사할 수 있어야 한다.

예를 들어 아마존의 오프라인 매장은 아마존의 모든 기술을 보여주는 상품 진열실이 될 수 있고, 데이터를 수집하는 거대한 하드웨어가 될 있다. 이는 홍보 매체가 될 수도 있고 물류 거점으로서의 활용도도 매우 높다. 아마존의 무인 결제 기술이나 스마트 카트 기술, 안면인식, 센서 퓨전, 저스트 워크 아웃, AI와 머신러닝 기술은 공항, 영화관, 스포츠 경기장, 음악 공연장 등에도 적용할 수 있다. 따라서 아마존은 지금까지 개발한 오프라인 매장 운영 솔루션을 판매하는 사업까지 확장할 수 있고, 이를 다시 온라인으로 보내 고객의 쇼핑 경험을 개선하고 새로운 비즈니스 모델을 개발할 수 있다.

이제 오프라인 매장과 온라인 플랫폼은 소비자가 단절 없이 가치 있는 경험을 할 수 있는 공생의 장이 되어야 하며, 이는 하이브리드 전략의 핵심이 될 것이다. 오프라인 매장이 궤도에 오르면 자연스럽게 온라인 플랫폼도 잘 될 수 있고 반대로 온라인 플랫폼이 자리 잡히면 오프라인 매장을 통해 홍보가 되며, 다양한 루트를 통해 들어오는 모든 고객의 빅데이터와 스몰데이터를 기업의 경영 전략에 활용할 수 있다. 무형 제품을 다루는 문화 콘텐츠 영역에서도 온택트·언택트 장르와 룰이, 오프라인 장르와 룰이 결합하여 새로운 하이브리드 카테고리가 탄생할 수 있다. 여기에 아마존이 선보이는 첨단 기술 시스템 등을 결합하는 K컬처 하이브리드 전략은 2024년 기업의 경영 트렌드로 정착할 것이다.

양손잡이 DNA를 찾아서

기업의 하이브리드 전략은 온오프라인을 합치는 데 국한되지 않는다. '흡입력을 잃지 않는 프리미엄 청소기' 또는 '날개 없는 선풍기' 등과 같이 탐색과 활용을 동시에 동원한 다이슨의 사례처럼 양손잡이 경영 전략을 사용하는 문화 콘텐츠 기업은 기존의 기조를 유지하되 새로운 성장 동력을 찾아 혁신을 도모하는 야누스적 하이브리드 전략을 추구해야 한다.

구글 또한 한 손에는 '효율'을 다른 손에는 '혁신'을 올려놓고 IT 산업을 주도하고 있다. 구글의 디지털 문화 사례는 양손잡이 DNA를 활용하여 자신들이 표방하는 기업 철학, 이를 구현하기 위한 업무 프로세스, 그리고 역량 있는 인재들이 어떻게 혁신적인 서비스를 창출하고 지속적인 성장을 이루어가는지 실증적으로 보여준다. 이는 문화 콘텐츠 기업이 추구해야 하는 핵심 전략이 될 수 있다. 콘텐츠 제작 전략뿐만 아니라 기업 조직의 혁신을 위해, 또는 연관 산업과 협업하고 경쟁하기 위해, 팬데믹과 4차 산업혁명을 슬기롭게 이겨내기 위해 꼭 필요한 전략이다. 빅데이터를 통해 전체적인 트렌드를 이해하고 접근하는 전략도 필요하지만 작지만 분명히 존재하는 소수의 취향도 반영하기 위해 스몰데이터도 세심히 살펴야 한다.

이 같은 모습은 대기업이 메타버스, AI, 모빌리티 등 4차 산업혁명의 핵심 기술을 다루는 스타트업과 동행하거나, 전혀 다른 산업에 속한 기업과 함께하는 전략을 통해서도 드러난다. 과거에는 기업이 기술 변화를 따라잡기 위해 독자적인 행보를 보였으나 이제는 기술 변화의 속도를 혼자서는 따라잡기 힘든 세상이 되었다. 이에 따라 대기업과 스타트업, 자동차 산업과 IT 및 엔터테인먼트 산업, 교통과 통신 인프라 등 다양한 형태의 하이브리드가 등장했다. 경쟁사와 협업하거나 이색적인 연합군을 꾸려 함께 투자하는 사례도 늘었다.

대표적인 예로 넥스트 플랫폼으로 부상하고 있는 커넥티드 카Connected Car를 들 수 있다. 정보통신 기술과 자동차를 연결하여 양방향 인터넷, 모바일 서비스 등이 가능한 커넥티드 카는, 뼈대는 자동차이므로 완성차 업체들이 관련되어 있지만 정보통신·금융·엔터테인먼트 산업까지 모두 연결된 '거대한 사물 인터넷IoT'이다. 운전자나 탑승자는 자동차에 내장된 이동통신 기능을 통해 핫스팟 또는 와이파이와 연결하여 음악이나 영화를 스트리밍 형태로 즐길 수 있다. 실시간 뉴스 검색이나 날씨 검색도 가능하다.

신한류 시대에는 한류 콘텐츠와 K브랜드가 결합하는 공

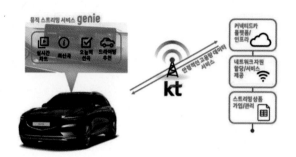

KT와 현대자동차 그룹의 지니뮤직 스트리밍 서비스

식 자체가 하이브리드 전략이 될 수 있으며 이러한 형태의 믹스매치는 2024년을 이끄는 핵심 트렌드가 될 것이다. 콘텐츠 내용의 믹스매치뿐만 아니라 자동차, 패션, 화장품, 언어, 교육, 관광, 가전제품 등 K가 붙는 모든 제품과 연관 산업이 함께하는 하이브리드 전략이 쏟아질 것이다. 따라서 일반 제조 기업이든 문화 콘텐츠 기업이든 양손잡이 DNA를 만드는 역량을 키워나가야 한다.

하이브리드 계층 만들기

우리가 하이브리드 전략이라 말하는 새로운 전략 카테고리를 창출하기 위해서는 색상을 매치해 나가는 톤온톤, 톤인톤과 같이 여러 가지 색깔 요소를 다양하게 다루며 세련되고 현대적인 느낌과 고급스럽고 고풍스러운 느낌을 동시에 연출하여 레이어드 layered, 즉 하나의 컬러가 다양한 톤을 가지고 변해가듯 '계층'을 만들고, 혹은 여러 가지 컬러가 다양하게 조합되어 또 다른 다채로움을 탄생시키는 '계층'을 만들어야 한다. 양손잡이 전략이든, 레트로와 뉴트로 감성을 결합한 전략이든 이러한 전략을 구사하기 위해서는 뛰어난 감각이 필요하다.

덴마크 가구 기업 프리츠한센과 한국 디자이너, 공예가의 협업 프로젝트에 참여한 산업디자인 전문 기업 SWNA의 대표 디자이너 이석우는 자신의 디자인 철학과 스토리를 설명하면서 다음과 같은 말을 남겼다. "좋은 디자인이란 고전으로 남는 것이다. 고전으로 남기 위해서는 오브제의 본질을 꿰뚫는 편리성과 동시대성, 합리성과 적합성, 제조성 등 모든 것이 맞아떨어져야 한다." 좋은 디자인이란 동시대적이고 현대적인 요소를 품고 있지만 결국에는 본질을 찾아 고전으로 남아야 한다. 이석우의 말에서 드러나듯이 좋은 전략도 좋은 디자인 철학과 맞닿아 있다.

변화하는 현대적 트렌드에 따라 잘 짜인 기업의 전략은 고전적이라 표현될 수 있는 본질을 반영했는지로 판단되며, 이 전략이 그 기업이 폐기물이 될지 고전적인 존재가 될지 결정할 것이다. 간결하지만 소극적이지 않은, 단순하지만 깊이 있는 디자인이 새로운 공간을 만들 듯이 우리 삶을 풍요롭게 해줄 K컬처 하이브리드 전략은 새로운 트렌드를 이끌 키워드로 부상하고 있다. 지금까지는 하이브리드 전략을 시도하고 실험한 기간이었다면 2024년은 이를 계층적으로 만들어 결실을 맺는 해가 될 것이다. 좋은 토양에서 발아한 하이브리드 전략은 깊이 뿌리를 내리고 일상에 스며들어 또 다른 전략을 낳는 씨앗이 될 것이다. 2024년은 유행을 타지 않으면서 오랫동안 인식되는 전략으로 천천히 깊이 있게 스며드는 하이브리드 전략을 시도해야 한다.

신한류 시대인 2024년은 이질적인 요소들을 혼합하여 사용하는 하이브리드 전략이 대세가 될 것이다. '한류 콘텐츠 + K 브랜드 = 신한류' 공식을 만들 수 있는 모든 종류의 K컬처 하이브리드 전략은 온라인과 오프라인, 빅데이터와 스몰데이터, 대기업과 스타트업, 클래식과 모던, 글로벌화와 현지화, 엔터테인먼트 산업와 정보통신 산업 등 이채롭고 양립적인 두 영역을 과감히 결합함으로써 나타난다.

이를 위해 기업은 새로운 전략 카테고리를 만들어 하이브리드 전략을 개발해야 한다. 이는 단순히 오프라인 경험을 온라인으로, 온라인 경험을 오프라인으로 바꾸는 단계에서 벗어나 오프라인과 온라인, 즉 대면 전략과 비대면 전략을 넘어설 새롭고 차별화된 기술적 혜택을 더하는 것을 의미한다. 차별화된 품질이든, 비용 우위든 소비자에게 감동과 새로운 차원의 경험을 선사해주는 무엇이어야 한다. 2024년은 이러한 하이브리드 전략에 심도 있는 레이어드를 만드는 해가 될 것이다.

거리에 나선 명품
스트리트 문화의 지속 가능성

당신의 옷장에 설사 스트리트 브랜드의 옷이 한 벌도 없더라도 슈프림^{Supreme}, 스투시^{Stussy}, 오프화이트^{Off-White}, 베트멍^{Vetements} 등을 알고 있다면 그것으로 충분하다. 스트리트 댄스에 전혀 익숙지 않은 몸을 가졌더라도 〈스트릿 우먼 파이터〉에 등장했던 아이키나 〈쇼미더머니〉의 박재범을 알고 있다면 당신은 이미 스트리트 문화에 익숙한 사람이다. 만약 이들에 대해 전혀 모른다고 하더라도 적어도 무신사에서 취급하는 다양한 상품 스타일은 알고 있지 않은가?

바야흐로 스트리트 문화의 전성시대다. 예전에는 그저 싸구려 정도로 보였던 브랜드가 갑자기 최고급 브랜드와 컬래버를 하고, 가격도 깜짝 놀랄 만큼 비싸게 매겨지고 있다. 백화점에는 절대 입점할 수 없을 것 같았는데 어느새 매장 중심부에 점포를 차리고 있다. 록킹^{locking}, 팝핑^{popping}, 크럼
핑^{krumping}을 구분하지 못하던 사람들도 한국 여성 댄서들
이 뉴욕과 LA 한복판에서 현지 스트리트 댄스와 컬래버를
하는 것을 신기하게 여기지 않는다.

그러나 주류 문화의 하나로 부상하면서 스트리트 문화
는 이제 생명력과 가치를 잃었다고 주장하는 사람들도 등장
하기 시작했다. 얼핏 모순된 주장처럼 들린다. 과연 스트리
트 문화가 무엇이길래 이러한 주장이 제기되는지 이해하려
면 스트리트 문화의 현상과 역사에 대해 살펴볼 필요가 있
다. 그 결과 스트리트 문화가 2024년에 갖는 경제적 시사점
을 점칠 수 있을 것이다.

What do we see?

스트리트 문화는 기성세대의 지배적인 문화에서 벗어난
개방적인 문화라는 의미로 폭넓게 사용되었다. 보다 구체적
으로는 경제적 지배 계층에 저항하는 노동 계층의 문화, 문
화적 주류 계층에 저항하는 비주류 문화, 대중적인 선호를
받는 문화가 아닌 소수 문화, 또는 고급스러운 문화와 결을
달리하는 하위문화 등을 의미한다. 다시 말해 스트리트 문
화라는 단어는 본래 저항, 일탈, 소수, 하위 등의 뉘앙스로
전달되었다. 이러한 스트리트 문화는 서프보드나 스케이트

보드 등에서 직접적으로 진화했던 스트리트 브랜드, 스킨헤드skinhead나 히피 등의 분위기를 계승한 스트리트 스타일, 그리고 힙합이나 댄스에서 형성된 스트리트 패션 등 다양한 형태를 띠고 있다.

스케이트보드와 히피 스타일

스트리트 브랜드는 단순히 길거리에서 편하게 입는 스타일의 패션 브랜드라고 여기기 쉽지만 그 배경에는 사회에 존재하는 특정 하위문화와의 관련성이 존재한다. 먼저 취미와 관련된 예를 살펴보자. 스투시나 데우스DEUS, 브릭스톤Brixton 같은 브랜드는 서핑과 관련이 있는데 해변에서 파도

스케이트보더의 스트리트 패션

타기를 즐기는 사람들이 사용한 서프보드에 새겨 두었던 독특한 글씨체를 티셔츠 상표로 활용하는 경우가 많다. 스케이트보드와 관련이 있는 브랜드에는 폴라^{Polar}, 립앤딥^{Ripndip}, 다임^{Dime} 등이 있는데 날씨가 좋지 않아 서핑을 못 하는 날에 서프보드에 바퀴를 달아 놀던 것에서 유래했다고 한다. 역시 스케이트보드에 박힌 로고나 그림을 티셔츠나 신발에 새겨 넣었는데, 사람들은 이러한 상품을 착용하면서 스케이트보드 문화에 대한 강한 애정을 드러내 보였다. 타투 문양도 스트리트 브랜드의 원천이 되었는데 'REBEL8', '칸6312' 등은 타투 문양을 그대로 모자나 티셔츠 등 상품 디자인에 사용하여 독특한 분위기를 자아낸다. 서프보드나 스케이트보드, 타투와 같은 취미를 사랑하는 사람들은 자신들의 행동을 상징하는 브랜드를 창조하여 공동

서프보드

히피 스타일

체 의식을 고취했다.

　물론 모든 하위문화가 동호회나 취미의 성격을 갖는 것
은 아니다. 예를 들어 스킨헤드나 히피 등은 특정한 활동보
다는 저항 정신을 공유하는 집단이다. 스킨헤드 문화는
1960년대 후반 영국 노동자 계층의 문화를 일컫는데 켈트
십자가나 해골, 부츠 등을 상징물로 사용한다. 이국적인 다
문화 유입에 반항적 이미지를 가진 스킨헤드 문화는 노동자
계층이 주로 착용하던 닥터마틴의 브랜드 이미지와 연결되
었고 이후 록 그룹 '더 후'의 기타리스트 피트 톤젠드에 의
해 닥터마틴 부츠는 저항의 상징으로 자리 잡게 되었다. 이
러한 스타일은 아디다스의 삼바 모델, 로퍼, 몽키 부츠, 빈티
지 볼링 신발에도 영향을 미쳤다.

　히피 문화는 스킨헤드와 유사하게 1960년대 미국에서

부상했는데 베트남 전쟁에서 야기된 허무주의와 반체제 정신 등을 담고 있다. 이 역시 기성 사회의 통념과 제도에 대한 반항 정신에 더해 자연 회귀, 자유, 평화의 정신을 내포하고 있다. 보디^{Bode}, 스토리 MFG ^{Story mfg}, 이스트쿤스트 ^{Istkunst} 등 여러 브랜드는 히피 스타일을 적용하여 소위 히피 스웨그^{swag}를 선보였다.

스트리트 댄스와 힙합 문화

한국에서는 2021년에 Mnet에서 방영된 〈스트릿 우먼 파이터〉가 큰 인기를 끌면서 스트리트 댄스가 대중적인 인지도를 얻게 되었지만 사실 스트리트 댄스는 오랜 역사가 있다. 1960년대 이래 미국 뉴욕과 LA 등에서 등장했던 브레이킹, 록킹, 팝핑, 왁킹, 하우스, 크럼핑 등이 대표적인 스트리트 댄스 장르로 꼽힌다. 댄스를 소재로 큰 인기를 끌었던 영화로는 1983년에 개봉한 〈플래시댄스〉를 들 수 있는데 주인공이 권위적인 심사위원들 앞에서 기존 형식을 파괴하는 춤을 추던 장면이 인상적이었다.

〈플래시댄스〉는 자유로운 영혼을 표방하는 의미에서 스트리트 문화와 관련이 깊지만 정작 음악 장르로는 로큰롤과 디스코가 주를 이루었다. 이와 대조적으로 스트리트 댄스에서 주로 사용되는 음악은 1970년대 뉴욕 빈민가에서 재즈

밴쿠버에서 공공 미술로 등장한 갱스터 랩 〈Fuck Tha Police〉

나 팝, 펑크 등의 음악이 변형되어 탄생한 힙합이다. 이와 더
불어 기존 음악을 이어서 들려주는 디제잉, 쉴 틈 없이 가사
를 읊조리는 랩, 음악과 음악 사이 휴식기에 전문 댄서가 보
여주는 브레이크 댄스, 거리의 벽에 스프레이로 낙서와 같
은 그림을 그리는 그래피티를 총체적으로 힙합 문화라고 말
한다.

   힙합 문화는 뉴욕 빈민가의 유색인종 집단이라는 탄생
배경에서 추측할 수 있듯이 저항과 변화의 정신을 배경으로
한다. 1988년에는 흑인에 대한 과잉 진압을 비판하는 가사
를 담은 갱스터 랩 〈Fuck Tha Police〉가 발표되어 미국 정
부가 공연을 금지하기도 했다.[1] 미국 정부가 바라보는 당시
의 힙합 문화 또는 스트리트 문화는 사회 안정과 치안을 위
협하는 불안 요인이었던 것이다.

스트리트 푸드

〈스트릿 우먼 파이터〉는 1987년에 출시되어 고전적인 게임으로 명성을 떨친 〈스트리트 파이터〉에서 이름을 따왔는데, 이 게임에서 이름을 따온 예능 프로그램이 또 하나 있다. 2018년에 tvN에서 방영된 〈스트리트 푸드 파이터〉이다. 외식 사업가 백종원이 중국, 태국, 일본, 미국, 튀르키예, 베트남, 멕시코, 대만, 이탈리아, 말레이시아 등을 다니면서 길거리 음식이나 현지 맛집 음식을 소개하는 프로그램이다.

스트리트 패션, 스트리트 댄스, 그리고 스트리트 푸드는 각각 옷과 춤과 먹거리라는 서로 다른 분야에서 탄생하지만 그들은 여전히 개방성이라는 스트리트 문화의 고유한 특성을 공유한다. 물론 스트리트 푸드에서 저항이나 일탈의 뉘

대표적인 스트리트 푸드인 핫도그 카트

앙스는 느껴지지 않지만 서민적이고 형식을 중시하지 않는 하위문화를 반영하는 것임은 틀림없다. 복잡하고 형식적인 레시피보다는 주어진 식재료에 따라 다양한 조리법이 적용되고, 길에서 쉽게 섭취할 수 있는 형태와 용기를 제공하며, 유행에 민감하고 저렴한 가격으로 접할 수 있다는 점에서 스트리트 문화의 특성을 두루 갖추고 있다.

비주류 문화와 새로운 주류

그런데 최근 스트리트 문화의 동향을 살펴보면 서민적이거나 기존의 사회 질서에 저항하거나 제도를 부정하는 분위기가 느껴지지 않을 때가 많다. 스트리트 문화를 이끄는 셀럽들을 보면 더욱 그러하다. 예를 들어 한국 힙합을 이끄는 가수 중 한 명인 박재범은 국내 대표 힙합 레이블 에이오엠지AOMG와 글로벌 레이블 하이어뮤직Highr Music을 설립하는 등 음악 사업가로서의 활동과 함께 '원소주'라는 증류식 소주를 출시한 제조업 사업가로서의 활동도 선보이고 있다.

외국에서도 힙합 뮤지션들이 자기 브랜드를 론칭하는 경우를 흔히 볼 수 있는데 퍼렐 윌리엄스는 'B.B.C.'를, 디디는 '션존SEANJOHN'을 소유하고 있다. 자기 브랜드 론칭이 아니더라도 기존의 대형 의류 메이커의 브랜드를 착용하는 앰배서더가 되거나 대기업과의 협업을 통해 자기 이름이 표시되는 브랜드를 출시하는 사례는 이미 대중화되었다. 박재범도 2021년에 타미힐피거 브랜드인 타미진스의 앰배서더로 활동했다.

물론 모든 힙합 뮤지션이 고급 의류의 앰배서더가 되는 것은 아니고 모든 스트리트 아티스트들이 거대한 부를 쌓는 것도 아니다. 스트리트 문화를 이끄는 아티스트들은 아직도 많은 경우 사회에 저항하는 메시지를 던지며 주류 문화에 흡수되지 않고 있다. 2021년에 방영된 힙합 오디션 프로그램 〈쇼미더머니〉에서 악뮤AKMU의 이찬혁은 다음과 같이 노래하여 주목을 받기도 했다.[2]

> "어느 새부터 힙합은 안 멋져/이건 하나의 유행 또는 TV 쇼/우린 돈보다 사랑이/트로피보다 철학이/명품보다 동묘 앞 할아버지 할머니 패션/SHOW ME THE MONEY가 세상을 망치는 중이야/중요한 건 평화 자유 사랑 my life"

패션 비즈니스 전문 미디어 〈패션포스트Fashion Post〉는 2022년에 "스트리트 패션이 신선함을 잃었고 글로벌 명품 브랜드들은 스트리트 스타일을 배제하기 시작했다"라고 하면서, 그 이유는 스트리트 브랜드들이 대기업이 되면서 지나치게 상업적으로 변모하여 대중의 관심에서 멀어지게 되었기 때문이라고 분석했다.[3] 그러나 "작지만 영향력 있는 브랜드들에 의해 스트리트 패션이 앞으로도 계속될 가능성은 존재한다"라고 예측했다. 스트리트 문화의 부상과 그에 대한 비판, 그리고 낙관론이 혼재하는 이유에 대해 살펴보기로 하자.

Why is it?

앞서 보았듯이 스트리트 문화는 특정 하위문화를 대변함과 동시에 누구라도 쉽게 참여할 수 있다는 개방성을 갖는 양면성을 지니고 있다. 이러한 양면성은 어쩌면 모순적으로 보일 수 있는 순수함과 플렉스, 배타성과 포용성, 그리고 특수성과 보편성이 공존하는 현실과 잇닿아 있다. 즉 우리는 과거 어느 때보다 이러한 모순적인 현실에 익숙하다는 것이다. 이러한 인식은 스트리트 문화의 지속 가능성과 경제적 시사점에 영향을 미치게 된다.

순수함과 플렉스

스트리트 문화의 지속 가능성에 대한 평가는 먼저 비주류의 가치에 대한 평가와 밀접하게 관련되어 있다. 악뮤의 이찬혁이 돈이나 트로피보다 멋지다고 노래했던 사랑과 철학은 결국 순수함 또는 '가오'와 관련이 깊다. 2015년에 개봉한 영화 〈베테랑〉에서 배우 황정민이 했던, 2019년에 진중권 교수가 동양대학교에 사직서를 제출하며 했던, 그리고 고 배우 강수연이 생전에 영화계 동료와 후배들에게 자주 했다는 "우리가 돈이 없지 가오가 없냐"의 그 말이다.[4] 이 말은 자존심과 체면과 멋짐이 금전적 이익보다 더 가치가 있다는 의미로 해석된다.

그렇다면 금전적 이익을 추구하는 문화는 멋지지 않은 문화인가? 다시 말해 돈이 되는 문화는 스트리트 문화의 자격이 없는 것일까? 몇몇 전문가들은 상업성을 추구하는 스트리트 문화는 본래의 저항 정신을 상실하고 변질했다고 평가하며 스트리트 문화의 헝그리 정신을 강조한다. 기성 사회에 저항하기 위해서는 기성 사회에서 잃을 것이 없어야 한다는 주장이다. 기득권이 있으면 변화를 이끌기 힘들게 마련이다.

그러나 우리가 떠올리는 유명한 힙합 뮤지션들은 매우 상업적이었다. 그들의 뮤직비디오에는 소위 말하는 '플렉스' 요소인 리무진과 금팔찌와 돈다발이 난무한다. 구부린다는 의미의 영어 단어 플렉스는 원래 팔을 구부려서 근육을 과시하는 행동을 의미했는데(스트리트 댄서 아이키의 상징적인 '뽀빠이 포즈'를 떠올려 보라) 여기에서 더 나아가 온갖 사치품으로 허세를 부리는 행위를 뜻한다. 힙합 문화에는 과시의 요소가 내재되어 있으나 그것은 비주류 문화의 성격과 대립되는 것이 아니었다.

배타성과 포용성

스킨헤드와 히피는 저항과 자유를 추구하는 대표적인 스트리트 문화다. 외지에서 몰려드는 노동자들을 배격했던 스킨헤드나 무리한 전쟁을 수행하는 정부에 반대했던 히피는 저항의 상징이었다. 힙합 문화는 갱스터 랩을 통해 인종 차별을 자행하는 경찰에게 무력으로 저항할 것을 선동했다. 이러한 모습을 보면 스트리트 문화는 마치 기성 질서와는 공존할 수 없을 것처럼 보이기도 한다.

그러나 스트리트 문화가 저항하는 대상은 억압과 맹신의 신념 체계이지 모든 기성 질서 자체는 아니었다. 스킨헤드족은 노동자 계층에서 탄생했으므로 자연스럽게 생존을 확보하기 위해 외부 노동자들과 대립한 것이었고, 히피족 역시 전쟁이라는 비문명적이고 비인간적인 상황에서 벗어나기 위해 정부와 대립한 것이었다. 물론 이들 문화의 극단적 추종 집단은 아직도 러시아 등지에서 외국인에 대한 인종 혐오를 자행하거나 마약에 취해 정상적인 생활을 영위하지 못하고 반사회적인 행태를 보이지만 이러한 극단적인 양상은 포용성을 강조하는 어느 집단에도 존재하기 마련이다.

예를 들어 국민의 의사를 적극적으로 포용한다는 정치 집단에서도 극소수만을 위한 팬덤 정치가 자리 잡을 수 있고 전 인류를 위한 포용적인 사랑을 추구한다는 종교 사회에서도 극소수만을 위한 사이비 집단이 싹틀 수 있다. 바꿔 말하면 스트리트 문화와 관련되는 특정 집단이 가진 일부 특성이 배타적이라 해서 스트리트 문화 자체를 반사회적이라고 간주하는 것은 논리적 오류다.

　스트리트 문화의 포용성에 대해 다양한 관점에서 설명할 수 있는데, 먼저 접근의 용이성을 들 수 있다. 예를 들어 스트리트 푸드 문화가 가진 접근의 용이성은 가격과 장소다. 저렴한 가격으로 인해 부담 없이 구입할 수 있고, 포크나 나이프 등 번거로운 도구를 사용하지 않아도 되어서 거리에서도 쉽게 먹을 수 있다. 스트리트 패션 스타일이 가진 접근의 용이성은 개성과 가격에 대한 유연함이다. 오피스룩에 어글리 운동화를 매치하는 등의 언밸런스 스타일, 몸에 딱 붙지 않는 프리 사이즈와 천차만별의 가격대가 용인되는 스트리트 패션은 다양한 소비 계층의 구매를 유도한다. 이러한 접근의 용이성이 스트리트 문화의 포용성을 구성한다.

　스트리트 문화가 가진 포용성의 또 다른 측면으로서 성별에 대한 포용성을 들 수 있다. 물론 대중문화에서 여성이 중요한 역할을 맡게 된 역사가 남성에 비해 짧아 스트리트 문화를 특별히 여성이 주도한다고 보기는 힘들다. 예를 들어 힙합 음악이나 브레이크 댄스 분야 등에서도 남성이 주로 활동하고 있는데, 이러한 장르는 오히려 '남성다움'을 표방하는 것처럼 보이기도 한다. 그러나 베트멍 등 여러 스트리트 패션 브랜드는 성 중립적인 젠더 뉴트럴 스타일을 표방하는 의류를 선보이고 있다. 젠더 뉴트럴 스타일의 가장

6장　콘텐츠 라이프 시대

215

성 중립성을 표현하는 이미지

큰 장점은 성별로 고정화된 스타일에서 벗어남으로써 개인이 가진 개성을 더 자유롭게 표현할 수 있다는 것이다. 이는 스트리트 문화가 가진 개성 추구의 특성에 부합한다.

스트리트 문화는 태생적으로 특정한 하위 집단의 문화를 기반으로 하기에 주류 문화에 대한 저항성과 함께 그 집단에 속하지 않은 사람들에게는 생소할 수 있다는 특성을 갖는다. 그러나 앞서 가려보았듯이 몇몇 극단적인 경우를 제외하고는 스트리트 문화는 대체로 대중이 접근하기 쉬운 소비 방식과 장소를 갖추고 성 중립적인 성격을 띠는 경우가 많다. 바꿔 말하면 배타적일 수 있으나 포용적인 특성을 갖추고 있다.

특수성과 보편성

와인과 마찬가지로 모든 문화적 현상은 나름의 특수성

을 갖고 있다. 특정 토양에서 특정 시기에 만들어진 와인 또는 스트리트 문화는 제각기 독특한 가치와 특성을 갖는다. 와인과 스트리트 문화가 서로 다른 점은 혼종 탄생의 가능성에 있다. 와인은 한 번 병에 담기는 순간 다른 와인과 섞어서 소비되지 않는다. 물론 특정 와인과 음식이 어울리는 것을 의미하는 '마리아주marriage'가 존재하기는 하지만 와인끼리 섞는 것은 금물이다. 반면 스트리트 문화는 다양한 컬래버를 통해 가치를 더하고 진화한다.

예를 들어 스트리트 패션은 다양한 방식으로 기존 의류업계에 큰 영향을 미쳤다. 2017년에는 160여 년의 전통을 자랑하는 루이뷔통과 23년 차 스트리트 브랜드 슈프림이 협업하여 하이패션과 스트리트 패션의 경계를 없앴다는 평가를 받았다. 1917년에 설립된 스페인 발렌시아가는 수석 디자이너로 스트리트 브랜드 베트멍 출신의 뎀나 바잘리아Demna Gvasalia를 영입했다. 그는 2017년에 어글리 슈즈의

발렌시아가의 어글리 슈즈

효시라 할 수 있는 트리플 S를 출시해 시장의 판도를 바꾼 인물로 널리 알려져 있다. 이후 구찌는 발렌시아가와의 협업을 통해 트리플 S를 다시 출시했다. 아더에러와 자라, 니고와 루이뷔통, 오프화이트와 나이키 등 스트리트 브랜드와 기성 브랜드의 컬래버는 보편화되었고 이를 계기로 스트리트 패션은 대중화의 길을 걷게 되었다.

스트리트 문화는 새로운 상품의 등장만이 아니라 유통 방식을 통해 대중화되기도 한다. 고급 일식집에서 접할 수 있는 초밥과 튀김은 원래 일본의 스트리트 푸드였다고 하는데, 이는 스트리트 푸드가 정식 음식점으로 진출한 경우다. 그와 반대로 고급 음식이 스트리트로 진출한 경우도 있는데, 서울 명동 거리에서 판매되는 랍스터 구이와 관자 치즈 구이는 각각 하나에 1만5천 원과 1만 원에 판매된다. 여의도에 자리 잡은 현대백화점의 플래그십 매장 더현대서울에

원래 스트리트 푸드였던 튀김

입점한 많은 상점들은 스트리트 브랜드를 취급하고, 신세계 백화점 등 여러 백화점 식품 코너에서도 지역의 유명한 스트리트 푸드를 들여와 판매하고 있다.

공연 분야에서도 스트리트 문화와 기존 장르의 혼종이 탄생하곤 한다. 예를 들어 브레이크 댄스는 매우 역동적이고 다소 거친 춤사위를 보여주는데 2005년에 초연된 〈비보이를 사랑한 발레리나〉에서는 뮤지컬의 재료로 사용되었다. 이러한 현상들은 특수성에 기반한 스트리트 문화라 할지라도 상황에 따라 얼마든지 보편화될 수 있음을 보여준다.

요약하면 스트리트 문화의 부상에 따라 그에 대한 비판과 낙관론이 혼재하는 것은 스트리트 문화에 순수함과 플렉스, 배타성과 포용성, 그리고 특수성과 보편성이 혼재하는 현실에서 매우 당연한 현상이라고 볼 수 있다. 그렇다면 이같은 혼동과 모순적 상황에서 2024년의 스트리트 문화는 어떻게 진화할 것인지 예측해보기로 하자.

Where is it going?

특정 시기의 하위문화에서 출발하여 대중화의 길을 걷고 있는 스트리트 문화는 2024년에도 끊임없이 진화하며 우리의 옷, 먹을거리, 공연 문화, 그리고 그 밖의 많은 영역에 영향을 미칠 것이다. 이러한 영향이 과연 스트리트 문화의 기존 속성 범주에 머무를 것인지 아니면 기존의 속성에서 이탈하여 주류 문화에 전면적으로 편입될 것인지에 대한 평가는 적어도 스트리트 문화의 경제적 의미를 해석하는 과정에 있어서는 별로 중요하지 않다. 예를 들어 글로벌 명품 브랜드가 스트리트 브랜드와 다양한 컬래버를 통해 상품을 확장할 때 이것을 스트리트 브랜드로 봐야 하는지 아닌지에 대해 고민하는 행위는 큰 의미가 없다는 것이다.

중요한 것은 이러한 트렌드 속에서 과연 누가 큰 기회를 발견할 수 있을 것인지에 대한 답변이다. 먼저 스트리트 브랜드의 입장에서 보면 명품 브랜드가 스트리트 문화를 수용하는 과정에서 일부 스트리트 브랜드는 눈부신 도약을 통해 협소하고 제한되었던 시장을 넘어서 보편적이고 고급화된 시장으로 진출할 수 있었다. 예를 들어 슈프림은 1994년에 뉴욕에서 개점한 초기에는 캘빈클라인 속옷 광고에 스티커를 붙이거나 스케이트보드 제품에 루이뷔통 로고를 무단으로 사용하는 등 공격적 행동으로 여러 기업과 충돌을 빚었다. 그러나 오히려 이러한 속성으로 소비자의 관심을 사로잡아 스트리트 패션의 선두 주자로 우뚝 선 이후 2017년 루이뷔통과의 컬래버를 시작으로 수많은 럭셔리 브랜드와 협업을 진행했다. 이제는 반대로 〈뉴욕포스트〉, 반려견 목욕가운, 무좀 양말, 저가 시계 등의 브랜드에서 슈프림과 컬래버를 요청하는 현상이 나타나고 있다.

이러한 현상은 일반 기업의 입장에서 볼 때 스트리트 브랜드와의 컬래버를 통해 경제적 가치를 창출할 기회를 얻을 수 있다는 점을 시사한다. 물론 컬래버라는 마케팅 행위의 속성상 참여 브랜드의 바람직한 조합과 적정한 가격 책정이 전제되지 않는 한 성공을 기대하기 힘들다. 특히 스트리트 아이템이 가진 반항적이고 도전적인 속성은 이러한 조합을 힘들게 하는 요인으로 작용할 수 있다. 그러나 기존 브랜드 이미지가 낙후되거나 구매 계층이 제한되어 변화가 필요할 때 반항적이고 도전적인 이미지를 유입하는 수단으로 스트리트 브랜드와의 컬래버는 매력적인 대안이 될 수 있다.

사실 스트리트 문화의 특성은 한류의 특성과 적지 않은 공통점을 가지고 있다. 특정 시기에 부상한 국지적 문화라는 특성은 크게 주목을 받지 못했던 한반도라는 특수한 지역에서 1990년 이후 전 세계로 급격히 전파된 한류의 특성을 고스란히 담고 있다. 한국 문화는 서양인들에게, 심지어 아시아인들에게도 독특하게 다가올 수 있지만, 한국의 눈부신 경제적 성장에 기반한 플렉스와 한류 드라마에서 맛볼 수 있는 정서적 보편성, 그리고 다양한 장르의 음악을 흡수하여 녹여내는 문화적 포용성도 지니고 있다. 이러한 한류 콘텐츠는 패션이나 음악 등 특정 장르에 국한되지 않고 다양한 형태의 상품을 쏟아내고 있는데 이는 아직 저평가되고 있는 '한류라는 스트리트 문화'가 가진 기회를 보여준다고 할 수 있다. 다시 말해 우리가 아직 인지하지 못하는 한국 문화가 경제적 가치를 발휘할 수도 있다.

2017년 이래 MBC에브리원에서 방영되고 있는 예능 프로그램 〈어서 와~ 한국은 처음이지?〉는 이러한 관점에서 많은 영감을 준다. 한국을 처음 방문한 외국인들이 우리가 일상적으로 인지하지 못했던 것들을 새롭게 발견하고 해석하는 과정을 보면 우리에게는 일상적인 문화이면서 글로벌 관점에서는 한반도 지역의 스트리트 문화가 글로벌 사회에서 독특한 가치를 지닐 수 있다는 가능성을 발견하게 된다.

〈스트릿 우먼 파이터〉에 열광했던 사람들은 은연중에 스트리트 문화에 익숙해졌다. 격식에 구애받지 않는 듯한 옷차림과 건들거리는 듯한 몸짓, 다소 거칠게 보이는 말투 등이 우리가 피상적으로 느끼는 스트리트 문화다. 그러나 스트리트 패션이 명품과 결합하여 최고급 브랜드를 낳았다는 사실을 알면 이전에 우리가 가졌던 선입관이 산산이 부서지는 것을 발견하게 된다. 스트리트 문화는 사회의 다양한 하위문화를 기반으로 하되 개방성을 바탕으로 성장해 왔다. 그 과정에서 창조적인 혼종이 탄생하면서 큰 경제적 가치가 창출되었다. 한편으로 스트리트 문화 특유의 멋짐, 즉 반항과 비주류적 스타일을 잃어가면서 과연 지속 가능할 것인지에 대한 부정적 예측도 제기되었다. 우리에게 익숙한 관습을 새로운 시각으로 해석하고 개발하며 전략적으로 활용할 때 기업은 더 큰 가치를 창출할 수 있을 것이다.

정체성의 표현 수단
팝업스토어 전성시대

〈데뷔 못 하면 죽는 병 걸림〉은 2021년 1월에 시작되어 2023년 5월까지 연재된 2부작 웹소설이다. 전형적인 회귀와 빙의 장르로서 주인공은 3년 전 어느 시점에 다른 몸으로 태어나면서 1년 안에 데뷔를 못 하면 죽는다는 상태 창을 보게 된다. 이후 아이돌 스타로 성장하는 과정을 전개하게 된다.

이 작품은 2023년 4월까지 누적 조회 수 4억 2천만 뷰, 누적 댓글 수 127만 개를 기록하면서 공전의 히트를 기록했다. 소설 속 가상 아이돌 스타들의 실제 팬덤이 형성되었고 주인공 생일인 12월 15일에는 서울 지하철 건대입구역에 생일 축하 광고가 게시되는 진풍경이 벌어지기도 했다. 이 작품은 책으로 발간되고 웹툰으로도 제작되어 연재되고 있다.

〈데뷔 못 하면 죽는 병 걸림〉 팝업스토어에 몰린 인파

　〈데뷔 못 하면 죽는 병 걸림〉 인기의 절정은 팝업스토어로 나타났는데 2023년 5월 11일부터 24일까지 더현대서울에 마련된 행사장에는 1만1천 명이 운집했고 매출액은 10억 원대로 추산되었다.[1] 사실 인기를 끈 콘텐츠를 위한 팝업스토어가 열리는 것은 생소한 일이 아니었다. 2022년 5월에는 이태원에서 웹소설 〈상수리나무 아래〉, 2021년 10월에는 영화 〈해리포터〉의 팝업스토어가 열렸다. 2022년 1월에 개봉하여 470만 명의 관객을 모은 영화 〈더 퍼스트 슬램덩크〉도 더현대서울에 팝업스토어를 열어 일주일 동안 5-6천 명이 방문했고 17억 원의 매출을 올렸다.

　예전에는 정규 매장을 마련할 비용이 부족하거나 충분한 판매를 올리지 못할 것으로 예상될 때 주로 선택되었던 팝업스토어가 이제는 당당한 독자적인 가치를 가진 판매 방식으로 대접받는 듯하다. 팝업스토어 트렌드의 현상과 의의에 대해 살펴보기로 하자.

2022년 더현대서울에서는 250개의 팝업스토어가 열렸고[2], 2023년 6월에 성수동 일대에 마련된 팝업스토어는 무려 43개였다.[3] 한국에서 팝업스토어는 2009년 패션 브랜드를 중심으로 시작된 마케팅 수단이었는데 이제는 의식주 분야를 가리지 않고 널리 활용되고 있다.

가수 역시 이 대열에 합류했다. 영탁의 '탁스 스튜디오' 팝업스토어는 2023년 2월에 시작하여 2주간 1만5천 명의 방문객과 9억 원의 매출을 기록했다. 김완선, 엄정화, 이효리, 보아, 화사가 출연하는 예능 프로그램 〈댄스가수 유랑단〉의 팝업스토어는 2023년 7월에 현대백화점의 여러 지점에서 열렸다. 이미 뉴진스, 블랙핑크, 에스파도 거쳐온 길이었다.

가수 영탁의 팝업스토어는 9억 원의 매출을 기록했다

백화점에서 열리는 팝업스토어 행사는 백화점의 문화적 이미지를 높이려는 원대한 의도와 함께 방문객을 유도하여 입점 점포의 매출을 높이려는 명확한 목표가 작용한다. 그런데 백화점 이외의 일반 지역에서 진행되는 팝업스토어 행사는 그 성격이 다를 수 있다. 독립적인 점포에서 진행되는 행사로 인근 점포의 수입이 증가한다고 해서 팝업스토어를 주최한 기업에 이득을 가져다주지 않기 때문이다. 즉 팝업스토어 내에서의 성과가 유일한 목표가 되는 것이다.

많은 경우 팝업스토어는 대여된 공간에서 운영되기 때문에 팝업스토어의 성공은 행사를 주최한 기업의 성공이자 동시에 물리적 점포의 성공이기도 하다. 팝업스토어의 성지로 불리는 성수동에는 전문적으로 공간을 대여하고 팝업스토어의 운영을 돕는 업체들이 존재한다. 이들 업체는 미리 공간을 확보한 후 팝업스토어 진행을 희망하는 기업에 대여하면서 콘셉트를 잡고 콘텐츠를 구성하는 방식을 돕는다. 이들이 실질적으로 한국의 팝업스토어 트렌드를 주도하고 있다고 해도 과언이 아니다.

Why is it?

정규적인 점포 대신 임시적인 팝업스토어를 개설하는 트렌드는 여러 이유를 갖는다. 이에 대해 살펴보기로 하자.

화제성과 SNS 홍보 효과

　기본적으로 점포는 판매를 목적으로 하지만 판매를 위한 선결 조건은 널리 알려지는 것이다. 물론 좋지 않은 정보가 알려지는 것보다는 긍정적이고 매력적인 방향으로 알려지는 편이 나을 것이다. 이처럼 화제성을 이끌어내기 위해서는 한시성과 차별성이 필요하다. 정해진 기간이라는 시간적 희소성을 강조하면서 색다른 무엇이 있다는 차별성 조건을 충족하는 점포가 바로 팝업스토어다.

　이러한 마케팅 수법은 '한정 기간 세일'이라는 전통적인 판매 기법과도 잇닿아 있다. '금일 폐업', '오늘까지 세일' 등으로 표현되는 혜택의 한정성은 소비자의 방문이나 구매를 재촉하는 효과가 있다. 팝업스토어 개장 기간이 지나면 더 이상 구입할 수 없으니 기간 내에 방문해야 한다는 무의식적 압박이 가해진다. '한정판' 발매 역시 마찬가지다. 판매 수량이 한정되어 있으니 줄을 서서라도 다른 사람보다 먼저 구매해야 하기 때문에 고객은 팝업스토어 개장 기간 중에서도 이른 시기에 방문하게 된다.

　팝업스토어에 남보다 빨리 방문하게 되는 또 하나의 이유는 이 점포가 가진 차별성과 화제성을 다른 사람들에게 알리기 위함이다. 즉 색다른 정보를 자신이 먼저 접하고 다른 사람들에게 제공한다는 이미지를 얻을 수 있다. SNS를 통해서이다. 팝업스토어에 가득 차 있는 힙하고 색다른 이

미지를 SNS 계정에 올림으로써 자기 이미지를 업그레이드
할 수 있다. '인스타그래머블'이라는 단어가 가장 잘 어울리
는 장소가 바로 팝업스토어다.

팝업스토어가 매우 효과적인 홍보 수단이 될 수 있는 이
유가 여기에 있다. 기업들은 팝업스토어에 화제성을 담음으
로써 고객들이 자발적으로 방문하여 자발적으로 홍보하는
효과를 누릴 수 있다. 물론 여기에는 화제성을 담아야 한다
는 전제가 따른다. 오직 한시적으로 얻을 수 있는 시각적 이
미지, 물리적 굿즈, 그리고 정서적 경험은 평범한 소비자를
최고의 홍보 요원으로 변신시킨다.

온라인 상거래와 새로운 체험의 일상화

그렇다면 팝업스토어 방문객이 경험할 수 있는 시각적
이미지, 물리적 굿즈, 그리고 정서적 경험이 왜 그토록 차별
적 가치가 있는 것일까? 그것은 아마도 최근 대세가 된 온라
인 상거래 관습의 영향 때문이 아닐까 한다.

예전에는 사과 하나를 사더라도 시장에서 직접 눈으로
보고 손으로 집어 냄새를 맡으면서 골랐다. 사실 많은 사람
은 전자상거래가 발달하더라도 규격화된 공산품만 온라인
으로 판매될 것으로 생각했었다. 사과나 수박이나 복숭아
같은 과일류는 직접 눈으로 보고 고르지 않고는 살 수 없을

창고 세일은 팝업스토어의 원조 격이다

것으로 여겼다. 그러나 판매 업체에 대한 소비자 평가가 효
과적으로 이루어지면서 어떤 품목도 합리적인 평가를 통해
거래될 수 있음이 증명되고 있다. 다시 말해 여러 사람의 주
관적인 평가가 모이면 객관적인 평가로 탈바꿈할 수 있다는
것이다.

그런데 이러한 상황에서 사람들은 오히려 체험의 결핍
을 느끼고 새로운 체험을 좇는 경향을 보인다. 즉 구매에서
의 번거로운 점포 방문과 경험 과정은 온라인 상거래로 대
체하는 반면 자신이 흥미를 갖는 것에 대해서는 자발적으로
방문하고 체험하는 것이다. 이러한 경향은 온라인 상거래가
심화될수록 더욱 두드러질 것으로 보인다.

예를 들어 팝업스토어로 인기를 끈 아이템 중에는 초콜
릿, 커피, 완구 등이 있는데, 이러한 품목들은 소비자가 구입
을 위해 많은 시간이나 노력을 기울이지 않는다. 주택이나

화려한 배경은 고객을 사로잡는다

가구 등 고관여 제품들은 가격도 비싸고 오래 사용하기 때문에 모델하우스나 전시장 등에서 직접 체험하게 하는 마케팅이 정석이지만 초콜릿을 판매하기 위해 특별한 체험을 제공하지는 않는다. 그런데 2023년 2월 부산에서 열린 가나 초콜릿 팝업스토어는 디저트 카페와 몰트 바의 형태로 다양한 초콜릿 관련 디저트와 음료를 체험하는 장소를 마련했는데 방문객이 2만 명이 넘었고 운영 기간을 연장하기까지 했다. 2023년 3-5월에 열린 커피 브랜드 카누 팝업스토어에는 6만 명이 넘는 방문객의 발길이 이어졌는데 신제품 캡슐커피를 체험하는 공간을 제공했다.

이러한 저관여 제품 팝업스토어 성공의 특징은 기존 제품에서 확장된 제품들을 체험할 수 있는 장소를 제공했다는 것이다. 즉 저관여 일상재의 경우 소비자는 기존 제품 라인은 온라인 상거래로 구입하여 수고를 최소화하는 한편 새로운 제품 라인에 대해 체험의 유희를 추구한다고 볼 수 있다. 이러한 구매 행동이 일상화되면서 팝업스토어가 인기를 끌게 된 것이다.

카테고리 킬러와의 경쟁과 공존

카테고리 킬러는 좁은 범위의 특정 상품군을 집중적으로 판매하는 소매 형태를 말한다. 예를 들어 완구용품·스포츠용품·가전제품 등의 전문 매장을 주변에서 쉽게 볼 수 있는데, 이러한 매장들은 특정 분야의 상품 구색과 깊이를 갖춘 특징이 있다.

특정 상품군을 취급하는 카테고리 킬러는 다양한 상품군을 취급하는 백화점에 있어서 협력 파트너인 동시에 경쟁자다. 대형 쇼핑몰에 가면 백화점과 독립 점포들이 공존하는 것을 볼 수 있는데, 동일한 TV나 운동화가 백화점에서 판매되면서 바로 옆에 있는 전문 매장에서도 팔고 있다. 그것도 상이한 가격으로. 대체로 전문 매장에서는 저렴한 가격으로 판매되기 때문에 백화점에는 위협적인 존재가 된다.

기존 유통 업체, 특히 백화점은 팝업스토어를 통해 이러한 전문 매장의 위협에 대항할 수 있을 것으로 기대한다. 예를 들어 현대백화점의 경우 팝업스토어를 통해 연간 2백만 명 이상의 추가 고객을 유입할 수 있다고 분석했는데 팝업

미국의 전자제품 전문 매장

스토어에서 구매한 고객의 75%는 MZ세대인 것으로 나타
났다.[4] 이들은 기존 점포보다 더 높은 수준의 구색과 깊이를
갖춘 특정 분야의 상품들을 백화점 팝업스토어에서 발견하
고 구매하는 것이다.

백화점 이외의 장소에서 열리는 팝업스토어에서도 이러
한 현상이 나타난다. 카테고리 킬러에 입점한 다양한 제조
업체에게 팝업스토어는 소비자와 접촉하는 중요한 통로가
된다. 이 새로운 한시적인 유통 경로를 통해 기업은 상품의
스토리를 고객에게 직접 전달하고 피드백을 받는다. 이것이
바로 독립 점포에서 열리는 팝업스토어가 제조업체에 대해
카테고리 킬러와 보완적으로 가질 수 있는 매력이다.

팬덤 현상

팝업스토어 성공의 기반은 팬덤에 있다고 해도 과언이 아니다. 앞서 설명했던 화제성, 새로운 체험, 그리고 상품의 구색과 깊이의 가치는 모두 구매자의 사랑과 관심을 떠나서는 존재할 수 없다. 그런데 예전에 정치인이나 연예인들에게 사용했던 팬덤이라는 용어를 상품이나 영화 등 다양한 카테고리에도 사용할 수 있을까? 대답은 당연히 그렇다는 것이다.

영화배우만이 아니라 영화에 대해, 가수만이 아니라 소속사에 대해, 심지어 제품이나 그 제품을 만드는 회사에까지 팬덤의 개념이 확장되었다. 이에 따라 팬덤을 기반으로 하는 팝업스토어의 대상도 다양화되었다. 예를 들어 2023년 1월에 개봉한 영화 〈더 퍼스트 슬램덩크〉는 고전적인 만화

영화 〈더 퍼스트 슬램덩크〉 굿즈

의 인기를 이어받아 영화는 물론 팝업스토어도 성공을 거두었다. 1월에 2주간 진행된 행사에서는 2만 명이 방문하여 유니폼, 피규어, 포스터, 지갑 등 다양한 굿즈를 구매했다. 행사 첫날 대기 번호가 800번을 넘기면서 접수를 조기 마감하기도 했다.

이러한 오픈런 현상은 크리스마스 할인 행사나 유명 가수의 콘서트 티켓 판매 등 매우 큰 경제적 이득이 있거나 또는 매우 큰 팬덤이 존재할 때 발생하는데 팝업스토어 개장 시점에 나타난 것은 매우 이례적인 일이 아닐 수 없다. 앞서 언급했던 웹소설 〈데뷔 못 하면 죽는 병 걸림〉의 경우 대기 번호가 2천 번을 돌파하여 더현대서울 오픈런 사상 최고를 기록했다. 이는 팝업스토어의 새로운 가치를 나타내는 현상으로 보인다. 큰 할인 행사가 있었던 것도, 실제 연예인이 방문하는 것도 아닌 소설 속의 가수 캐릭터를 입간판으로 세워두는 정도의 행사에서 실제 가수를 만나는 듯한 분위기가 형성되었다는 것은 스토리텔링과 체험을 극대화한 팝업스토어의 연출이 매우 높은 가치를 갖는다는 사실을 보여준다.

Where is it going?

팝업스토어의 인기는 단순한 새로운 유통 경로가 추가되었다기보다는 새로운 문화 트렌드와 결합한 경제적 현상이 나타났다고 설명하는 것이 적절해 보인다. 이 현상은 소비자가 가진 SNS에서의 자기 현시, 직접 체험에의 갈망, 그리고 팬덤의 적극적인 표현이 복합적으로 나타나면서 카테고리 킬러와의 경쟁과 협력이 절묘하게 균형을 이룬 산물이라 할 수 있다. 앞으로 이 현상은 어떻게 진화할 것인지 예측해보기로 한다.

먼저 팝업스토어 대상의 확장이 예측된다. 이미 실물 제품 중심의 팝업스토어에서 영화나 소설 등 다양한 콘텐츠와 가수, 그리고 〈뿅뿅 지구오락실 2〉나 〈댄스가수 유랑단〉과 같은 예능 프로그램으로 주제와 대상이 확대되었다. 골프용품 제조업체들이 자사 제품을 전시하는 팝업스토어를 꾸준히 열어왔던 것에 더해 롯데백화점은 아예 운동 장르인 테니스를 주제로 한 팝업스토어를 열기도 했다. 즉 소비자의 관심을 끌 수 있다면 훨씬 창의적인 방법으로 기존 관념을 깨는 장르에서 팝업스토어가 등장할 가능성도 있다. 예를 들어 정당 등 정치 단체의 역사와 스토리를 소개하고 당원을 모집하는 ○○당 팝업스토어, 정부 정책을 홍보하고 관련 자료를 배포하는 ○○정책 팝업스토어가 열릴 수도 있지 않을까?

둘째, 팝업스토어의 상설화 가능성이 예측된다. 현재는 팝업스토어 운영을 담당하는 전문 업체가 지정된 장소의 공간을 확보하고 이 공간을 대여하는 형태로 진행되는데 기업이 자체적으로 팝업스토어를 상설 운영하는 형태가 활성화될 수 있다. 이와 관련된 전례는 공연 분야에서 〈오페라의 유령〉이라든지 〈태양의 서커스〉 시리즈 등이 정해진 기간 없이 상설 공연되는 것이나 전시 분야에서 특별 전시와는 별도로 상설 전시를 운영하는 것에서 찾아볼 수 있다. 기업들이 박물관을 운영하면서 자사의 역대 제품이나 창업자 유품 등을 전시하는 것에서도 발견할 수 있다.

만약 기업이 자체적으로 팝업스토어를 운영한다면 기업이 제조하는 제품과 관련된 분야, 지역, 또는 문학적 헤리티지와 관련된 자료를 전시하는 형태를 생각해볼 수 있다. 예를 들어 골프용품을 제조하는 기업이라면 골프 대회의 변천

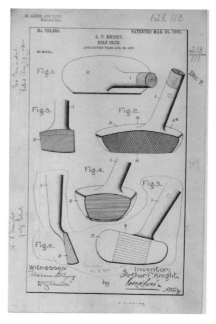

헤리티지는 팝업스토어의 중요한 소재가 된다

사와 관련된 팝업스토어, 골프의 탄생 지역과 관련된 팝업
스토어, 골프를 주제로 다룬 소설·연극·영화와 관련된 팝업
스토어 등 다양한 행사를 지속적으로 운영하며 팬덤을 조성
할 수 있을 것이다.

셋째, 보다 구체적이고 직접적인 경영 전망으로서 기업
들의 유통 전략에서 팝업스토어 비중과 기간이 확대될 것으
로 예측된다. 팝업스토어를 운영하지 않는 기업들이 선택할
수 있는 가장 유사한 전시 형태는 박람회 부스 운영일 것이
다. 예를 들어 가구 박람회에 참여하는 가구 제조업체는 일
정한 참가비를 지불하고 부스를 할당받아 가구를 전시하게
된다. 이 경우 부스에서 가구 전시 방식은 기업이 자체적으
로 결정하게 된다. 만약 이 기업이 팝업스토어를 이용하게
된다면 팝업스토어 대여 기업의 전문성과 홍보 효과에 기반
한 성과를 얻게 된다. 즉 팝업스토어 운영 비용 대비 매출
증대 효과를 평가한다면 기업들은 보다 적극적으로 팝업스
토어 개설을 고려할 수 있다.

마지막으로 팝업스토어 운영과 관련된 다양한 컬래버레
이션을 기대할 수 있다. 이미 여러 기업과 단체가 팝업스토
어를 위한 협업을 진행해 왔다. 예를 들어 국제앰네스티 한
국지부는 마음스튜디오와 협업하여 2022년 8월에 〈팝업스
토어 초샵〉을 오픈했고, 햄버거 프랜차이즈 맘스터치는 여
기어때와 협업하여 2023년 4월에 〈맘스터치 여기어때 공항
점〉 팝업스토어를 열었다. 이 밖에도 화장품과 젤라토, 소주

회사와 게임회사가 협업하여 팝업스토어를 운영했다. 이러한 이종 업체들의 컬래버레이션은 향후 더욱 확대될 것으로 보인다.

〈데뷔 못 하면 죽는 병 걸림〉의 인기는 웹소설과 웹툰에 그치지 않고 팝업스토어까지 이어졌다. 팝업스토어는 예전에는 상품성이 불확실한 품목을 고객에게 조심스럽게 선보이거나 재고 처리를 위해 대량으로 전시하고 판매하는 장소 정도로 여겨졌으나 최근에는 전혀 다른 모습으로 변모하고 있다. 화제성과 팬덤 현상에 힘입어 큰 인기를 끌고 있는 팝업스토어는 그 대상을 물리적 상품에 한정하지 않고 가수와 개그맨, 소설, 스포츠 등으로 다양하게 확대하고 있다. 특히 체험을 중시하는 마케팅 트렌드는 고객과 직접 만나는 장소의 가치를 크게 높이고 있다. 팝업스토어는 단순한 또 하나의 유통 경로가 아닌 문화 현상과 결합된 중요한 브랜드 및 기업 정체성의 표현 수단으로 활용될 가능성이 있다.

7장

본질에 앞서는
이미지

우리 자기가 세계로
한류 스타 앰배서더의 활약

제니, 지수, 로제, 리사로 구성된 대표적인 한류 아이돌 그룹 블랙핑크는 다소 특이한 점이 있다. 네 명의 멤버가 모두 다른, 그것도 글로벌 최상위급 명품 브랜드의 앰배서더로 활약하고 있다는 점이다. 제니는 샤넬, 지수는 디올, 로제는 입생로랑, 그리고 리사는 셀린느의 앰배서더다. 아이돌 그룹 멤버들이 하나의 브랜드 광고 모델로 기용되는 경우는 종종 볼 수 있는데 하나의 그룹에 속한 멤버들이 어쩌면 경쟁 제품으로 생각될 수도 있는 여러 브랜드의 앰배서더로 활동하는 경우는 생소하게 느껴진다.

생소한 것은 또 있다. 글로벌 명품 브랜드의 앰배서더로 한류 스타들이 대거 등장하기 시작한 것이다. 품격과 명성을 중시하는 유럽 명품 브랜드들은 이제까지 아무리 유명한

7장 브랜드에 앞서는 이미지

국가를 대표하는 대사를 의미하는 앰배서더

스타라 하더라도 할리우드 출신들을 좀처럼 광고 모델로 기
용하지 않았다. 그 배경에는 미국에 대한 문화적 우월감이
나 할리우드의 상업적 명성을 가볍게 여기는 감정 등이 존
재했을 것이다.

　그런데 2000년대 초반만 해도 별로 알려지지 않았던 문
화 변방 국가인 한국의 가수나 배우, 특히 20대 중반 또래의
젊은 아이돌이 세계적인 명품 브랜드의 앰배서더로 임명되
는 것을 보면 적지 않게 혼란스럽다. 한류가 이처럼 대단한
것이었나? 갑자기 동양인에 대한 인식이 바뀌었나? 아니면
급성장한 아시아 국가의 구매력에 대한 경의의 표현인가?
이유가 무엇이든 간에 이러한 현상은 과연 얼마나 지속될
것인가?

앰배서더는 사전적 의미로 외교관 또는 대사를 뜻한다. 한마디로 말하면 특정 기관이나 이벤트 등이 외부와 바람직한 관계를 갖도록 돕는 역할을 하는 사람이다. 우리는 이러한 사람을 전통적으로 홍보대사라고 불러왔다. 예를 들어 슈퍼주니어 출신 가수이자 방송인 김희철은 학교 폭력 치유와 예방 활동을 하는 푸른나무재단과 원주시, 그리고 금연 치료 홍보대사로 활동하고 있다. 2020년에는 횡성한우축제 홍보대사로도 위촉되었다.

홍보대사는 종종 광고 모델과 비교되는데, 가장 큰 차이점은 모델료 수입 여부에 있다. 김희철의 예를 들자면 그는 2021년 이후 게임회사, 제약회사, 마스크회사 등의 광고 모델을 했는데 이러한 활동으로 모델료 수입이 발생했다. 그러나 김희철의 경우와 같이 앰배서더와 광고 모델의 역할이 비교적 명확하게 구분되는 사례가 갈수록 줄어들고 있다. 매우 상업적인 브랜드가 기용하는 앰배서더는 광고 모델과 거의 동일한 역할을 하게 된다. 여기서는 먼저 앰배서더의 유형을 그 특성에 따라 구분해 보고, 광고 모델과 역할 차이가 없는 앰배서더의 특징을 알아보기로 한다.

다양한 유형의 앰배서더

첫 번째 유형은 인물의 인지도에 의존하지 않고 기관 홍보 활동을 의뢰하기 위해 기용하는 인턴형 앰배서더다. 공공기관이나 은행, 대학 등에서 채용하는 대학생 홍보대사가 이에 속한다. 이 유형은 홍보대사의 경력에 도움을 주면서 기관의 실질적인 광고 업무를 저렴한 비용으로 수행한다는 특징을 갖는다. 이러한 활동을 통해 향후 경력에 실질적인 도움을 받는 예도 있는데 가애란·배현진·장예원 아나운서는 숙명여자대학교 홍보 모델로 활동하면서 두각을 나타냈다. 이 유형의 앰배서더는 활동 실적이 매우 중요하다.

두 번째 유형은 기관이 아닌 일회성 이벤트를 위한 홍보 활동을 수행하는 이벤트형 앰배서더다. 대표적인 예로 2023년 세계박람회를 부산에 유치하기 위해 임명된 배우 이정재, 로지, 방탄소년단, 조수미, 그리고 캐릭터 아기상어를 들 수 있다. 앞서 설명한 인턴형 앰배서더와는 달리 이벤트형 앰배서더는 충분한 경력을 가진 홍보 모델이 자신의 인지도를 이용하여 이벤트의 성공을 돕는 역할을 한다. 이벤트의 중요도에 따라 홍보 모델의 이미지가 높아지는 효과도 수반한다. 홍보 모델은 일정한 계획에 따라 홍보 활동을 수행하지만 활동량이 많은 것은 아니다.

세 번째 유형은 기관의 이미지와 홍보 모델의 이미지가 일치한다는 이유로 기용되는 상징형 앰배서더다. 대표적인

기관을 홍보하는 모델은 중요한 역할을 할 수 있다

예로 2023년 1월에 법무부 홍보대사로 위촉된 국가대표 체조선수 양학선을 들 수 있다. 법무부 장관은 2022년 8월 신임 검사 임관식에서 1932년과 2012년 도마 종목 금메달리스트의 경기 영상을 보여주면서 체육 경기에서 축적된 노하우의 가치와 마찬가지로 한국 검찰이 70년간 축적한 기량의 가치는 매우 중요하다고 강조했다.[1] 그리고 2012년 영상의 주인공 양학선 선수가 법무부의 가치를 잘 표현하는 모델이 될 수 있다고 판단하여 홍보대사 활동을 부탁했다. 이 유형의 앰배서더가 특별히 정해진 홍보 활동을 수행하는 경우는 거의 없다.

　네 번째 유형은 기관에 대한 정보를 대중에게 널리 알리는 광고 모델과 거의 구분되지 않는 광고 모델형 앰배서더다. 대표적인 예로 샤넬의 앰배서더로 선정되었다가 광고 모델로도 활동하고 있는 배우 휘트니 픽과 크리스틴 스튜어트, 그리고 블랙핑크의 제니 등을 들 수 있다.

2021년에 샤넬 앰배서더로 선정된 휘트니 픽은 2022년 22백, 2023년 3월 향수 브랜드 코코 마드모아젤의 모델이 되었다. 2013년부터 샤넬 앰배서더로 활동해 온 크리스틴 스튜어트는 2015년 11.12백, 2017년 가브리엘 백과 가브리엘 샤넬 향수, 2019년 아이 메이크업 제품 '느와르 에 블랑 드 샤넬'의 모델로 발탁되었다. 제니는 2017년 앰배서더로 선정되어 2023년 휘트니 픽에 이어 22백 모델이 되었고 주얼리 브랜드 코코 크러쉬 모델로도 발탁되었다.

한편 국내 의류 업체 던스트는 블랙핑크의 지수를 앰배서더로 기용했다고 발표했으나 여러 언론은 광고 모델로 소개했다. 이는 앰배서더와 광고 모델이 구분 없이 사용되는 사례를 보여준다.

앰배서더의 보수

엄밀한 의미에서 앰배서더는 자발적으로 홍보 활동을 하는 사람이므로 광고 출연료와 같은 공식적인 보수는 주어지지 않는다. 기업이 자신들의 활동을 신문이나 잡지 기사로 소개하는 기자에게 보수를 지급하지 않는 것과 같다. 다만 앰배서더에게 다양한 혜택이나 협찬 또는 선물 등 암묵

(위) 학교를 홍보하는 대학생들
(중간) 이벤트 홍보 활동의 역사는 길다
(아래) 필리핀 통신사 〈글로브Globe〉의 앰배서더로 활동한 블랙핑크

적인 보상을 제공할 수는 있다.

사실 한국에서는 2017년 이전까지 정부 부처나 공공기관이 홍보대사에게 공공연하게 고액의 모델료를 지급했었다. 이것이 문제가 되면서 2017년에 제정된 지침에 따라 무보수 또는 실비 보상의 사례금만 지급할 수 있게 되었다.[2] 공공기관과는 달리 사기업에서는 앰배서더와 광고 모델을 구분하지 않는 경우가 많기 때문에 앰배서더에게 보수를 지급하는 것이 자연스러울 수 있다. 인턴 수당이 공식적으로 지급되는 인턴형 앰배서더나 실비 보전의 보상이 유연하게 지급되는 이벤트형 앰배서더나 상징형 앰배서더와는 달리 광고 모델형 앰배서더에게는 모델료에 상당하는 보수가 지급되어도 이상한 일은 아니다.

한류 스타의 앰배서더 기용

글로벌 명품 브랜드가 앰배서더로 기용한 초기의 한류 스타로 빅뱅의 지드래곤을 들 수 있다. 그는 2015년에 파리에서 개최된 샤넬 패션쇼에 초대받은 이래 아시아인 최초로 샤넬 앰배서더가 되었다. 최근 몇 년간의 전례를 살펴보면 샤넬은 한국인을 특히 선호하는 듯하다. 지드래곤을 패션 글로벌 앰배서더로 선정한 이후 패션·주얼리 글로벌 앰배서더로 블랙핑크의 제니를, 시계·패션 글로벌 앰배서더로

배우 김고은을, 샤넬 코리아의 뷰티·패션·시계·주얼리 앰배서더로 뉴진스의 민지를 선정했다.

　샤넬 이외에도 많은 글로벌 명품 브랜드가 한류 아이돌 스타를 앰배서더로 임명하고 있다. 앞서 설명한 디올, 입생로랑, 셀린느 이외에도 미우미우와 프레드는 아이브의 장원영을, 펜디는 안유진을 선택했다. 또한 샤넬은 뉴진스의 민지를, 버버리는 다니엘을, 루이뷔통은 혜인을, 구찌는 하니를 선택했고, 디올은 방탄소년단의 지민을, 발렌티노는 슈가를, 보테가베네타는 알엠을 앰배서더로 기용했다. 보테가베네타의 경우 셀럽을 앰배서더로 선정한 것은 알엠이 최초라고 한다.

최근 한류 스타가 글로벌 명품 브랜드의 앰배서더로 자주 등장하게 된 이유는 무엇일까? 여기서는 아이돌 모델을 통해 시장을 확장할 수 있고, 한국과 아시아의 명품 소비 시장을 장악할 수 있으며, 한류 스타를 광고 모델로 선정할 때 발생 가능한 위험을 관리할 수 있고, 마지막으로 SNS에서 이들의 높은 주목도를 활용할 수 있다는 점을 중심으로 살펴보기로 한다.

아이돌 모델을 통한 시장 확장

글로벌 명품의 수요자 연령이 점점 낮아지면서 이러한 브랜드를 소개하는 앰배서더 또는 광고 모델 연령 역시 낮추고 있다. 한류 스타는 세계적인 명성을 지닌 젊은 모델로서 글로벌 명품 브랜드를 소개하기 위한 충분한 자격을 갖추고 있다. 한류 스타가 글로벌 앰배서더로 선호되는 첫 번째 이유다.

예전에는 40대나 50대에 어울릴 것으로 여겨졌던 명품을 최근에는 20대가 구입하는 경우가 많아졌다. 이는 코로나19 팬데믹을 거치면서 경제적 어려움이 심화되자 기성세대보다는 Z세대 또는 알파 세대를 중심으로 중고 명품 소비가 증가한 현상에서 원인을 찾을 수 있다. 저축을 통한 미래 준비보다는 현시적 즐거움을 추구하는 풍조가 만연하면서 적당한 가격의 신제품보다는 최고급 브랜드의 중고 제품을 선호하는 경향이 늘었고 오히려 이것을 투자의 기회로 여기기도 한다. 운동화나 핸드백의 경우 특정 모델의 중고 제품은 시간이 지날수록 가격이 상승하는 사례도 있었다. 이러한 명품을 중고 제품이 아닌 신제품으로 선물하는 것은 특별한 날에 할 수 있는 최고의 이벤트가 되었다.

명품 수요자 연령이 낮아지는 추세에 힘입어 기업들은 과거 성공한 중년 세대의 상징으로 브랜드 이미지를 설정하던 제품에 젊은 세대가 멋지게 소비하는 이미지를 덧씌우는 작업이 필요하게 되었다. 그러한 이미지의 광고 모델로서 전 세계 젊은이들의 관심을 받는 한류 아이돌 스타가 선호되고 있다. 예를 들어 방탄소년단이나 아이브가 발표하는 노래 가사는 국적을 초월하여 젊은이의 고민을 위로하거나 주체적 삶을 강조하는 메시지를 담고 있다. 이들의 음악을 사랑하는 젊은이들은 방탄소년단이나 아이브의 멤버가 선보이는 브랜드에서 노래 가사의 메시지를 떠올리며 애착을 느끼게 된다.

한국의 명품 소비 증가

글로벌 명품 브랜드의 앰배서더로 한류 스타 약진의 첫 번째 이유가 한류 모델과 관련된 것이라면 두 번째 이유는 한국 시장에 대한 것이다. 한국의 명품 시장이 성장하면서 자연스럽게 한류 스타를 광고 모델로 기용하는 빈도가 늘었다. 물론 명품 소비 규모가 한국보다 훨씬 큰 중국 시장을 겨냥하여 류이페이, 저우쉰, 안젤라베이비, 니니 등이 각각 루이뷔통, 샤넬, 디올, 구찌의 앰배서더로 기용되었고, 일본 시장에서는 기무라 타쿠야의 딸인 모델 기무라 코우키가 샤넬 앰배서더로 활동하기도 했다. 그런데 모건스탠리 보고서에 의하면 한국인의 2022년 1인당 명품 소비액은 325달러로 미국의 280달러와 중국의 55달러를 앞선 세계 1위를 기록했다.[3]

광고 모델 기용의 위험 관리

앞서 설명한 두 가지 이유는 한류 스타가 글로벌 명품 브랜드의 선택을 받는 이유에 대해 광고 모델과 앰배서더를 구분하지 않고 살펴본 것이다. 이번에는 한류 스타가 광고 모델보다 앰배서더로 더욱 선호되는 이유에 대해 알아보기로 하자.

2017년 선보인 샤넬의 광고는 엉뚱한 논란을 일으켰는데 바로 인종 차별이었다. 지드래곤을 모델로 기용한 이 광고를 본 일부 외국인들은 아시아인이 명품 브랜드 광고에 등장한 것을 두고 불만을 표출하면서 프랑스 우월주의와 백인 우월주의를 암시하는 댓글을 남겼다. 물론 이에 대응하여 인종 차별을 중단하라는 항의의 댓글도 줄을 이었다.[4]

지드래곤 정도의 인기 스타에게도 이러한 인종 차별적 비난이 달리니, 명품 브랜드가 동양인인 한류 스타를 광고 모델로 기용하는 것에는 적지 않은 부담이 따를 수밖에 없다. 아직도 많은 사람은 동양인을 보면 눈을 찢는 시늉을 하면서 경멸을 보내거나 이유 없는 적대감을 표시하는데 명품 브랜드의 이미지를 관리하는 입장에서는 아무리 소수라 하더라도 이들의 반감을 초래할 위험을 회피해야 한다. 그런 의미에서 다수의 젊은 세대의 취향을 저격하고 한국 시장에 구애의 메시지를 전달하는 방법으로서 정식 광고 모델 기용보다는 그에 준하는 효과를 지닌 앰배서더 선정이 적절하다고 판단했을 것이다.

SNS 홍보 효과

마지막으로 한류 스타, 특히 아이돌이 글로벌 명품 브랜드 앰배서더로 선호되는 가장 큰 이유는 SNS에서 이들이 가진 엄청난 영향력에서 찾을 수 있다. 2023년 6월 기준 블랙핑크 제니, 지수, 로제, 그리고 방탄소년단은 인스타그램 팔로워 수 7천만 명을 넘었다. 7,955만 명의 팔로워를 보유한 제니는 세계적으로도 47위에 달하는데 이는 가수 셀레나 고메즈의 4억1,900만 명이나 모델 카일리 제너의 3억9천만 명보다 낮지만 7,939만 명의 축구선수 베컴이나 7,860만 명의 모델 지지 하디드보다 높은 순위다.

앰배서더가 갖는 SNS에서의 높은 주목성은 브랜드 가치를 높이는 데 도움이 된다. 스타의 SNS 계정에 일상적으로 게시되는 이미지에는 사생활을 엿볼 수 있는 정보들이 포함되는데 여기에 브랜드가 자연스럽게 노출된다. 이는 인플루언서가 일정한 보수를 받고 한정된 횟수로 수행하는 의도적인 광고와는 효과 면에서 큰 차이를 보인다. 스타는 팬들과 소통하기 위해 SNS 활동을 하면서 자신도 모르게 앰배서더의 역할을 훌륭히 수행하게 된다. 젊은 세대로 소비 계층을 확대하고자 하는 글로벌 명품 브랜드들이 광고 모델보다 앰배서더, 특히 SNS 팔로워가 많은 한류 스타 앰배서더를 유독 선호하는 이유다.

Where is it going?

방탄소년단 뷔의 SNS 게시글이 모두 1천만 건 이상의

스타 앰배서더는 SNS 활동이 매우 활발하다

'좋아요'를 기록하면서 건당 광고 효과가 10억 원에 이른다는 분석도 있다.[5] 이처럼 스타의 일거수일투족은 경제적 가치를 지닐 수 있는데 이들과 앰배서더 관계를 맺은 기업은 그 가치의 일부를 누릴 수 있다. 게다가 스타의 입장에서 앰배서더 역할은 대중에게 지나치게 상업적으로 비치지 않고, 기관 또는 기업이 가진 이미지를 취할 수 있다는 이점을 갖는다. 기업과 스타가 공유하는 이러한 상호 이익은 전 세계의 주목을 받는 한류 스타가 글로벌 명품 브랜드의 앰배서더로 선호되는 현상이 당분간 지속되게 하는 원동력이 될 것이다. 이와 관련해 향후 나타나게 될 몇 가지 트렌드를 살펴보기로 하자.

신세계 그룹의 가상 인플루언서 제이릴라

가상 인간 앰배서더

 기술 발전과 더불어 가상 인간을 앰배서더로 임명하는 사례가 증가하고 있는데 대체로 이러한 가상 인간들은 이미 인플루언서로 활동하면서 상당수의 팔로워를 보유하고 있다. 예를 들어 2016년에 탄생하여 세계적으로 가장 유명한 가상 인간 인플루언서에 등극한 릴 미켈라는 2023년 6월 기준 인스타그램에서 2,818만 명의 팔로워를 보유하고 있으며 샤넬, 프라다, 디올 등의 모델로 활동한 바 있다.

 많은 팔로워를 가진 가상 인간 인플루언서는 인간 인플루언서와 동일한 SNS 홍보 효과를 가져오는 공공재 성격의 앰배서더 역할을 하고 있다. 예를 들어 신한라이프 광고 모델인 가상 인간 인플루언서 로지는 인스타그램 팔로워 수가 15만4천 명이고 부산 엑스포 홍보대사로 활동했고, 광동제

약의 한유아는 팔로워 수가 7만3천 명이고 국제구호개발
비정부단체^{NGO}인 희망친구의 기아 대책 홍보대사로 활동
했다. 신세계 그룹의 와이티는 2022년 3월에 탄생하여 1년
만에 4만4천 명의 팔로워를 보유하고 있으며 서울시 청년
정책 홍보대사로 활동했다.

새로운 한류를 향하여

이제까지 실제 인간이든 가상 인간이든 한국 앰배서더
는 기존 브랜드를 홍보하는 역할을 주로 담당했다. 그러나
요즘 탄생하는 가상 인간 앰배서더는 새로운 한류 콘텐츠를
창출하는 역할을 맡기 시작했다. 예를 들어 네이버는 2023
년 6월에 가상 인간 아마라를 공개하면서 뷰티 브랜드 어뮤
즈의 앰배서더로 선정했는데 이는 K뷰티의 브랜드 파워를
높이는 계기가 될 수 있다.

그런가 하면 SM엔터테인먼트는 2023년에 공개한 그룹
에스파의 미니 앨범에서 에스파 세계관 속 조력자 캐릭터인
가상 인간 가수 '나이비스^{nævis}'의 피처링을 선보였다. 이를
통해 카카오가 SM엔터테인먼트를 인수하면서 가상 인간의
활용을 비롯한 메타버스 분야의 협업이 본격화될 것으로 예
상할 수 있다. 아이브의 장원영과 함께 SK텔레콤 에이닷티
비의 광고에 출연해 화제가 되었던 카카오의 가상 인간 나

수아는 태국 광고 시장에도 진출했는데 이미 한국의 뷰티, 의류, 식음료 광고에 등장한 바 있다.

SM엔터테인먼트를 인수한 카카오와 인수 과정에 참여했던 하이브는 메타버스 플랫폼을 결합하는 과정에서 가상 인간을 다양한 브랜드에 적극적으로 활용할 가능성이 크다. 한국의 높은 수준의 IT 기술과 한류의 정서를 결합한 가상 인간이 K팝, K뷰티, K푸드 등 다양한 분야에서 광고 모델형 앰배서더로 활동한다면 한 단계 업그레이드된 한류를 창출할 수도 있다. 더 나아가 글로벌 한류 브랜드 탄생까지 꿈꾼다면 기대가 지나친 것일까?

2024

아이돌 그룹 블랙핑크의 멤버는 샤넬, 디올, 입생로랑, 셀린느 등 상이한 명품 브랜드의 앰배서더로 각각 활동하고 있다. 한류 스타가 글로벌 명품 브랜드의 앰배서더로 등장한 것은 비교적 최근의 일인데 갓 데뷔한 신인 그룹이 글로벌 명품 브랜드의 앰배서더로 임명되는 특이한 현상이 나타나고 있다. 이러한 현상을 바라보는 우리는 부러움과 신기함과 뿌듯함이 뒤섞인 심정이 되곤 한다. 어떻게 이러한 일이 일어날 수 있었을까? 서구에 비해 변방에 지나지 않았던 한국 연예인들이 가장 럭셔리한 시장의 중심에 서게 된 이유로서 기술적 요인, 인구적 요인, 그리고 모델 자체의 요인을 찾을 수 있다. 전 세계 팬을 향해 자연스럽고 적극적인 SNS 활동을 펼치는 한류 앰배서더들은 한류 성장을 돕는 동시에 우리 기업의 경쟁력에도 긍정적인 영향을 미칠 수 있다.

유 퀴즈의 성공
연반인을 꿈꾸는 세상

연반인은 '연예인 반 일반인 반'을 일컫는 신조어다. 연예인 못지않은 끼와 재능을 발산하며 대중적 인지도를 얻은 일반인과 연예인 사이 어느 지점에 있는 사람을 가리킨다. 대표적으로 SNS나 유튜브에서 인기를 끌고 있는 인플루언서, 크리에이터, 인터넷 방송 진행자[1], 블로거, 또는 사회적으로 화제의 인물로 떠오른 사람을 들 수 있다. 그중에서도 '최애 연반인'이라 불리며 밀레니얼 세대를 사로잡고 있는 재재를 주목할 필요가 있다.

SBS 유튜브 채널 〈문명특급〉 진행자인 방송인 재재(본명 이은재)는 게스트에 대한 세심한 배려와 수려한 진행 능력으로 '유튜브계의 유재석'이라는 별명을 얻었다. 묘하게 공감되는 재재의 직장인 표 개인기를 보고 있노라면 과하지 않

자신을 '연반인'이라 소개한
방송인 재재

고 맛깔나는 입담을 소유한 일반인과 높은 인기로 가는 곳
마다 화제를 몰고 다니는 연예인의 모습이 중첩된다.

연반인이라는 단어는 비교적 최근에 등장했지만 사실
이전에도 방송 프로그램과 유튜브 채널 등을 통해 일반인이
스타가 된 사례는 많았다. 연반인은 이미 트렌드의 중심으
로 떠올랐지만 2024년은 가상 연반인, 즉 가상 인간 인플루
언서까지 합세하여 이 시장이 더욱 뜨거워질 것이다. 여기
서는 우리 모두의 마음속에 자리한 연반인을 꿈꾸는 트렌드
가 지배하는 현상과 그 의의를 살펴보기로 하자.

What do we see?

유 퀴즈가 쏘아 올린 특별한 공

2023년 6월 28일 예능 프로그램 〈유 퀴즈 온 더 블럭〉
(이하 '유 퀴즈')이 200회를 맞이했다. 처음 프로그램이 시작

될 때만 해도 개그맨 유재석과 조세호가 진행하는 토크쇼에 별다른 것이 있을까 싶었다. 국민 MC 유재석이 진행하지만 비슷한 예능 프로그램이 넘쳐나고 각종 채널과 콘텐츠가 범람하는 상황에서 과연 시청자의 눈과 귀를 사로잡을 수 있을지 의문이었다.

그러나 2018년 8월 29일 첫 방송을 보고 유 퀴즈에서 무언가 남다른 것을 발견할 수 있었다. 유재석과 조세호는 잘 꾸며진 스튜디오가 아니라 길거리에서 토크쇼를 진행했다. 그들은 다양한 지역을 돌아다니면서 평범한 직장인, 학생, 어린이, 할머니, 할아버지를 만나 허심탄회하게 삶의 희로애락에 관한 이야기를 나누었다. 대화를 마치고 난 후에는 퀴즈를 내어 맞추면 상금을, 틀리면 상품을 주는 새로운 장르의 길거리 토크쇼였다. 코로나19 팬데믹 이후 실내에서 진행되는 토크쇼 형태로 바뀌었지만 길 위에서 만난 평범한 사람들의 소소한 일상에 관한 이야기는 흥미로웠고 깊은 울림을 주었다. 유 퀴즈에서는 일반인도 인터뷰 대상이 되고 유명인도 토크쇼 주인공이 되었다. 특정 주제와 연관 있는 사람들을 인터뷰한 특집 편은 우리 삶 구석구석에 존재하는 다양한 분야 사람들을 편견 없이 마주할 수 있었다.

유 퀴즈의 성공은 일반 예능 프로그램이나 유튜브 콘텐츠의 성공과는 다른 의미를 지닌다. 진행자들이 시민들의 일상으로 직접 찾아가 그들을 '자기님'이라 부르면서 함께 대화를 나누는 유 퀴즈는 시민인 '우리'가 토크쇼의 주인공

예능 프로그램 〈유 퀴즈 온 더 블럭〉 200회 특집

이 되는 기회를 만들어주었다. 그 '자기님'들은 화제의 인물로 떠올라 또 다른 일반인 스타가 되었다. 물론 유 퀴즈 이전에도 연예인에 가까운 인플루언서들이 활동했고 일반인이 출연하는 프로그램들이 존재했다. 유 퀴즈에 나온 일반인들이 특별한 이유는 어떤 목적을 가지고 계획적으로 SNS 활동을 하는 인플루언서나 잘 짜인 대본에 따라 방송하는 이들이 아니라 길거리를 걷다 마주친 우리 이웃이기 때문이다. 이러한 이유로 유 퀴즈가 쏘아 올린 공은 특별하다. 진짜 일반인인 '우리'가 주인공이 되고 연반인을 꿈꾸는 세상. 2024년이 기대되는 이유다.

나오거나 만들거나…

방송가에서 장기간 흥행하는 리얼리티 연애 프로그램은 일반인이 스타가 되는 등용문이 된 지 오래다. 2017년 방송을 시작해 어느덧 시즌 4를 맞이한 〈하트시그널〉은 2011년 시작해 2014년 종영된 〈짝〉을 마지막으로 명맥이 끊긴 일반인 연애 프로그램이다. 출연자들의 준수한 외모와 안정된 직업도 눈길을 끌었지만 서로 간의 호감과 관심, 갈등과 고민 등 진짜에 가까운 여러 감정을 긴 호흡으로 담아내 마치 한 편의 드라마를 보는 듯했다. 2023년 7월 현재 방영 중인 〈하트시그널 4〉는 7월 2주 차 TV 비드라마 부문 1위와 TV-OTT 비드라마 화제성 1위에 올랐고, 출연자 김지영과 신민규는 비드라마 출연자 화제성 부문 각각 1위와 2위를 차지했다. 그뿐 아니라 더 이상 이혼 사실을 숨기지 않는 사회 변화를 반영하여 기획된 예능 프로그램 〈돌싱글즈〉는 2021년 시작해 벌써 시즌 4를 맞이하고 〈환승 연애〉, 〈체인지 데이즈〉, 〈리더의 연애〉 등도 인기리에 방송되고 있다.

따지고 보면 일반인이 출연한 방송 프로그램은 그 역사가 깊다. 40년에 가까운 오랜 역사와 전통을 자랑하며 국내 최장수 TV 프로그램으로 꼽힌 〈전국노래자랑〉을 필두로 2010년 전후로 다양한 오디션 프로그램들이 쏟아지기 시작했다. 일명 '슈스케'로 불린 〈슈퍼스타 K〉는 신인가수 오디션 프로그램의 시초가 되었다. 이후 K팝 아이돌 서바이벌

밥벌이 브이로그 〈아무튼 출근〉

오디션 프로그램 〈프로듀스 101〉, 대한민국에 트로트 열풍
을 일으킨 〈미스터트롯〉, 한 번 더 기회가 필요한 가수들에
게 재기의 장을 마련해주는 오디션 프로그램 〈싱어게인〉 등
으로 진화해왔다. 전국 각지의 식당을 찾아다니며 골목 상
권 살리기에 도전한 〈백종원의 골목식당〉, 이웃들의 소소한
한 끼를 담은 〈한끼줍쇼〉, 다양한 직업의 세계를 보여준 〈아
무튼 출근〉 등을 통해서도 일반인들이 방송에 출연했다.

이제 일반인들은 더 이상 방송 프로그램이 찾아와 주기
를 기다리지 않는다. 코로나19 기간을 지나오면서 온라인을
통한 비대면 활동에 익숙해진 사람들은 자신이 직접 만드는
콘텐츠 세상에 발을 들여놓기 시작했다. 누구나 쉽게 자기
만의 채널과 블로그를 만들어 대중과 소통할 수 있게 되면
서 1인 크리에이터가 부상하고 있다. 광고 같지 않은 광고
가 더 눈길을 끄는 것처럼 거부감 없이 친근하게 느껴지는
일반인 이야기를 담은 콘텐츠가 더 매력적으로 다가온다.

모든 이벤트의 VVIP는 인플루언서

유튜브로 일반인에서 유명인으로 변신하는 사례는 최근에 등장했지만 이러한 트렌드의 시초는 인플루언서들이다. 전자상거래 시장에서 스타 아닌 스타가 된 사람들이 그 대표적인 예다. 모델 카일리 제너는 SNS에서 인플루언서로 활동하면서 자신을 내세운 뷰티 브랜드를 운영하여 22세에 1조원대 부자가 되었다. 멀리 갈 것도 없이 한국에서도 비슷한 사례를 쉽게 찾아볼 수 있다. 김소희 대표가 운영하는 온라인 쇼핑몰 스타일난다는 로레알에 6천억 원에 매각되었고, 신애련 대표의 애슬레저 패션 기업 안다르는 400억 원에 마케팅 대행사 에코마케팅으로 넘어갔다. 크리에이터 주언규가 운영하는 유튜브 경제 채널 〈신사임당〉은 20억 원에 벤처캐피털 심사역 출신 전업 투자자 '디피'에게 매각되었다.

전자상거래 시장에서 스타가 되었거나 SNS에서 인플루언서가 된 이들은 매우 특별하다. 팔로워 100만 명 이상의 '메가' 인플루언서, 10만 명에서 100만 명인 '매크로' 인플루언서, 1만 명에서 10만 명인 '나노' 인플루언서는 준연예인급 팬덤을 거느리고 있다. 뷰티 인플루언서 이사배부터 대도서관, 포니, 헤이지니, 벤쯔 등의 메가 인플루언서들은 연예인처럼 매니저를 두고 소속사의 관리를 받는다. 이쯤 되면 전자상거래 시장 스타들의 영향력과 인지도가 어느 정도인지 가늠조차 할 수 없다. 샤넬, 루이뷔통 등의 명품 브랜

한·중 인플루언서 100명을 앰배서더로 위촉한 현대백화점

드들도 이벤트 VVIP로 인플루언서를 초대하는 것을 당연한 일처럼 여긴다. 패션쇼장에서 무대에서 가장 가까운 맨 앞 줄은 인플루언서를 위해 비워둔다. 많은 기업은 브랜드 행사 중 하나로 인플루언서 VIP 파티를 열면서 그들의 중요성을 각인하기도 한다.

인기 인플루언서들은 연예인 이상의 영향력을 행사한다. 굳게 닫혀 있던 소비자의 지갑도 열게 만드는 이들이 협업한 제품들은 완판 행렬을 이어가다 보니 유통 업계는 인플루언서들을 모시기에 바쁘다. 신세계백화점이나 롯데백화점의 경우 인플루언서들을 초청하는 오프라인 팝업 이벤트나 팝업스토어를 주기적으로 마련하고 있다. 현대백화점은 한국과 중국 인플루언서 100명을 현대백화점면세점의 앰배서더로 위촉하고 이들과 함께 라이브 방송을 진행하며 백화점을 홍보하고 고객과의 소통 창구를 마련했다.

연반인이나 인플루언서와 같은 일반인 스타가 주목받는 현상은 그 배경이 무엇이고 어떤 의미가 있을까?

설득의 심리학, 설득의 마케팅

로버트 치알디니의 명저 《설득의 심리학》은 출간 이후 30년간 심리학과 마케팅 분야 바이블로 군림해왔다. 이 책에 소개된 여러 가지 설득의 법칙 중 '사회적 증거의 법칙'과 '호감의 법칙'은 일반인이 스타가 되어 대중에게 커다란 영향력을 행사하는 현상을 잘 설명해준다.

외모나 연기력 등이 특출나서 스타가 된 사람들이 있다. 기업은 이러한 스타들을 모델로 기용하여 그들의 인지도와 유명세를 기반으로 제품과 서비스를 마케팅해 왔다. 그러나 사람들은 점차 제품과 서비스를 구매하는 데 있어 스타의 유명세보다 평범한 사람들의 '믿을 수 있는 후기'가 더 중요하다는 사실을 깨닫는다. 우리와 비슷한 보통 사람들의 후기에 의존하며 이왕이면 많은 사람, 즉 대중의 의견에 따라 의사결정을 내린다. 이는 '유사성의 영향력'이 발현된 증거다. 사람들로부터 '동의'나 '예스'를 이끌어낼 수 있는 사람은 자본주의 사회에서 더욱 가치있다고 평가된다. 인간관계

로버트 치알디니의 《설득의 심리학》

와 리더십에 기반한 효과적인 설득 기술은 연반인이나 인플루언서들이 지닌 가장 강력한 무기다.

치알디니는 《설득의 심리학》에서 '사회적 증거의 법칙'을 다음과 같이 설명한다. "사람들은 가장 대중적인 행동 방침을 따르는 경향이 있는데, 그 경향이 '선'이 되기 위해서는 무엇보다도 사회적으로 바람직한 대중성을 유도하는 일이 중요하다." 타인의 행동을 맹목적으로 따라 하는 '레밍 효과'는 사회적 증거의 법칙이 적용된 좋은 예다. 스칸디나비아 북부의 툰드라 지역에 서식하는 설치류의 하나인 노르웨이 레밍은 집단으로 이동하는 본능이 있다. 무리 중 한 마리가 어딘가로 달려가면 나머지도 따라간다. 바로 여기서 레밍 효과가 생겨났다. 우리는 불확실성이 높을수록 타인의 행동을 보고 따라 하는 경향이 있다는 것이다.

대중은 인기 연예인의 삶보다 자신과 비슷한 처지의 주

변에서 쉽게 볼 수 있는 일반인의 삶에 관심이 더 많다. 인기 유튜버가 산 물건이나 사용하는 것들을 궁금해하는 대중의 심리를 여기서 찾을 수 있다. 그러한 사람들은 일반인이고 대중이 따르며 우리와 유사하다는 점에서 심리적 안정감마저 가져다준다. 이는 인기 유튜버, 인터넷 방송 진행자, 블로거에게 연예인급 팬덤이 몰리는 현상으로 이어진다. TV에서 자주 보는 연예인들이 식상해진 시청자들은 일반인이 주인공으로 나오는 예능 프로그램에 흥미를 보이게 된다.

유튜브 크리에이터뿐만 아니라 일반인이지만 여러 방송을 매개로 인지도가 올라간 사람들을 보면 《설득의 심리학》에서 언급한 '호감의 법칙'이 작용한 경우가 많다. 끌리는 사람을 따라 하고 싶은 이유에 대해 치알디니는 "사람들에게는 자신과 비슷한 사람을 좋아하는 본능적인 성향이 있으며, 자신과 연관이 있는 것에 끌리는 경향은 인생에서 중요한 다른 결정에도 영향을 미치는 것으로 드러났다"라고 말한다.

연구 결과에 따르면 훌륭한 외모는 사람의 마음을 움직이고 일단 믿어주고 싶은 욕구를 이끌어낸다. 다시 말해 우리는 외모가 뛰어난 사람은 능력이 뛰어나고, 정직하고, 친절하며, 성격이 좋다고 믿는다. 이처럼 후광 효과를 지닌, 외모가 비교적 뛰어나거나 스타일이 특출난 연반인이나 인플루언서는 타인을 설득하는 데도 매우 긍정적인 결과를 가져온다. 기업들은 이들을 마케팅에 활용하여 매출 상승을 유도한다.

셀프 브랜딩과 셀프 마케팅

인간은 사회적 동물이다. 공동체를 벗어나 혼자서 살아갈 수 없는 인간은 타인과 소통하면서 자신의 영역을 만들어간다. 우리는 그 어느 때보다 영상 플랫폼과 SNS가 활성화된 세상을 살아가고 있다. 멀티플 N의 시대를 맞아 N개의 스크린과 N개의 디바이스가 넘쳐나고 N잡러가 많아지면서 여기저기 자신의 매력을 보여야 하는 N개의 상황에 직면해 있다. 알바몬의 조사에 따르면 직장인 89.1%는 'N잡을 하고 싶다'라고 생각했다. N개의 부캐(부캐릭터)를 가지고, N개의 일을 하고 있다는 이야기는 본인의 브랜딩에 있어서 좋은 소재가 될 수 있다.

다양한 디바이스를 통해 보여지는 플랫폼이 증가하면서 콘텐츠 제작도 늘었다. 게다가 누구나 쉽게 콘텐츠를 만들고 타인과 공유할 수 있게 되었다. 이럴 때일수록 자신이 만들고 싶은 콘텐츠를 활용하여 자신의 매력·장점·재능 등을 보여줄 수 있는 나만의 브랜드를 만드는 '셀프 브랜딩'이 중요하다. 자신이 좋아하는 일을 콘텐츠로 만들고 스토리텔링을 통해 자기 가치를 전달하는 것은 셀프 브랜딩 혹은 퍼스널 브랜딩의 시작이자 핵심이다. 단순히 '있어 보이게 만드는' 차원을 넘어 다른 사람이 '전문가'라고 부르게 하는 것이 성공하는 셀프 브랜딩이자 셀프 마케팅이다. 이는 SNS를 삶의 일부로 여기는 디지털 세대의 전유물이 아니라 세대에

01 Apple	02 Microsoft	03 Amazon	04 Google	05 Samsung
+18% 482,215 $m	+32% 278,288 $m	+10% 274,819 $m	+28% 251,751 $m	+17% 87,689 $m
06 Toyota	07 Coca-Cola	08 Mercedes-Benz	09 Disney	10 Nike
+10% 59,757 $m	0% 57,535 $m	+10% 56,103 $m	+14% 50,325 $m	+18% 50,289 $m

인터브랜드가 발표한 글로벌 브랜드 순위

국한되지 않고 드러나는 사회적 현상이자 트렌드다. 유튜브, 인스타그램, 블로그 등 플랫폼에 상관없이 셀프 브랜딩에 성공한 사람들은 연반인 혹은 인플루언서의 길에 들어서게 된다.

브랜드 컨설팅 그룹 인터브랜드를 비롯해 경제 매거진 들이 매년 글로벌 브랜드 순위를 매기는 것처럼 연반인이나 인플루언서의 브랜드 순위도 매길 수 있다. 글로벌 브랜드 순위를 매길 때 여러 인덱스를 가지고 평가하는 것처럼 연 반인이나 인플루언서 브랜드 순위도 구독자 수, 동영상 수, 댓글 수, 상품 구매율 등 다양한 잣대를 가지고 평가할 수 있다. 이들의 마케팅 영향력 지수는 많은 기업이 주목하는 중요한 정보가 될 것이다.

기업 마케팅의 변화

갈수록 1인가구와 2인가구가 늘어나면서 주목받는 유튜브 채널이 있다. 크레에이터 정성권이 운영하는 유튜브 채널 〈자취남〉이 그것이다. 2023년 9월 기준 약 64만 명의 구독자를 보유한 이 채널은 1인가구와 2인가구가 주를 이루는 자취인들의 집을 직접 방문해 생활상을 살펴보고 노하우를 공유한다. 그 지역을 거주지로 선택한 이유와 장단점은 무엇인지, 주거 형태는 어떤 것인지, 가격은 어떤지 등 그 지역에서 자취하고 싶은 사람이라면 꼭 알아야 할 정보를 포함하여 자취인들이 공유하는 살림 노하우는 매력 만점 콘텐츠로 손색이 없다.

〈자취남〉은 처음에는 국내 자취인들의 모습을 보여주는 데 집중했으나 이제는 미국, 일본, 홍콩, 프랑스, 독일 등 해외 자취인들까지 소개하고 있다. 1인가구와 2인가구에서 먼저 알아본 이 채널은 이제 삼성과 같은 대기업뿐만 아니라 다양한 생활가전과 도구들을 파는 중소기업까지 눈독을 들이는 콘텐츠로 자리 잡았다. 한동안 말이 많았던 '내돈내산(내 돈 주고 내가 샀다는 의미)' 뒷광고가 무색할 만큼 유료 광고가 포함되어 있음을 명확하게 표기하면서 성공한 좋은 사례가 되었다. 자취인들에게 다양한 제품들을 집들이 선물처럼 제공하면서 자연스럽게 제품을 노출할 수 있다. 기업 입

 안에 텍스트:

쇼핑 LIVE

LIVE 7월 13일 오후 7시
자취남이 알려주는 스마트싱스 꿀팁
최대 165만 혜택 🎁

SAMSUNG 삼성닷컴

꿀팁받기

유튜브 채널 〈자취남〉의 삼성 광고

장에서는 큰돈을 들이지 않고 광고할 수 있으니 좋고, 소비
자 입장에서는 생활용품이나 전자 기기에 관한 정보를 얻을
수 있으니 좋다. 이러한 방식의 마케팅은 연반인이나 인플
루언서의 성장과 함께 2024년 더욱 진화할 것이다.

코로나19 기간 대규모 신제품 출시 행사를 열지 못했던
IT 기업들은 인플루언서를 통한 입소문 마케팅에 심혈을 기
울이고 있다. 삼성전자는 '갤럭시 Z플립' 출시 당시 코로나
19 확산 우려로 오프라인 행사를 열지 못하게 되자 온라인
마케팅으로 전환하여 IT 전문 유튜버 잇섭ITsub의 사용 후기
영상을 올렸다. 잇섭은 삼성전자가 제공한 제품을 미리 사
용한 후 신제품 공개 일정에 맞춰 동영상을 올렸고, 이 영상
은 누적 조회 수 191만 회를 기록하며 큰 화제가 되었다.

삼성전자뿐만 아니라 여러 IT 기업이 인플루언서 마케
팅과 온라인 마케팅으로 전환하고 있다. KT는 연예인을 초

대하는 행사 대신 인기 유튜버 엔조이커플을 섭외하여 갤럭시 S20 출시 행사를 생중계했다. 네이버, 페이스북도 인플루언서와 수익을 배분하는 방식을 검토하고 있다.

기업 마케팅이 변하기 시작했다. 코트라^{KOTRA}가 발표한 '글로벌 인플루언서 마케팅 시장 규모'에 따르면 2017년 20억 달러(약 2조 원)에 머물던 전 세계 인플루언서 마케팅 시장 규모가 2020년 50-100억 달러(약 10-12조 원)로 크게 성장했다. 글로벌 시장조사기관 큐와이리서치^{QYResearch}도 2024년부터 2027년까지 전 세계 인플루언서 마케팅 플랫폼 시장이 15.37% 성장할 것으로 예측된다고 보고했다. 이제 기업 마케팅은 인지도와 영향력을 갖추고 친숙함으로 무장한 일반인과 함께하는 구조로 바뀔 수밖에 없다.

인플루언서 마케팅 시장의 빅뱅

코로나19 이후 우리 삶 곳곳에서 비대면 활동이 정착하면서 인공지능과 컴퓨터 그래픽 기술을 이용하여 만든, 실제 인간과 흡사한 가상 인간이 다양한 분야에서 활약하고 있다. 국내 1호 가상 인간인 사이버 가수 아담은 1998년 데뷔 이후 20만 장 이상의 앨범을 판매하는 등 초반에는 큰 인기를 얻었지만 자연스럽지 못한 외모와 움직임 탓에 인기가 오래가지 못했다. 그러나 2024년에 탄생할 가상 인간은 기술 발달로 인간과 더욱 흡사해질 것이다. 네이버와 카카오의 가상 인간에 대한 기술 개발 경쟁이 이러한 트렌드를 부추기고 있다. 신경 렌더링 기술을 적용하여 얼굴 표정을 자연스럽고 부드럽게 조정할 수 있고, 텍스트 음성 합성 기술을 활용하여 텍스트를 음성으로 변환할 수 있으며, 스무스 스왑Smooth-Swap 모델을 통해 전혀 다른 얼굴로 페이스 스와핑이 가능하게 되었다.

이러한 기술 발달의 영향으로 2024년에는 가상 인간 인플루언서의 활약이 두드러질 것이다. 전 세계 인플루언서 시장이 2025년까지 27조 원 규모로 증가할 것으로 예상되는 가운데 인간 인플루언서 시장은 2020년 기준 7조6천억 원에서 2025년 13조 원으로 2배 성장하는 데 그치는 데 비해 가상 인간 인플루언서 시장은 같은 기간 2조4천억 원에서 14조 원으로 6배 확대될 것으로 전망된다. 이에 따라 2025년 이후에는 인간 인플루언서와 가상 인간 인플루언서 시장이 역전될 것이다.

기업들은 왜 가상 인간과 가상 인플루언서에 관심을 집중할까? 그동안 기업들은 연예인부터 셀럽, 연반인, 인플루언서까지 마케팅을 위해 큰 역할을 했던 모델들의 리스크를 감수해야 했다. 학교 폭력, 음주운전, 폭행, 갑질, 마약, 불륜, 채무 불이행 등 여러 요인으로 사회적 물의를 일으킨 모델이 브랜드 신뢰도를 떨어뜨리곤 했다. 최근 대마 사건으로 논란이 된 배우 유아인(본명 엄홍식)과 마약 혐의 공범자로

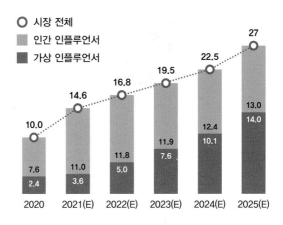

전 세계 인플루언서 시장 규모

드러난 유튜버 헤어몬(본명 김우준)까지 인플루언서의 명암이 신문 사회면에 여과 없이 드러나고 있다. 생활기록부까지 확인하고 방송에 출연시킨 일반인 스타들도 검증 문제가 불거지면서 프로그램의 발목을 잡은 경우도 있다. 이러한 요인들은 프로그램 광고주의 제품이나 그들이 모델로 활동한 제품의 매출에 직격탄을 날린다. 이에 따라 모델 리스크를 최소화하면서도 사람이 못 하는 역할을 하고 콘텐츠를 만드는 가상 인간 인플루언서가 마케팅에서 필수적인 존재로 부상할 것으로 보인다.

국내 최초 가상 인플루언서 로지는 22세로 싸이더스스튜디오엑스가 MZ세대들이 가장 선호하는 얼굴 유형을 조사하여 만들었다. 로지는 2021년 신한라이프 광고 모델을 시작으로 아모레퍼시픽, 쉐보레, 반얀트리 등 여러 기업에서

(위) 세계적인 가상 인플루언서들(왼쪽부터 루, 이마, 슈두, 릴 미켈라)
(아래) 신한라이프 성대규 사장과 가상 인간 인플루언서 로지

러브콜을 받았다. 방송 출연은 물론 실제 사람과의 협업도 진행 중이고, 인스타그램은 계정을 개설한 지 4개월 만에 1만 명의 팔로워가 생겼으며 2023년 9월 현재 15만8천 명까지 늘어났다. 활동을 개시한 첫해 수입은 15억 원에 달한다. 로지는 MZ세대와 소통하면서 이들을 대변하는 가상 인간 인플루언서로서 인기를 얻었으며 세계 최초 가상 인간 인플루

언서 슈두와의 컬래버를 통해 인지도를 높였다.

국내 인플루언서 시장은 갈수록 포화 상태에 이르고 있다. 이러한 상황에서 가상 인간 인플루언서까지 합세한다면 2024년은 그야말로 빅뱅이 예고된다. 메가급 인간 인플루언서와 마찬가지로 가상 인간 인플루언서에게도 소속사나 에이전시의 역할이 중요해질 것이다. 이들과의 협업을 원하는 기업들의 컬래버 행진은 2024년을 이끄는 핵심 경영 트렌드로 부상할 것이다. 한편으로 국내 인간 인플루언서들은 해외 시장으로 눈을 돌려 더 큰 기회의 장을 발견하게 될 것이다.

빅뱅이 예고된 2024년, 인플루언서 마케팅 시장은 어디로 갈 것인가? 일반인의 스타화, 연반인을 넘어서는 1% 성공 신화는 계속될 것인가? 인간이든 가상 인간이든, 연반인이든 인플루언서든, 2024년 이들의 영향력이 더욱 확대될 것임은 분명하다 연반인이 세상에 나오도록 이끌었던 〈유 퀴즈 온 더 블럭〉에 가상 인간 인플루언서가 출연할 날도 머지않았다.

2024

2024년은 연반인, 즉 연예인급 인지도와 영향력을 가진 일반인이 더욱 주목받는 해가 될 것이다. 〈유 퀴즈 온 더 블럭〉의 성공으로 증명된 일반인의 스타화는 개인의 셀프 브랜딩을 자극하고 기업의 마케팅 방향을 바꿔놓고 있다. 유 퀴즈가 쏘아올린 특별한 공은 콘텐츠를 직접 만들거나 어느 채널에 출연함으로써 누구나 콘텐츠의 주인공이 되는 세상을 만들고 있다. 이러한 연반인 트렌드는 《설득의 심리학》에서 치알디니가 주장한 법칙들이 현실 속에서 고스란히 적용되고 있음을 증명해준다.

2024년에는 인간 연반인과 인플루언서가 장악한 세상에 실제 인간과 흡사한 가상 인간 인플루언서가 합세할 것이다. 기술의 진화로 더욱 인간과 흡사해진 가상 인간 인플루언서는 전 세계 인플루언서 시장을 2025년 27조 원 규모까지 성장시킬 것으로 예상된다. 따라서 실제 인간 연반인과 인플루언서 세상에 가상 인간 인플루언서까지 합세하는 2024년 마케팅 시장은 대폭발이 일어나는 한 해로 기록될 것이다.

캐릭터의 힘
창작 캐릭터 머천다이징

여의도에 자리한 더현대서울 5층에 있는 실내 정원 사운즈 포레스트는 이 백화점의 상징적 공간으로서 고객이 긴 시간 편하게 머무를 수 있는 장소다. 크리스마스 시즌에는 거대한 트리가, 그 외 시기에는 사람들에게 익숙한 명품 브랜드나 한류 아이돌 그룹의 팝업스토어가 자리 잡는다. 그런데 2023년 5월, 사운즈 포레스트의 한가운데 비교적 생소하게 보이는 거대한 캐릭터 인형이 등장했다. 그 이름은 흰디. 2019년에 탄생한 현대백화점의 캐릭터다.

사실 백화점이 동물 캐릭터를 내세우는 일은 드물지 않다. 신세계백화점은 2017년에 흰곰의 모습을 한 푸빌라 캐릭터를 선보였고, 롯데홈쇼핑은 2018년에 핑크색 곰의 모습을 한 벨리곰을 선보였다. 흰디, 푸빌라, 벨리곰은 모두 창

더현대서울에 전시된 현대백화점 캐릭터 흰디

작물인데 흰디는 뉴욕 아트디렉터스클럽 어워드를 수상한 독일의 일러스트 작가 크리스토프 니만^{Christoph Niemann}과, 푸빌라는 네덜란드의 일러스트 작가 리케 반 데어 포어스트^{Lieke van der Vorst}와의 협업으로 탄생했다. 벨리곰은 롯데홈쇼핑의 MZ세대 직원들이 사내 벤처 프로그램을 통해 만들었다고 알려진다.

예전에도 기업이나 기관이 마스코트를 만들어 사용하는 사례가 있었지만 대중의 기억에 남는 경우는 많지 않았다. 그런데 최근 창작되고 사용되는 동물 캐릭터들의 활약은 예전과는 다른 양상을 보인다. 여기서는 동물 창작 캐릭터가 인기를 얻는 현상에 대해 살펴보기로 하자.

캐릭터를 새롭게 창작하거나 기존의 캐릭터를 사용하여 이익을 추구하는 활동을 의미하는 용어로 '캐릭터 머천다이징character merchandising'이 있다. 사실 캐릭터를 활용하는 것은 콘텐츠 산업에서 고전적인 수익 창출 수단이다. 예를 들어 마블 만화에서 탄생한 캡틴 아메리카는 영화 주인공으로 등장하여 마블 스튜디오Marvel Studios에 박스 오피스 수입을 가져다주었다. 캡틴 아메리카는 영화 이외에도 완구나 오락의 소재로도 활용되었는데 이처럼 다양한 상품으로 활용하는 현상을 가리켜 '원 소스 멀티 유스One-Source Multi-Use'라고 한다.

캡틴 아메리카가 인간 캐릭터의 성공적인 사례라면 동물 캐릭터의 성공 사례로는 포켓몬스터를 들 수 있다. 가상의 동물들이 전투를 벌이는 스토리를 배경으로 하는 포켓몬스터 캐릭터들은 1996년에 닌텐도 비디오게임에서 탄생하여 애니메이션과 만화 등에서 활용되고 있다. 라이선스를 통한 제품, 모바일 게임, 영화 등 여러 경로에서 포켓몬스터 캐릭터가 벌어들인 누적 수익은 2023년 현재 764억 달러로서 미키 마우스와 곰돌이 푸, 그리고 스타워즈를 능가하며 세계 최고라고 알려졌다.

잘 키운 캐릭터 하나가 이렇게 많은 돈을 벌어들일 수 있다는 사실은 기업에 매력적인 일이 아닐 수 없다. 직접적

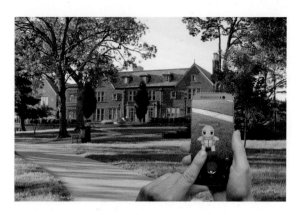

증강현실 게임 〈포켓몬 고〉는 선풍적 인기를 얻었다

으로 돈을 벌기 위해서가 아니더라도 기업이나 기관, 또는
특정 행사를 대중의 기억에 각인하기 위해 캐릭터를 사용하
는 활동은 흔하게 이루어지고 있다. 동물 캐릭터의 활용 현
상을 특성별로 구분하여 살펴보기로 하자.

기존 캐릭터 활용

오래전에 탄생한 동물 캐릭터가 반복적으로 활용되는
현상은 여러 세대에 걸쳐 이루어진다. 미국에서 가장 인기
있는 어린이 교육용 TV 프로그램을 보면 주변에서 쉽게 접
할 수 있는 새와 강아지, 또는 상상 속의 공룡 등이 흔하게
등장한다. 1969년에 처음 제작되어 현재까지 방영되고 있
는 〈세서미 스트리트〉에 등장하는 동물 캐릭터로서 빅버드

〈세서미 스트리트〉의 빅버드는 세대를 초월한 인기를 누린다

가 있는데 이는 노란색의 거대한 카나리아 또는 칠면조처럼 보이는 새다. 〈세서미 스트리트〉에서는 세대 변천과 함께 기존 캐릭터가 사라지기도 하고(1982년에 미스터 쿠퍼를 연기하던 배우가 사망하면서 이 캐릭터를 사망 처리) 새로운 캐릭터가 추가되기도 하면서 빅버드가 가장 중심적인 캐릭터로 자리 잡게 되었다. 이 새는 2021년에 새로 합류한 한국계 미국인 캐릭터 '지영'과도 함께 출연하고 있다.

또 하나의 유명한 어린이 교육용 TV 프로그램으로서 1996년부터 2006년까지 미국 만화 채널 니켈로디언Nickel-odeon에서 방영된 〈블루스 클루스〉에서는 바셋하운드 또는 비글처럼 보이는 강아지 캐릭터 블루가 주인공으로 등장한다. 블루가 제시하는 수수께끼를 풀어내는 인간 캐릭터 스티브 이외의 대부분의 캐릭터는 메일 박스, 소금, 후추, 탁자 등 무생물이고 생물체 캐릭터로는 강아지인 블루와 핑크,

그린 퍼피, 마젠타, 그리고 고양이인 페리윙클이 있다.

1992년에 탄생하여 〈Barney I Love You Song〉이라는 멋진 주제가를 남긴 어린이 교육용 TV 프로그램 〈바니와 친구들〉의 주인공은 노래하는 공룡 바니다. 특유의 보라색을 띤 바니는 공룡 캐릭터인 비제이와 베이비밥, 그리고 아이들과 함께 등장하여 일상생활의 갈등 상황을 해결하는 역할을 맡는다.

어린아이들에게 노출되는 TV 프로그램에서 동물 캐릭터들은 아이들 용품에서 특별한 지위를 갖는다. 장난감이나 학용품, 잠옷, 침구류 등에서 이러한 캐릭터들이 갖는 경쟁력은 매우 크다. 그렇다면 어린이 교육용 TV 프로그램이 아닌 일반 대중을 대상으로 하는 만화나 애니메이션에 등장하는 동물 캐릭터들은 어떨까? 미키 마우스, 스누피, 도라에몽 같은 캐릭터가 명품 브랜드와 컬래버하여 큰 인기를 끄는 사례를 보면 이들 역시 캐릭터의 힘을 가지고 있다는 사실을 알 수 있다.

물론 이러한 사례가 동물 캐릭터에만 국한된 것은 아니다. 건담과 같은 무생물 캐릭터나 슈퍼맨, 아이언맨, 배트맨 등 영웅 캐릭터도 다양한 분야에서 활용되어 경제적 가치를 창출한다. 스누피나 헬로키티가 그려진 티셔츠, 건담 로봇 미니어처 등을 비싼 가격에도 불구하고 구입하는 현상도 발견할 수 있다. 이는 어린 시절의 분위기와 감성을 지닌 아이템을 어른이 되어서도 소비하는 키덜트 소비문화와 관련이

스누피 캐릭터는 다양하게 활용된다

있기도 하다. 그러나 어릴 적부터 일상생활이나 동화책에서 익숙하게 접해왔던 강아지, 고양이, 쥐, 또는 공룡 등 생명체가 전달하는 스토리텔링의 감동은 로봇이나 영웅이 전달하는 감동보다 더 감성적일 수 있다. 현실 또는 상상 속에서 동물들과 교감했던 기억은 동물 캐릭터로부터 느끼는 감수성을 증폭시킬 수 있는 것이다.

신규 캐릭터 창작

어린 시절 접했던 캐릭터와 관련된 정서와 추억을 어른이 되어서 다시 찾는 심리를 이용하는 기업들의 전략은 새로운 캐릭터를 창작하여 활용하는 전략과 전혀 다른 성격을 갖는다. 새로 창작하는 캐릭터에는 어떤 기억이나 향수도 존재하지 않기 때문이다. 그런데 앞서 예로 든 푸빌라, 벨리 곰, 그리고 흰디는 모두 새롭게 창작된 캐릭터다.

창작 캐릭터는 이모티콘과 함께 폭발적으로 증가했다. 카카오에서 발표한 2022년 최고 인기 이모티콘 캐릭터 8가 지는 고심이, 망그러진 곰, 곰과 갱아지, 찌그렁 오리, 오둥 이입니다, 슈야, 꾸까꾸와, 토심이와 토뭉이인데 모두 곰, 강 아지, 오리, 토끼 등 동물 캐릭터였다.[1] 새롭게 떠오른 라이 징 스타 이모티콘도 어쩔티비를 제외한 7가지 캐릭터가 모 두 동물 캐릭터였다.

이모티콘이 SNS 메시지에서 소비되는 상품인 것에 비해 스티커 등 물리적으로 판매되어 소비되는 상품도 있다. 바 로 캐릭터 굿즈다. 엽서, 수첩, 스티커 등 팬시 굿즈에 사용 되는 다양한 캐릭터 역시 동물 캐릭터가 인기를 얻고 있다.

Why is it?

상품으로 활용될 수 있는 캐릭터에는 영웅 등 사람이나 로봇, 또는 건물 등 무생물도 있을 수 있는데 왜 동물 캐릭 터가 대세를 이루고 있을까? 기존에 잘 알려진 캐릭터를 활 용하여 불확실성을 줄일 수 있음에도 불구하고 왜 창작 캐릭터를 시도하는 것일까? 그 이유에 대해 살펴보기로 하자.

스토리텔링 전개의 용이함

캐릭터의 생명은 스토리텔링에 있다고 해도 과언이 아
니다. 이미지가 전달하는 스토리는 이미지 안에 담긴 내용
과 감성을 복합적으로 전달하는 효과가 있어서 텍스트가 직
접적으로 전달하는 내용과 감성보다 훨씬 직관적으로 사람
들의 주의를 끌 수 있다. 예를 들어 뉴욕에서 즐길 수 있는
현대적이고 멋진 도시 생활을 글로 적어놓은 것과 드라마
〈섹스 앤 더 시티〉의 주인공과 같은 인물이 뉴욕 거리를 활
보하는 사진을 비교한다면 후자가 더 직관적으로 뉴욕 생활

현대백화점 흰디 캐릭터가 가진 스토리

의 멋짐을 전달할 수 있다.

〈섹스 앤 더 시티〉의 실제 주인공 사라 제시카 파커 사진을 보면 우리는 그 드라마 스토리를 떠올리게 된다. 그런데 만약 어떤 기업이 사라 제시카 파커의 이미지가 아닌 다른 특성을 가진 여성 뉴요커의 이미지를 전달하고 싶다면 사라 제시카 파커의 사진을 사용하면 안 된다. 즉 텍스트에 비해 이미지 캐릭터는 직관적인 스토리텔링의 효과가 있는데, 기존 캐릭터는 기존 스토리를 회상하게 하는 반면 신규 이미지는 그러한 제약에서 벗어나게 한다.

이는 마치 새로운 상품을 위한 광고 모델을 선택할 때 아직 잘 알려지지 않은 신인 모델을 기용함으로써 기존 모델의 이미지에 신규 상품의 이미지가 중첩되지 않게 하는 것과 유사하다고 할 수 있다. 즉 새로운 캐릭터를 만들어 사용하는 대안의 가장 큰 장점은 완전히 새롭게 스토리텔링을 쌓아갈 수 있다는 것이다. 이 활동을 얼마나 효과적으로 수행하는가에 따라 기존 캐릭터가 가진 추억과 향수라는 강력한 강점을 극복할 수도, 그렇지 못할 수도 있다.

과거 스누피나 우드스톡이나 톰과 제리 등 동물 캐릭터가 만드는 스토리는 대부분 만화가 실리는 지면에서 창작되었다. 만화책이나 신문 만화면 등은 캐릭터가 살아 숨 쉬는 공간이었다. 신문이나 잡지 콘텐츠는 널리 전파되기에 물리적 공간과 경제적 비용의 제한이 있었다. 그러나 SNS가 일상화된 지금 기업들은 새롭게 창작한 캐릭터를 인스타그램이나 유튜브에서 공간과 비용의 구애를 받지 않고 홍보하고 있다. 게다가 인스타그래머블한 매력적인 장소를 통해 대중의 관심을 끄는 데 성공하면 사람들은 이러한 캐릭터를 배경으로 스스로 만든 이미지들을 자발적으로 전파한다. 즉 기존 캐릭터가 전파되었던 과거의 인쇄 및 방송 매체에 비해 훨씬 다양하고 강력한 매체를 사용할 수 있어 기업 입장에서 새로운 캐릭터를 창작하여 광고에 활용하는 것이 기존 캐릭터를 활용하는 것보다 유리할 수 있었다.

생소함을 극복하는 친근함

동물 캐릭터가 가진 최대 무기는 바로 친근함이다. 앞서 기존 캐릭터에 비해 창작 캐릭터가 가진 강점이 비교적 자유롭게 스토리텔링을 할 수 있는 것이라고 설명했는데, 그

코카콜라의 북극곰 캐릭터는 오랜 기간 사랑받았다

에 비해 창작 캐릭터의 단점은 소비자에게 생소할 수밖에 없다는 것이다. 그런데 귀여움이 넘치는 동물 캐릭터를 활용하면 이러한 단점을 어느 정도 극복할 수 있다.

고심이 캐릭터의 예를 들어보자. 어느 인터넷 잡지에서 고심이 캐릭터에 대해 수의사가 분석한 글을 읽어보면 마치 여느 집에서 키우는 반려동물에 대한 이야기를 읽는 느낌이 든다.[2] 머리가 크고 팔다리가 짧아서 야생에서는 살아남기 힘들 것이고, 이런 체형으로는 슬개골 탈구 등 관절에서 문제가 많을 것이며, 움직이는 것을 싫어해서 비만의 위험이 높고, 반짝이는 눈을 보면 노령일 가능성이 크다는 등이다. 처음 보는 캐릭터임에도 불구하고 따뜻한 감정이 솟아나는 것을 느낄 수 있다. 이 정도의 친근함을 가질 수 있는 캐릭터는 동물 이외에는 많지 않다. 유년 시절부터 읽었던 동화나 만화 등에서 익숙하게 접했던 강아지, 고양이, 오리, 곰 등이 가진 힘이다. 단순화된 선으로 그려지는 동물 캐릭터들은 SNS 이모티콘이나 팬시 캐릭터 굿즈 등에서 엄청난 힘을 발휘한다.

지식재산권 인식의 강화

동물 창작 캐릭터가 활용되는 또 하나의 이유는 예전에는 간과할 수 있었던 지식재산권에 대한 인식이 강화된 점을 들 수 있다. 한마디로 지식재산권을 침해했을 때 발생하는 비용이 너무 크기 때문이라는 것이다. 예전에는 인기 있는 기존의 동물 캐릭터를 도용하는 일을 흔하게 볼 수 있었다. 예를 들어 뽀로로 캐릭터가 인기를 얻으면 시중에는 뽀로로 이미지가 들어간 티셔츠와 장난감이 넘쳐났는데, 그중 상당수는 불법적으로 이미지를 도용했었다. 그러한 상품은 정식으로 지식재산권 사용 허가를 받은 상품보다 오히려 더 빠르게 시장을 점령하기도 했다.

그런데 지식재산권에 대한 인식이 강화되고 소송을 통해 배상하는 사례가 늘면서 기존 캐릭터를 무단으로 사용하는 것에 대한 부담이 커졌다. 그렇다고 라이선싱 등 사용 허가를 받는 일에는 여러 조건 등을 조율하는 시간이 오래 걸리고 비용도 크게 마련이다. 즉 기존 캐릭터를 사용하기 위한 비용은 불법이든 합법이든 큰 것이다.

이러한 상황에서는 비용 대비 효과 면에서 새로운 캐릭터를 창작하는 것이 기존 캐릭터를 사용하는 것보다 상대적으로 저렴할 수 있다. 물론 캐릭터가 실패하는 것과 관련된 높은 불확실성도 간과할 수 없다. 그러나 앞서 설명한 스토리텔링 용이성과 동물 캐릭터의 높은 친근성을 고려한다면 새로운 동물 캐릭터를 창작하여 활용하는 대안의 매력도가 상당하다고 할 수 있다.

동물 캐릭터 창작은 새로운 이미지를 창출하여 소비자의 주목을 받기 위해 효과적으로 활용할 수 있는 전략이다. 잘 알려진 기존 캐릭터를 라이선싱하는 전략과 확실하게 차별화되는 전략인 만큼 높은 위험도 따른다. 만약 캐릭터 창작이 단순히 창작만으로 끝난다면 최악의 결과를 초래하게 된다. 적극적인 활용 방안이 필수적으로 수반되어야 한다. 지금부터는 2024년에 펼쳐질 동물 창작 캐릭터 머천다이징의 방향에 대해 예측하기로 한다.

글로컬리제이션

글로컬리제이션glocalization은 글로벌한 트렌드를 갖추면서도 로컬 특성을 잃지 않는 경향을 말한다. 이는 성공적인 캐릭터 머천다이징을 위한 핵심적인 속성이 될 것으로 예측된다. SNS의 속성상 어떤 기업이나 기관이든 그 캐릭터는 글로벌 고객을 대상으로 노출될 것이기 때문에 기본적으로 글로벌한 보편성을 갖추는 것이 유리하다. 여기서 보편성을 갖춘다는 말은 모든 기업이나 기관이 유사한 스토리텔링을 전개한다는 것을 의미하지 않는다. 스토리텔링은 다양한 방식으로 이루어질 수 있으나 대체로 캐릭터의 탄생과 성장에

현대백화점 캐릭터 흰디를
활용한 굿즈

대한 이야기가 담기게 마련이고, 그 과정에서 지역적 특성
이 나타나는 것은 자연스러운 현상이다. 예를 들어 미국의
스누피 캐릭터는 간혹 남북전쟁 시절의 기병대나 미국항공
우주국^{NASA}의 달 탐사 스토리를 담고 있다. 한국의 캐릭터
머천다이징에는 어떤 방식으로 한국의 특성이 녹아들지 기
대된다.

다양하고 창의적인 굿즈

새로운 캐릭터가 탄생되면 여러 굿즈가 쏟아져 나오는
것은 보편적이다. 2018년 동계올림픽 마스코트인 수호랑은

많은 외국인 방문객으로부터 사랑을 받았고 인형, 가방걸이 인형, 핀 배지, 스노볼, 수면안대, LED 팝업카드, 쿠션, 마그네틱 등 다양한 굿즈로 제작되었다. 캐릭터는 단지 기업을 홍보하는 수단에 그치지 않고 독자적인 수익을 창출할 능력도 갖추어야 한다. 최근 동물 캐릭터를 개발하는 기업들은 다양하고 창의적인 굿즈를 개발하고 있는데, 그 품목은 향후 더욱 증가할 것으로 보인다.

캐릭터 라이선싱

창작된 동물 캐릭터는 자체적인 활용만이 아니라 다양한 경로를 통해 머천다이징이 가능하다. 캐릭터 라이선싱은 자기 캐릭터를 다른 업체가 이용할 수 있도록 대여해주는 활동을 의미하는데, 지금까지는 다른 기업이 창작한 기존 캐릭터를 빌려 완구나 게임, 의류, 심지어 식품과 편의점에서 사용해왔다. 예를 들어 GS25는 스누피 캐릭터가 새겨진 우유를, CU는 스타워즈 등 캐릭터가 사용된 토이 캔디를 판매했다. 향후에는 한국 기업이 창작한 캐릭터를 국내외 기업이 사용하도록 라이선싱을 주는 방향으로 전환될 것이다. 뽀로로, 뿌까, 라바, 핑크퐁 아기상어 등 이미 외국에 진출하여 인기를 얻고 있는 캐릭터를 뒤이어 어느 창작 캐릭터가 힘을 발휘할지 기대해본다.

2024

흰디, 푸빌라, 벨리곰…. 근래 들어 백화점에서 부쩍 동물 캐릭터가 등장하는 것을 볼 수 있다. 과거 동물 캐릭터는 아이들을 상대로 하는 만화나 교육 프로그램에서 흥미를 끄는 용도로 사용되거나 마스코트라는 이름으로 기관이나 행사를 상징하는 용도로 활용되었다. 다시 말해 동물 캐릭터의 상업적 가치는 그리 높게 평가되지 않았다. 그러나 어느 순간부터 유명 일러스트레이터나 디자이너가 정교하게 기획한 동물 캐릭터가 창작되어 기업 마케팅에서 중심적 역할을 하는 것이 자연스럽게 되었다. 이러한 현상의 바탕에는 스토리텔링 기법의 유행, 친근함을 무기로 하는 마케팅의 선호, 그리고 지식재산권을 중시하고 활용하는 전략의 트렌드가 놓여 있다. 캐릭터의 창작에 이어 라이선싱까지 포함하는 캐릭터 머천다이징으로 캐릭터의 힘을 극대화하는 기업이 고객의 관심을 차지하고 경쟁력을 높이는 시대가 도래하고 있다.

살을 내주고 뼈를 취하는 거래

극단적 콘텐츠 중심주의

고객과의 소통 접점을 보유한 플랫폼 기업과 고객의 소비 대상을 제작하는 콘텐츠 기업. 이들이 서로의 영역에 진출하는 가치사슬 확대 현상은 어렵지 않게 찾아볼 수 있다. 최근에는 네이버와 같이 플랫폼을 '맹신'하던 플랫폼 기업조차 자체 콘텐츠를 확보하기 위해 제작 영역에 뛰어드는 현상도 나타났다. 물론 서로 밀접하게 협업하는 콘텐츠 기업과 플랫폼 기업을 이분법적 시각에서 바라볼 필요는 없다.

그러나 2010년대 이후 엔터테인먼트 영역을 넘어 산업 전반에 막강한 영향력을 행사하던 네이버 역시 스스로 구축한 플랫폼 생태계에서 손쉽게 누리던 혜택의 지속 가능성에 의구심을 갖게 된다. 이는 플랫폼 생태계에만 의존하지 않고 콘텐츠에 무게를 두는 '콘텐츠 쏠림' 현상의 한 예이며,

이 현상은 과거 상상하지 못했던 극단적인 형태의 움직임을 끌어내고 있다. 여기서는 문화 산업의 플레이어들이 보유하고 있는 성공적인 플랫폼을 콘텐츠를 위해 희생(?)시키는 상황에 이른 현재의 '극단적 콘텐츠 중심주의extreme content-centric' 트렌드를 살펴보기로 한다.

카카오의 SM 인수는 필연적 과정

2023년이 절반 정도 지난 시점에서 엔터테인먼트 산업에서 올해를 대표하는 사건은 단연코 SM엔터테인먼트(이하 SM)의 경영권을 둘러싼 대형 엔터테인먼트 기업들의 공방전일 것이다. 이는 국내 어떤 산업에서도 전례를 찾아보기 힘든 대단히 독특하고 영향력이 큰 사건이었다. 짧은 기간 동안 한 회사의 경영권을 둘러싸고 입장이 첨예하게 대립했던 기업 간의 숨 막히는 경쟁부터 극적인 결과에 이르기까지 직접적인 관련이 없는 대중의 시선까지 사로잡은 빅 이벤트였다. 하이브와 카카오 간의 경쟁 과정에서 중간에 잠시 승기를 잡았던 하이브는 카카오와의 비공개 협상 이후 돌연 경영권 인수 포기를 선언했고, 결국 최종 승리는 카카오로 돌아갔다.

이는 SM을 바라보는 하이브와 카카오의 시각 차이에 기인한 결과다. 하이브에게 SM은 선택 가능한 옵션 중 하나인데 반해 카카오는 SM을 반드시 취해야 할 필연적 대상으로 판단했기 때문이다. 경제적 관점에서 본다면 이 사건은 국내 대표 음악기획사의 경영권이 경쟁사에 넘어간 것으로 간단히 정의되겠지만, 콘텐츠와 플랫폼의 관계에 많은 관심을 가진 저자에게는 더욱 진화된 콘텐츠 시대가 도래하는 증거로 판단된다. 여기서는 카카오의 SM 인수 사건의 내막을 알아보고 이를 토대로 문화 산업의 미래 변화 방향성을 논하고자 한다.

전쟁을 마친 시점에서 예상보다 큰 출혈이 있었지만 카카오 승리의 원동력은 '절박함'으로 볼 수 있다. 생존을 위해 다른 선택지가 없기 때문에 거래를 반드시 성공시켜야 한다는 절박함이 1년 넘게 지난하게 이어진 인수 시도와 그에 따른 피로감, 하이브와의 최종 담판에서 발생한 것으로 예상되는 수백 수천억 원의 추가적인 금전적 손실의 부담을 감수하게 한 원동력이었을 것이다.

콘텐츠와 플랫폼 중 하나를 선택한다면

플랫폼 기업 카카오의 본격적인 엔터테인먼트 사업 시작은 음원 플랫폼 멜론을 운영하는 로엔엔터테인먼트 인수로 볼 수 있다. 2016년 당시 파격적이고 공격적인 성향을 지녔던 카카오 공동체는 네이버에 비해 플랫폼 기능의 상대적인 열세를 극복하기 위해 콘텐츠 산업 진출을 결정했다. 그 첫걸음이 멜론 서비스를 운영하며 국내 음원 시장을 장악하던 로엔엔터테인먼트 인수였다. 그 뒤 새롭고 다양한 영역과의 이합집산을 통해 스토리(웹툰)·뮤직(음악)·미디어(영상)의 세 가지 축을 중심으로 콘텐츠 사업 확장에 나섰지만 여전히 음악은 카카오에게 있어서 모체이자 안정적인 캐시카우(현금 창출원)이다.

정확한 수치는 알 수 없지만 지금까지 카카오엔터테인먼트에게 있어서 안정적인 내부 운영과 공격적인 외형 확장의 든든한 캐시카우 역할을 담당한 것은 멜론이라는 전통적인 음원 플랫폼이었다. 최근까지도 멜론은 카카오엔터테인먼트에서 유의미한 수익을 창출하는 거의 유일한 사업으로 알려져 있으며, 음원 시장에서도 여전히 막강한 영향력을 행사하고 있다.

하지만 내면을 들여다보면 업계에서 멜론은 아쉽게도 철저히 국내를 기반으로 하는 음원 중심 플랫폼으로 여겨지고 있다. 멜론의 문제는 이러한 내재적 정의에 따른 자체적 한계에 기인한다. 동영상을 포함한 다양한 콘텐츠로 중무장한 유튜브 뮤직, 공격적으로 국내 시장에 진입하는 스포티파이 등 초대형 글로벌 음악 플랫폼은 멜론의 입지를 약화시켰다. 한편 국내 시장에서의 한계를 극복하기 위한 해외 진출 시도는 차별적 콘텐츠를 보유하지 못한 멜론의 현재 시점에서 무리수임을 스스로가 너무나 잘 알고 있다. 글로 벌 음악 플랫폼으로 이탈하는 주 고객층이 MZ세대라는 점이 문제의 심각성을 키운다. 이는 단순히 이용자와 매출 감소뿐 아니라 오랜 기간 지켜온 브랜드 이미지에도 큰 타격을 입히고 있다.

그나마 흑자를 이어가던 카카오엔터테인먼트는 2022년 콘텐츠 산업 진출 이후 7년 만에 적자를 기록했다. 이는 해외 스토리 부문의 사업 부진이 주요 원인이긴 하지만 멜론의 정체도 영향을 미쳤을 것으로 추정된다. 카카오엔터테인먼트의 기원이자 든든한 캐시카우 역할을 하던 음악 플랫폼 사업이 정체된다는 위기감은 무언가 특별하고 확실한 돌파구를 확보해야 한다는 필요성을 증대시켰고, 카카오에게 이 문제를 해결할 가장 확실하고도 실현 가능한 방법이 SM 인수였던 것이다.

잘 알려진 것처럼 SM엔터테인먼트는 보아로 대표되는 K팝의 선구자로서 동방신기, 슈퍼주니어, 소녀시대, 샤이니, 엑소 등 걸출한 글로벌 아이돌을 양산했고 현재도 NCT, 에스파 등 인기 아이돌 그룹을 보유한 전통의 연예 기획사다. 이외에도 다수의 유명 배우가 소속되어 있고 드라마 및 예능 제작 능력까지 보유한 종합 엔터테인먼트 그룹이라 할 수 있다. 여기서 주목할 부분은 SM의 계열사인 '디어유'를 통해 서비스되고 있는 팬덤 플랫폼 '버블'이다.

K팝의 미래로까지 불리는 팬덤 플랫폼은 크게 SM과

 VS.

국내 팬덤 플랫폼은 버블과 위버스로 양분되어 있다

JYP엔터테인먼트가 참여하고 있는 버블과 하이브와 YG엔터테인먼트가 참여하는 '위버스'로 양분되어 있다. 팬덤 플랫폼은 아이돌 관련 콘텐츠 제작이 용이해 비교적 손쉽게 팬들을 열광시킬 수 있으며, 이용자의 충성도가 높기에 이탈 가능성도 적다. 실제로 버블은 설립 이후 지속적인 성장을 거듭해 2022년 기준 (70%의 글로벌 가입자를 포함한) 200만 명 이상의 구독자를 보유하고 매출 492억 원, 영업이익 163억 원을 기록하는 알짜 사업이 되었다. 다수의 글로벌 아이돌을 보유한 SM 입장에서 버블은 콘텐츠와 그 너머의 서비스를 통해 다양한 수익성 확보가 가능한 대단히 매력적인 사업이다.

반면 카카오엔터테인먼트의 경우 유튜브 내에 원더케이 (1theK)라는 음악 중심 영상 채널을 운영하고 있지만 이는 하나의 독립적인 플랫폼으로 정의하기 힘든 측면이 있다. 게다가 유튜브 채널 특성상 원더케이는 양방향 소통이 힘들고 파괴력 역시 위버스, 버블과 같은 팬덤 플랫폼에 미치지 못한다. 대신 카카오는 멜론을 음악 산업의 주동력으로 삼는 전략을 취해왔지만 '국내 중심 음원 플랫폼 산업'의 태생적 한계 탓에 공격적인 해외 진출에 어려움을 겪고 있었다. 따라서 카카오엔터테인먼트에 있어 멜론의 한계를 극복하고 사업 확장을 가능하게 하는 가장 확실하고도 실현 가능한 솔루션은 SM이 보유한 '글로벌 중심 팬덤 플랫폼 사업'인 버블이었을 것이다. (실제로 자체 팬덤 플랫폼을 보유하지 못한 카카오엔터테인먼트 계열 아티스트들은 스타쉽엔터테인먼트 소속 걸그룹 아이브를 필두로 2023년 초 버블에 입점했다.)

역으로 생각하면 만약 버블을 하이브 진영에 빼앗기게 된다면 위버스와 버블이 하나가 되어, 소위 국내 4대 기획사로 불리는 '하이브-YG-SM-JYP'의 팬덤 플랫폼이 대동단결하며 카카오엔터테인먼트가 소외되는 위기가 닥칠 수도 있었다. 현재의 위버스 기원이 과거 네이버가 운영하던 브이라이브$^{V Live}$이며, 브이라이브 운영사인 비엔엑스^{BeNX}(위버스컴퍼니로 사명 변경) 역시 네이버가 지분 49%를 보유하고 있다. SM을 하이브에 빼앗기는 상황은 카카오로서 어쩌면 가장 피해야 할 시나리오였을 것이다. 따라서 카카오엔터테인먼트의 SM 인수는 버블 플랫폼의 확보를 위해서도 필연적일 수밖에 없었다.

이쯤에서 사건이 일단락되었다면 이 책에서 다룰 만한 사안이 아닐 수도 있었다. 빠르게 진행된 일련의 전투, 거기 참여한 기업들의 움직임, 그리고 이를 둘러싼 뒷이야기 이외에 저자가 가장 흥미롭게 느꼈던 사건은 상황 종료 후 얼마 지나지 않아 발표된 한 기사였다. SM 소속 가수들이 자

음악의 영상화 트렌드

	홍보(1990년대 이후)	소비(2000년대 이후)	소통(2015년 이후)
	음악 영상화의 역할 변화 →		
영상화 특징	· 음악의 영상화는 1990년대 뮤직비디오를 중심으로 활성화 ㅡ음반 판매를 위한 보조 수단, 홍보 수단 ㅡ주로 음반을 발매하면서 뮤직비디오를 발매	· 음악의 보조 수단으로서 영상이 아닌 영상 자체를 소비하기 시작 · 플랫폼 · 미디어 기저의 네트워크와 디바이스가 발달하면서 영상 소비 확산	· 영상의 대상이 되는 음악(뮤지션 또는 공연)의 확대 ㅡ음악이 아닌 뮤지션의 일상에 관심 증가(브이로그) ㅡ공연의 영상화(월드투어의 다큐멘터리화)를 넘어 온라인 영상 공연화
주요 채널	TV	데스크톱(유튜브)	모바일(위버스, 버블)
채널 특징	TV 채널은 특정 시간의 트래픽 집중이 필요한 반면, 음악은 원하는 시간에 원하는 만큼의 감상이 필요	PC(유튜브) 조회 수가 주요 인기 척도가 되며 신곡 론칭과 동시에 유튜브를 통해 음원 발매	스타 일상의 콘텐츠화와 공유 확산, 참여와 소통을 중시
	음악 감상용 TV 채널의 한계 작용	제작사, 기획사에서 글로벌 소통 수단이자 새로운 수익원으로 인식	스타 뮤지션의 일상 및 소통 플랫폼, 영화화, 콘서트 온라인화

음반 판매를 위한 보조 수단이었던 음악 영상 콘텐츠의 위상 변화

체 보유하고 있는 팬덤 플랫폼 버블이 아닌 하이브의 위버스에 입점한다는 소식을 담고 있었다.

사실 카카오와 하이브 간의 담판 결과 발표에는 하이브

가 SM 인수를 포기하는 대신 카카오와 '플랫폼 협업'을 하기로 약속했다는 내용이 포함되어 있었다. 하지만 저자를 비롯해 이 사건의 추이를 지켜보던 대부분의 관중은 '플랫폼 협업'이라는 말이 큰 의미 없는 의례적이고 정치적인 문구이며, 그저 하이브가 카카오 소속의 다양한 플랫폼과 협업하는 정도일 뿐이리라 평가절하했던 것이 사실이다. 그럴수밖에 없는 것이 '핫한 영역'으로 떠오르는 플랫폼 산업을 양분하는 버블(SM-카카오)과 위버스(하이브-네이버)가 협업한다는 것 자체가 실현 가능성이 작을뿐더러 해석의 범위를 넓혀 보자면 간접적으로 카카오와 네이버가 손을 잡는 형태가 되기 때문이다.

더구나 최근 높은 인기를 구가하고 있는 아이브를 비롯해 카카오 소속 스타쉽엔터테인먼트의 아티스트마저 버블에 입점해 있는 상황에서, SM 아티스트들이 위버스에 입점한다는 것은 그림이 그려지지 않는 비현실적이고 모호한 계획일 수밖에 없었다. 하지만 모두의 예상을 깨고 카카오가 인수한 SM의 아티스트들은 하이브-네이버의 위버스에 입점하게 되었다.

그렇다면 카카오엔터테인먼트의 입장에서 고통스러운 전쟁 끝에 SM 인수에 성공한 후 위버스와의 협업 또는 버블의 희생(?)까지 감내하며 무엇을 얻고 싶었던 것일까. '그들은 대체 무엇을 위해 전쟁을 치른 것일까'라는 의문은 애초 저자의 판단에 오류가 있었음을 인식하고 나서 쉽게 풀렸다. 카카오엔터테인먼트가 가진 '절실함'의 대상은 플랫폼 영역이 아니라 음악 콘텐츠 자체에 있었던 것이다.

음악 산업에서 플랫폼 영역은 지위가 약화되고 있다. 콘텐츠를 담는 그릇으로서 플랫폼의 가치는 이를 뒷받침하는 강력한 콘텐츠를 보유했을 경우에 의미를 지니며, 더 나아가 강력한 콘텐츠를 생산할 수 있는 지식재산권을 보유했을 경우 결국 플랫폼을 능가하는 막강한 역량을 보유할 수 있다고 카카오는 판단할 수 있다. 멜론이라는 막강한 음원 플랫폼 사업을 오랜 시간 지속해왔음에도 최근 들어 글로벌 플랫폼에 자리를 내주고 있는 카카오엔터테인먼트이기에 플랫폼 자체의 한계를 더욱 뼈저리게 느꼈을 것이며, 그렇기에 위버스와의 협업이라는 과감한 결정 역시 내릴 수 있었을 것으로 추정된다.

반면 버블 입장에서는 손안의 '굳은자'처럼 보유하고 있던 SM 소속 아이돌이 위버스에 입점한 것은 많은 고민을 불러일으키는 중요한 논쟁거리다. 물론 위버스와 버블이 소속 아티스트 측면에서뿐만 아니라 기능 측면에서도 차별화를 이루리란 의견도 있다(이를테면 위버스는 소비 중심, 버블은 소통 중심의 특화). 하지만 버블 입장에서 더 분명한 것은 현재 빠르게 성장하며 높은 수익성을 자랑하는 상황에서 굳이 감내하지 않아도 될 위험을 마주해야 한다는 점이다.

결과적으로 카카오는 SM 인수로 콘텐츠와 지식재산권을 확보하기 위해 SM 계열사가 보유한 성공적인 플랫폼 버블의 성장을 양보할 수 있다는 선택을 내렸다. 플랫폼을 맹신하던 지난 10여 년간의 트렌드를 고려한다면 과거에는 상상하기 힘들었던 극단적인 사건이 발생한 것이다. 저자는 이를 콘텐츠 중심주의의 강화와 새로운 국면으로의 전환이라 의미를 두고 싶다.

이는 과거 네이버가 자체 개발한 브이라이브 서비스를 위버스에 통합시킨 사건과는 근본적으로 차이가 있다. 네이버 브이라이브는 자체 아티스트와 콘텐츠를 보유하지 못한 순전한 플랫폼이었다. 자연스럽게 브이라이브의 성장에 결정적 역할을 담당한 방탄소년단의 소속사 빅히트엔터테인먼트(현재 하이브)가 위버스를 론칭하면서 네이버의 앞에는 협업의 길 이외에 다른 선택의 여지가 없게 되었다.

KT 시즌과 CJ 티빙의 통합

버블처럼 성공적인 플랫폼은 아니지만 심혈을 기울여 키워온 자체 플랫폼을 포기하고 콘텐츠에 집중하는 사례도 종종 찾아볼 수 있다. SM의 경영권을 둘러싼 경쟁보다는 세간의 이목을 상대적으로 덜 끌었지만 2022년 하반기 전격 시행된 KT의 OTT 플랫폼 시즌Seezn과 CJ ENM 티빙의 통합, 그리고 이를 대가로 CJ가 KT에 1천억 원의 콘텐츠 제작 자금을 투자한 사건 역시 같은 맥락이다. 2019년 말 KT는 시즌을 출범시키며 본격적인 OTT 전쟁에 대비하는 데 그룹의 역량을 집중할 것임을 천명한 바 있다. 실제 시즌이 론칭하고 1년 후 2020년 기사들을 살펴보면 KT는 "플랫폼 차별화를 무기로 토종 OTT의 위상을 높이는 데 집중하겠다"라고 선언했으며 각종 수치를 통해 글로벌 성과를 자랑하기도 했다.

하지만 이렇게 자체 OTT 플랫폼을 성장시키고 국내외 영상 플랫폼들에 대항하겠다는 KT의 기본 입장은 채 2년이 지나기도 전에 극단적으로 변경되어 플랫폼을 티빙에 이관하며 사업을 포기하는 결과로 이어졌다. 이는 OTT 업계의 격렬한 경쟁에 따른 재무적 압박의 심화에서 비롯한 결과일수도 있지만 근본적으로는 KT가 플랫폼보다는 콘텐츠에 집중하겠다는 의지를 드러낸 측면이 강하다고 볼 수 있다.

티빙으로의 이관이 결정된 2022년 하반기 이전부터 KT가 콘텐츠 중심주의로 전환하려는 조짐은 감지되었다. KT 그룹 내에서 콘텐츠 제작을 담당하는 KT스튜디오지니의 첫 번째 오리지널 드라마 〈구필수는 없다〉는 시즌에서 공개된 하루 뒤에 넷플릭스에 공개되는 시간차 방식을 선택했다. 반면 최대 히트작인 〈이상한 변호사 우영우〉는 시즌과 넷플릭스에 동시에 공개되었다. 시간차를 두고 드라마를 배급함으로써 자체 플랫폼 시즌에 힘을 싣기보다 경쟁자이자 글로벌 선도 플랫폼인 넷플릭스에서 동시 공개함으로써 콘텐츠 자체로 승부하고 글로벌 고객을 확보하겠다는 의지를 명확히 드러낸 것이다.

작년 이맘때《문화 트렌드 2023》을 통해 콘텐츠와 콘텐츠 기업의 중요성이 확대될 것으로 전망한 후 1년이 지난 지금 시점에서 콘텐츠 중심주의 트렌드는 더욱 가속화되는 모습을 보인다. 과거의 콘텐츠 강화 단계, 국면 혹은 패러다임으로 표현될 수 있는 현상을 확실하게 뛰어넘는 다양한 이벤트들이 발생하고 있다.

플랫폼 성장의 한계와 경쟁의 심화

최근 10여 년간 플랫폼과 플랫폼이 제공하는 생태계를 구성하는 경향, 그리고 해당 생태계에 고객을 가두는 록인 전략이 기업 경영에 유행처럼 번졌다. 여전히 플랫폼은 각광을 받고 있으며 많은 산업에서 '플랫폼화'는 기업이 지향하는 최상위 목표 중에 하나로 꼽힌다. 엔터테인먼트 영역에서 플랫폼은 2010년 이후 10년간 서로 경쟁하기보다 고객 규모와 콘텐츠 소비 시간의 지속적 증가로 인한 시장의 성장을 함께 누리며 행복한 시절을 보냈다.

글로벌 인터넷 보안 업체 노드VPN의 조사에 따르면 한국인은 평균적으로 일주일에 69시간, 즉 3일에 가까운 시간을 인터넷에서 보내고 있다. 이 중 유튜브와 같은 영상 콘텐츠 소비 시간이 12시간 35분으로 가장 길고, 넷플릭스 등 OTT 플랫폼에서 보내는 시간은 7시간 38분으로 세계에서 가장 길다.

하지만 2020년 이후 과거 스마트폰과 LTE의 등장과 같은 디바이스와 네트워크의 근본적 변혁이 추가로 발생하지 않고 인간이 콘텐츠 향유에 할애할 수 있는 물리적 시간이 한계치에 다다르면서 이용자 수와 콘텐츠 소비 시간의 확대가 정체되고 있다. 결과적으로 가격(P)이 아닌 규모(Q)의 측면에서 콘텐츠 시장은 성장의 한계에 이르렀다. 이제 정체된 시장에서 자기 파이를 확보하기 위한 플랫폼 간의 치열한 경쟁만 남아 있을 뿐이다.

특히 MZ세대를 중심으로 하는 소비자에게 플랫폼이란 그 보유 및 운영 주체가 누구든 그저 내가 원하는 콘텐츠를 담고 있기만 하면 되는 그릇에 불과하다. 그들은 입맛에 맞는 콘텐츠와 마음에 드는 플랫폼이 있으면 언제든 옮겨갈 준비가 되어 있기에 플랫폼에 대한 충성도를 기대하는 것은 무리다.

앞서 SM의 팬덤 플랫폼 버블을 설명하면서 "이용자의 충성도가 높기에 이탈 가능성도 적다"라고 표현했는데 이는 결코 플랫폼을 향한 충성도가 아니다. 이용자가 보고 싶은 아티스트와 관련 콘텐츠에 대한 충성도이며, 그저 그 콘텐츠가 해당 플랫폼에 있기에 버블을 사용할 뿐이다. 소비자는 만약 그 콘텐츠가 다른 플랫폼에서 서비스된다면 한순간의 주저함도 없이 해당 플랫폼으로 이동할 것이며, 결과적으로 플랫폼은 부침을 겪을 수밖에 없는 반면 콘텐츠는 상대적으로 충성도 높은 이용자를 보유할 수 있는 것이다.

이는 음악과 음악 아티스트만의 이야기가 아니다. 영상 콘텐츠를 구성하는 배우나 작가, 웹툰을 구성하는 작가나 그들의 화풍, 게임을 구성하는 세계관이나 그래픽 등 이용자의 개인적인 선호도가 해당 콘텐츠에 대한 충성도로 이어진다. 따라서 현대 콘텐츠 전쟁의 핵심으로 부상하는 것은 이용자의 선호도가 높은 콘텐츠를 구성하는 요소의 확보다.

일반적으로 드라마나 웹툰 같은 스토리형 콘텐츠의 경우 콘텐츠를 기획하고 상황에 맞게 플롯과 스크립트를 정교하게 집필하는 작가의 역할이, 예능 프로그램 같은 인물형 콘텐츠의 경우 편집의 묘미를 잘 살리고 순간적인 재미를 찾아내는 PD의 역할이 절대적이기 때문에 이들의 몸값은 천정부지로 오르고 있다. 하지만 스토리형 콘텐츠든 인물형 콘텐츠든 내용을 실제로 표현하는 배우나 가수 같은 인기 아티스트는 필수적으로 보유해야 할 전제 조건이며, 인기 아티스트가 참여한 콘텐츠일수록 상대적으로 히트 칠 가능성이 높아질 것이다.

정리하자면 향후 플랫폼 간 경쟁이 더욱 격렬해질 것으로 예상되고 플랫폼 자체에 충성도가 높은 이용자를 보유하기 힘든 현재, 플랫폼 생태계의 한계와 그에 대한 회의로 인해 콘텐츠의 중요성이 더욱 강조되고 있다. 결과적으로 플랫폼으로 자생할 자신이 없는 기업의 경우 전반적으로 콘텐츠에 집중하는 모습이 나타나고 있다. 물론 이는 살아남기 위해 제대로 된 콘텐츠를 만들 수 있다는 가정이 전제되어야 한다.

콘텐츠 중심주의 시대를 대비하는 기업들

카카오가 자신들이 탐냈던 SM의 팬덤 플랫폼 버블의 미래를 담보로 하면서까지 하이브와 협상을 진행하고, 결국 SM 경영권을 인수한 것은 결과적으로 SM엔터테인먼트 그룹이 보유한 충성 고객군 때문이었을 것이다. 다시 말해 카카오는 SM이 보유한 지식재산권과 다양한 음악·영상 아티스트, 그리고 이들을 콘텐츠로써 상품화시킬 수 있는 역량을 원했다는 뜻이다.

무엇보다 K팝의 선도 회사로서 원조 한류의 모체라는 SM의 브랜드 이미지 역시 대단히 매력적인 자산으로 평가했을 것이다. 카카오의 음악 콘텐츠 사업은 아이유부터 아이브까지 최근 몇 년 사이 만개하고 있지만 전통과 두터움에 있어서는 SM에 비해 가볍다는 느낌이 없지 않다. 알려진 바에 따르면 SM이 보유한 상표는 국내 1,801건, 해외 966건으로 총 2,767건에 달한다. 이렇듯 막대한 수의 지식재산권은 SM이 수십 년간 쌓아온 두터운 브랜드 이미지와 시너

최근 카카오엔터테인먼트의 회사 소개 자료

지 효과를 일으켜 숫자로 환산하기 힘든 가치를 창조해낸다.

카카오엔터테인먼트가 판단하기에 SM이 보유한 콘텐츠 지식재산권, 이를 무제한 생성할 수 있는 아티스트 풀, 그리고 오랜 전통에서 비롯한 브랜드 이미지는 기존 플랫폼을 양보할 정도의 가치가 있었을 것이다. K팝 원조 강자 SM의 힘을 거머쥐게 된 경영권 인수는 최근 K팝을 선도하는 신흥 세력으로 떠오르는 카카오엔터테인먼트가 지향하는 가치에 날개를 달아준 격이다.

KT가 〈이상한 변호사 우영우〉를 시즌과 넷플릭스에 동시에 공급하는 와중에 넷플릭스에는 지식재산권 자체가 아닌 방영권만 판매한 것도 그러한 이유 때문이다. 넷플릭스 입장에서는 오리지널 시리즈를 제작할 때의 전략처럼 분명 〈이상한 변호사 우영우〉의 지식재산권 확보를 원했을 것이며, 이에 따라 방영권 판매 때보다 금전적으로 훨씬 큰 제안을 했을 가능성이 농후하다. 하지만 KT 입장에서는 콘텐츠 사업만은 양보할 수 없었을 것이다. KT의 이러한 태도에는 다수의 플랫폼과 전략적인 협업을 해 콘텐츠 노출도를 높이되, 콘텐츠 자체의 지식재산권을 보유함으로써 향후 콘텐츠 중심주의 시대를 대비하겠다는 포석이 깔려 있다.

시즌을 CJ의 티빙에 매각하고 콘텐츠 제작을 위해 1천억 원을 받은 KT의 결정은 플랫폼 경쟁에 따른 불필요한 체력 소모를 최소화하고 콘텐츠에 더욱 몰두하겠다는 전략으로 해석된다. 이러한 결정을 동력으로 삼아 〈이상한 변호사 우영우〉와 같은 성공적인 드라마가 또다시 제작될 가능성을 점쳐 본다.

스트리밍 서비스 크래클을 매각한 소니의 한 수

외국 기업들의 경쟁 세계에서도 콘텐츠 중심주의와 관련된 움직임이 진행 중이다. 소니픽처스는 글로벌 5대 메이저 영화 스튜디오 중 유일하게 스트리밍 플랫폼을 가지고 있지 않은 회사다. 소니픽처스는 비교적 이른 시기인 2006년 동영상 공유 사이트 그루퍼Grouper를 인수하여 스트리밍 서비스 크래클Crackle로 리브랜딩하며 케이블TV를 대체할 OTT 서비스를 준비했다. 당시까지만 해도 그루퍼는 유튜브에 이어 세계에서 두 번째로 큰 영상 공유 플랫폼video sharing community이었지만, 시간이 지날수록 TV 방영 콘텐츠를 기반으로 한다는 근본적인 한계에 직면하게 되었다. 스마트폰의 등장은 크래클을 막다른 국면으로 몰아넣었고, 결국 소니는 2019년 크래클을 매각하기에 이른다.

애플과 디즈니 등이 모바일 기반 OTT 플랫폼 사업에 박차를 가하던 시기에 소니는 이 같은 흐름과는 반대로 보유하고 있던 영상 플랫폼을 매각했으며, 이는 대형 플랫폼과의 경쟁을 지양하고 콘텐츠 제작과 라이선싱에 집중하면서 지식재산권 접근성을 극대화하여 수익성을 추구하는 방향으로의 전략 수정을 의미했다. 넷플릭스와 그들의 오리지널 시리즈처럼 자체 콘텐츠를 플랫폼 경쟁력을 높이기 위한 수단으로 사용하는 전략도 있지만, 소니픽처스처럼 플랫폼을 한정하지 않고 콘텐츠에 집중하는 전략도 있다. 둘 중 어느 방식이 옳은지 판단하기에는 아직 이르다. (개인적으로 저자는 소니의 전략이 더 적절하다고 판단하고 있으며 그 덕에 많은 시간이 지난 후에도 소니는 생존해 있을 것이라 믿는다.*)

현재 진행되고 있는 넷플릭스, 디즈니, 애플 등 글로벌 OTT 플랫폼들의 격렬한 경쟁 과정에서 콘텐츠 가격은 천정부지로 상승하고 있다. 이를 가장 흐뭇한 시선으로 바라보고 있을 회사가 바로 소니픽처스다. OTT 플랫폼 기업들

---

* www.tvovermind.com. Sony may be smarter for not being one of seemingly a million companies trying to create their own streaming platform with exclusive contents.

이 기존에 보유하고 있거나 새롭게 자체 제작하는 오리지널 시리즈는 한계가 있을 수밖에 없기 때문이다. 한 편의 오리지널 시리즈를 '정주행'하는 데 하루 이틀을 소비한 시청자는 또다시 콘텐츠에 대한 목마름을 느끼게 되고, OTT 플랫폼들은 자체 제작 콘텐츠 이상의 새로운 콘텐츠를 지속적으로 갈망하게 될 것이다. 이때 소니픽처스는 어느 플랫폼과도 자유롭게 콘텐츠 공급 계약을 체결할 수 있다. 만약 크래클을 여전히 보유하고 있다면 이를 살리기 위해 콘텐츠 확보 목적으로 콘텐츠 제작 기업들을 찾아 동분서주하고 있겠지만, 현재의 소니는 반대로 자신들이 가장 잘 하는 작품 제작에만 집중할 수 있게 된 것이다.

넷플릭스, 디즈니, 애플 등 초대형 OTT 플랫폼 간의 경쟁에서 모든 플레이어가 살아남을 것으로 확신할 수는 없다. 아직은 전 세계로 시장이 확장되는 단계로서 모든 플레이어가 성장하고 있지만, 머지않아 시장의 정체가 시작되거나 새로운 형태의 영상 플랫폼이 출현한다면 이들의 미래가 보장될 수는 없다. 하지만 소니가 살아남을 가능성은 상대적으로 높을 수 있고 플랫폼들의 경쟁이 심화할수록 오히려 좋은 실적을 거둘 수도 있다. 이에 따라 플랫폼 경쟁에서 뒤처진 기업들은 소니처럼 콘텐츠 제작에 집중하는 형태로 변화할 것으로 예상할 수도 있다.

대형화된 플랫폼 대전의 심화와 영역 확대

게임이나 웹툰 등 상대적으로 새롭게 등장한 콘텐츠 영역의 경우 적은 자원과 인력으로도 제작할 수 있기에 많은 개인 제작자 혹은 소형 기업들이 난립한 상황이다. 이러한 분야에서는 여전히 플랫폼이 콘텐츠 제작보다 우위를 점하고 있으며, 플랫폼 간의 본격적 경쟁보다는 암묵적 합의를 통해 함께 시장을 키우면서 플랫폼 기업이 콘텐츠 기업을 리드하는 형상이다. 반면 역사가 오래된, 전통적인 형태의 콘텐츠로 분류가 가능한 음악과 영상 영역에서의 플랫폼 대전은 이제 그 정점으로 치닫고 있거나 오히려 점차 일단락되고 있다.

음악 콘텐츠를 제작하는 과정은 오랜 기간 신인 아티스트를 발굴 및 육성하고, 그들에게 맞는 음악과 음반을 프로듀싱하며, 아티스트를 효율적으로 고객에게 노출시키고, 그 팬들을 위한 공연을 기획하는 등 대단히 특수한 노하우를 필요로 한다. 이 높은 진입장벽은 현재 주요 대형 기획사들이 과거 직접 음악 산업에 종사했던 아티스트들이 세운 기업이라는 사실과 무관치 않을 것이다. 다시 말해 K팝 시장에 새로운 플레이어가 들어와 생존할 가능성은 희박하다. 하지만 한동안 K팝의 인기는 지속될 것으로 예상되며, 이 시장은 콘텐츠 중심주의로 완전히 변모할 것이다.

새로운 음악 콘텐츠를 대표하는 팬덤 플랫폼은 이제 하이브의 위버스라는 하나의 초대형 플랫폼으로 명확히 정리될 것으로 예상된다. 그리고 위버스 플랫폼 내에서 진행될 경쟁은 더욱 매력적인 아티스트를 발굴하고 이들의 지식재산권을 중심으로 다양한 콘텐츠를 양산하는 방식으로 이루어질 것이다. 즉 SM, JYP, 하이브, YG, 그리고 카카오는 위버스에서 자신들이 보유한 아티스트를 더욱 빛내기 위한 차별화된 콘텐츠 제작에 더욱 박차를 가할 것으로 전망된다.

상대적으로 경쟁이 덜하던 음원 플랫폼 시장은 이제 본격적인 경쟁과 더불어 도태가 시작될 것이다. 멜론을 비롯한 다수의 국내 음원 플랫폼들은 느리지만 지속적으로 그 위세가 축소될 것이다. 이에 대응하는 유일한 방법은 아직 경쟁 중인 국내 플랫폼들이 하나로 통합되고, 이를 K팝 기반의 차별적인 콘텐츠를 제공하는 창구로 설계해 직접적으로 해외에 진출하는 전략뿐일 것이다.

문제는 OTT로 대표되는 영상 플랫폼의 경우다. 이미 두터운 고객층을 확보한 넷플릭스와 이를 따라잡으려는 디즈니플러스, 애플이 합세한 대형 외국계 플랫폼에 대항하여 국내 시장에는 KT 시즌과 합병한 CJ의 티빙, SKT의 웨이브, 쿠팡의 쿠팡플레이, 그리고 왓챠 등의 플랫폼이 난립하고 있다. 거기에 LG유플러스도 자체 OTT 플랫폼을 출시할 예정이다. OTT 시장 활성화로 소비자들 사이에서 '콘텐츠는 돈을 주고 구매하는 것'이라 인식이 자리 잡아가고 있지만,

그렇다고 모두가 서너 개의 OTT 플랫폼을 꾸준히 구매할 것으로 보이지는 않는다. 현재 구매 빈도가 높은 헤비 유저heavy user들의 소비 행태는 넷플릭스를 기본으로 한국계 OTT 플랫폼을 하나 더 즐기는 정도다.

결과적으로 현재 각축 중인 한국 OTT 플랫폼들은 통합되어 하나의 플랫폼으로 재탄생되어야 경쟁력을 갖게 되고, 국내 고객의 성향과 니즈에 부합하게 진화할 수 있을 것이다. 조만간 한국 OTT 플랫폼 간의 본격적인 이합집산이 진행될 것으로 예상된다. 이미 왓챠의 경우 여러 번 LG에 인수 논의가 있었다. 쿠팡 플레이의 경우 콘텐츠 사업 자체보다는 쿠팡 이용 고객에 대한 록인 수단으로서 추가 서비스의 성격이 강하기 때문에 다소 논외로 할 수 있다.

한편 티빙을 보유한 CJ와 웨이브를 보유한 SKT 간에는 현재처럼 개별적으로 플랫폼을 운영하면 공도동망을 할 것이라는 공감대가 형성되어 있을 것이며, 빅딜이 있어야 생존할 수 있다는 사실 역시 잘 알고 있을 것이다. 그 주도권을 누가 확보하고 어떤 방식으로 두 회사가 공동으로 참여할지는 많은 논의가 필요하겠지만, 대승적인 차원에서 두 플랫폼이 통합되는 것은 필연적으로 보인다.

하지만 어떤 형태로 통합되든 콘텐츠 제작 및 확보를 위한 노력은 더욱 강화될 것이다. 결국 플랫폼 영역에서 경쟁을 펼쳤던 SKT, KT, CJ는 그 2차전으로서 콘텐츠 제작 영역에서의 패권을 두고 다시 진검승부를 펼치게 될 것이다.

LG유플러스의 경우 가급적 플랫폼 출시 시기를 늦추거나 기존의 LG유플러스 모바일TV를 일부 개편하는 형태로 OTT 시장에 진입할 것이다. LG유플러스의 경우 플랫폼보다는 오히려 콘텐츠 제작에 힘을 싣게 될 것으로 예상된다. 다만 현재 LG유플러스의 콘텐츠 제작 영역 진입 방식이 과거 네이버에서 진행했다가 실패한 방식과 유사해 보인다는 점이 아쉽다.

저물어가는 플랫폼 시대

유명 프로그램을 제작했던 스타 PD 등 전문 인력을 일부 영입하는 방식을 통한 콘텐츠 시장 진입은 제한적일 수밖에 없으며 상당히 위험한 발상이다. 콘텐츠 시장으로의 본격적 진입은 플랫폼에 종속된 일회적 요소로서 콘텐츠를 바라보는 관점 대신, 콘텐츠 자체를 하나의 산업으로 인지하는 시선으로부터 시작된다. 콘텐츠 자체의 내실은 창의적인 감성과 생각을 보유한 독립적인 제작 조직을 통해서만 다져질 수 있으며, 이러한 구조를 만들기 위한 본격적인 투자, 그리고 무엇보다 성과를 내기까지 참을성 있는 기다림이 동반되어야 한다. 콘텐츠 중심주의 시대가 도래하고 있다지만, 이러한 총체적 비전과 각오가 없을 경우 본격적인 콘텐츠 산업 진입은 재고하는 것이 현명하다.

브이에이코퍼레이션이 개관한 아시아 최대 규모의 버추얼 스튜디오 콤플렉스

정리하자면 콘텐츠 영역에 대한 투자는 갈수록 강화될 것이다. 콘텐츠 중심주의가 더욱 강화되는 것이다. 앞서 언급한 것처럼 콘텐츠 제작 영역의 사업자들은 오히려 플랫폼 대전을 즐기고 있을 것이다. 플랫폼 간의 경쟁이 심화할수록 콘텐츠의 가치, 그리고 돈으로 환산되는 몸값은 뛸 수밖에 없기 때문이다.

콘텐츠 중심주의 트렌드에 발맞춰 일반 기업들도 콘텐츠 제작과 관련된 다양한 특화 영역에 진출하고 있다. 과거 화장품 회사 카버코리아 매각을 통해 거액의 자금을 확보한 이상록 회장은 브이에이코퍼레이션^{VA Corporation}을 설립하고 아시아 최대 버추얼 스튜디오인 브이에이스튜디오하남^{VA Studio Hanam}을 개관했다. 투자의 귀재인 그는 콘텐츠 제작 영역의 미래 가치를 높게 평가하고 과거 사업과는 전혀 관련이 없는 엔터테인먼트 시장에 과감히 뛰어들었고,

브이에이코퍼레이션을 통해 영화·드라마·광고·공연·게임 등 다양한 실감형 콘텐츠 제작 환경을 제공하고 있다.

이를 통해 결과적으로 가장 큰 이득을 보는 세력은 소비자들이다. 자신이 원하던 콘텐츠, 양질의 콘텐츠를 다양한 플랫폼을 통해 원하는 만큼 향유가 가능한 시대가 되었다. 플랫폼의 시대가 점차 저물어감에 따라 먼 미래 플랫폼은 누구나 접근하기 쉬운 공공재에 가까운 지위로까지 떨어질 것이다. 현재 플랫폼이 위치한 엔터테인먼트 산업의 왕좌는 콘텐츠 영역으로 넘어가고 있다.

카카오의 SM 인수는 2023년 초 엔터테인먼트 산업 전반을 뒤흔든 빅 이벤트였다. 하지만 인수 자체보다 인수 이후 카카오의 행보에 더 관심을 쏟을 필요가 있으며 이는 현재 엔터테인먼트 산업을 둘러싼 커다란 시대적 흐름을 대변한다. SM 경영권을 둘러싸고 카카오는 하이브와의 담판에서 '버블' 내에 SM 아티스트와 지식재산권을 확보하는 대신 SM 소속 가수들을 하이브의 '위버스'에 입점시킨다. 즉 콘텐츠를 확보하기 위해 플랫폼을 양보하는 선택을 한 것이다.

이렇듯 극단적인 콘텐츠 중심주의 시대가 도래하고 있으며 이를 대비하기 위해 기존에는 찾아보기 힘든 기업들의 움직임이 점차 감지되고 있다. 플랫폼 전쟁에 지친 국내외 다수의 플랫폼 기업들은 자체 플랫폼을 포기하고 모든 플랫폼을 넘나들 수 있는 콘텐츠 제작에 집중하고 있으며 이를 통해 자신의 가치를 입증하고 있다. 2024년은 콘텐츠로의 쏠림 현상이 엔터테인먼트 전역으로 확대되는 한 해가 될 것이며, 향후 극단적인 형태의 콘텐츠 중심 현상은 더욱 강화될 것이다.

8장

지금과
다른 내일로

모두를 위한 변화
문화예술의 배리어프리

한창 걸음마를 배우는 돌쟁이에게는 작은 문턱 하나도 큰 장애물처럼 느껴진다. 문턱 앞에서 잠시 망설이다 한 발 떼고는 곧 뒤뚱이다 넘어진다. 그처럼 귀여운 모습을 보고 있자면 어른들에게는 아무것도 아닌 문턱이 아이들에게는 마치 커다란 장벽처럼 보이겠다며 공감하게 된다. 이처럼 우리가 살면서 마주치는 수많은 장벽은 늘 절대적인 것이 아니라 상대적이다.

영어 단어의 뜻 그대로 '장벽이 없다'는 의미의 배리어프리 Barrier-free는 건물에서 계단이나 문턱과 같은 장애물을 없앤다는 의미로 건축 분야에서 먼저 사용되었다. 지금은 그 의미가 확대되어 장애인, 노약자, 임산부 등 사회적 약자가 물리적 장벽뿐만 아니라 정보, 제도, 사회생활 전반에 있어서 느낄 수 있는 심리적 장벽까지 없애자는 의미로 활용되고 있다.

문화예술 분야에서도 배리어프리가 적용 가능할까? 어떤 면에서 보면 청각, 시각 등의 감각을 활용해야 하는 예술 감상에 있어서 배리어프리는 불가능하게 보인다. 하지만 오히려 다양한 감각을 사용한다는 특성을 잘 활용한다면 전혀 불가능한 이야기도 아닌 듯하다. 문화예술 분야에서 최근 화두가 되는 배리어프리가 어떻게 우리 사회의 장벽을 허물고 있는지, 그리고 어떤 변화들이 일어나고 있는지 살펴보기로 하자.

What do we see?
1인치의 자막

봉준호 감독은 2020년 영화 〈기생충〉으로 골든글로브 시상식에서 외국어영화상을 수상하면서 "1인치 정도 되는 자막의 장벽을 뛰어넘으면 여러분은 훨씬 더 많은 영화를 즐길 수 있습니다"라고 소감을 밝혔다. 할리우드 영화나 홍콩 영화를 보는 데 익숙한 우리는 자막을 장애물이라기보다는 영화의 한 부분으로 여겨 왔으나 미국인들은 사정이 다를 것이다.

최근 한국 콘텐츠가 전 세계에서 동시다발적으로 사랑

받고 있는 이유도 OTT의 자막 서비스 영향이라고 볼 수 있다. 영상 공개와 동시에 각국 언어로 번역되어 서비스되면서 한국어로 제작된 콘텐츠가 OTT 채널의 전 세계 시청 시간 1위에 오를 수 있게 되었다. 유튜브에서 아이돌의 영상이 공개되면 팬들이 직접 나서서 자국 언어로 번역하고 자막을 입혀 공유하는 모습 역시 흔하게 볼 수 있다. 이처럼 자막은 타 언어를 기반으로 한 문화를 이해할 수 있도록 도와주는 편리한 도구다.

그런데 자막에는 또 다른 기능이 있다. 한국에서 서비스되는 한국어 콘텐츠에 삽입된 자막을 본 적이 있는가? 한국 콘텐츠에 서비스되는 한국어 자막은 '청각장애인용 자막'이기 때문에 대사뿐만 아니라 효과음이나 BGM^{background music}까지 상세히 묘사한다. 이처럼 단순히 대사만이 아니라 시청에 필요한 여러 음성 환경을 텍스트로 설명해주는 것을 폐쇄 자막^{CC, Closed Caption}이라고 한다. 이 1인치의 자막은 콘텐츠를 감상하는 청각장애인의 이해를 높여주는 최소한의 장치 역할을 한다.

요즘 드라마 덕후들은 본방으로 한 번, OTT에서 자막을 켜고 한 번 더 보며 본방에서 놓친 부분을 세세히 살펴본다고 한다. 자막을 보면 정확히 듣지 못했던 대사도 확인할 수 있고, 배경 음악에 어떤 의도가 반영되었는지 그 분위기까지 감상할 수 있다. 출근길 지하철 안에서 이어폰이 없을 때도, 아이들을 재우고 거실에서 조용히 영화를 볼 때도 자막

영화 〈기생충〉을 연출한
봉준호 감독

은 우리의 감상을 도와준다.

　넷플릭스에서 일찌감치 제공한 폐쇄 자막 서비스가 청각장애인뿐만 아니라 비장애 시청자까지 사로잡으면서 이제 티빙, 웨이브와 같은 한국 OTT도 폐쇄 자막 서비스를 도입하기 시작했다. 시작은 2010년 10월 미국 의회에서 새로운 통신 서비스에 대한 시청각장애인의 접근성을 높이기 위한 법안인 '21세기 통신과 비디오 접근법CVAA, Twenty-first Century Communication and Video Accessibility Act'이 통과되면서부터였지만 이제 1인치의 자막은 전 세계 시청자 모두를 위한 서비스가 되었다.

무대를 듣고, 음악을 본다

　국립극장은 지난 몇 년간 장애인 단체 극단, 또는 오케스트라와 협업하여 배리어프리 공연을 만들어왔다. 특히

2022-2023 국립극장 레퍼토리 시즌 음악극 〈합★체〉 공연은 그간의 공연보다 훨씬 진보된 형태의 배리어프리 공연이라 할 수 있다. 박지리 작가의 동명 소설을 원작으로 한 이 작품은 작은 키가 고민인 쌍둥이 형제의 이야기를 담았다. 쌍둥이 형제의 아버지 역할은 저신장 배우 김범진이 맡아 연기했다. 작품의 주제뿐만 아니라 장애 예술가가 주조연으로 참여하여 다양한 사람들이 함께 사는 사회에 대한 이해도를 높이고자 한 섬세함이 느껴진다.

공연 진행 역시 장면에 대한 상세한 음성 해설과 수어 해설이 동시에 제공된다. 수어는 단순히 언어를 전달하는 차원이 아니라 장면에 담긴 의미가 최대한 잘 표현될 수 있도록 그림자 수어 배우가 옆에서 함께 연기한다. 공연을 관람하는 장애인과 비장애인 모두 풍성하게 경험할 수 있도록 고민한 흔적이 엿보인다. 점자로 된 프로그램 안내 책자와 공연장 곳곳에 배치된 '접근성 매니저'는 관람객들이 공연장에 도착할 때부터 떠날 때까지 불편함을 겪지 않도록 배려한다.

국립극장이 진행한 〈2023 함께, 봄〉 연계 프로그램 중 하나인 싱가포르 장애 학생들의 이야기를 담은 다큐멘터리 〈매듭〉 상영회에는 싱가포르 장애 청소년들이 악기를 배우고 연주하는 여정이 담겨 있다. 다양한 장애가 있는 학생들과 가족, 선생님이 끝없는 연습 과정에서 맞닥뜨리는 수많은 매듭을 함께 풀어나가는 과정을 볼 수 있다. 장애가 있는

He is teaching his father.

싱가포르 장애 학생들의 이야기를 담은 다큐멘터리 〈매듭〉

사람도 적극적으로 예술을 즐기고 예술가로서 자립할 수 있다는 당연한 사실을 당연하지 않게 여겨 온 세상의 시선에 질문을 던진다. "사람들이 우리의 장애가 아닌 우리가 할 수 있는 일에 주목했으면 좋겠다"라고 말한 출연자의 인터뷰는 장애를 대하는 우리의 태도를 돌아보게 한다.

이해할 수 있는 '기회'

우리나라에 장애인으로 등록된 사람은 전체 인구의 5%를 차지한다. 장애 유형별로 보면 전체 인구 중 지체장애인이 2.5%, 청각장애인이 0.75%, 시각장애인이 0.5%를 기록한다. 일부러 노력하지 않으면 95%의 비장애인들은 인지하기 어려운 그들의 생각과 문화가 분명 존재할 것이다. 모든 관계에 노력이 필요하듯이 다름을 이해하기 위해서는 서로를 알아가려는 노력이 필요하다. 다행히 최근에는 유튜브가 가교 역할을 하는 듯하다.

우연히 유튜브 쇼츠에서 "시각장애인은 혼자 편의점에서 과자를 살 수 있을까?"라는 제목의 영상을 보게 되었다. 그동안 깊이 생각해본 적은 없지만 호기심을 불러일으키는 제목이었다. 세계 최초로 점자 실버버튼을 받은 유튜버 김한솔의 〈원샷한솔〉 채널은 일상에서 시각장애인이 경험하는 여러 가지 장벽에 대한 영상을 꾸준히 올린다. 이제는 보편화된 식당 키오스크 사용이나 대중교통을 이용할 때 겪게 되는 어려움을 현실적으로 보여주고 있어, 그동안 미처 몰랐던 장애인들이 겪는 어려움에 대해 생각하게 되는 계기가 되었다는 댓글이 많았다. 그의 영상을 보면 우리가 사는 이 사회가 얼마나 비장애인을 중심으로 돌아가고 있는지 실감하게 된다. 오죽하면 김한솔이 처음 받은 실버버튼에 글씨가 인쇄되어 시각장애인은 읽을 수 없었고, 항의 끝에 받은 점자 실버버튼은 채널명에 오자가 있었으며, 세 번째 받은 한글 점자 버튼은 문장이 거꾸로 되어 있었겠는가.

청각장애인의 문화예술 활동을 돕는 사회적 기업 '핸드스피크'의 아티스트 김지연은 청각장애인이라는 수식어가 없이도 핸디랩퍼라는 모습 그 자체로 관객을 사로잡는다. 그녀의 핸디랩 영상을 보면 파워풀한 동작의 수어 랩의 매력에 빠져들게 된다. 그동안 우리는 장애를 한계나 제약으로 인식해왔는데 핸디랩은 장애가 예술을 더 풍성하게 할 수 있다는 사실을 보여준다. 이렇게 다양한 채널을 통해 장애인의 활동과 생각을 마주할 기회가 많아지고 있다. 일상에서 만나는 그들의 이야기는 장애인과 비장애인이 서로 한 발짝 다가가 이해의 폭을 넓히는 촉매제가 되어줄 것이다.

장애를 넘어서게 하는 기술

챗GPT 열풍으로 더욱 관심을 받는 인공지능 기술은 장애인을 위한 서비스 개발에 획기적인 변화를 가져다주고 있다. 인공지능은 시각적·청각적·언어적 보조 도구로서 장애인의 의사소통을 지원할 뿐만 아니라 감정을 파악하고 정서적 상호작용에도 도움을 줘 정신 건강이나 발달장애 치료에도 기여할 수 있다. 장애를 넘어 예술 감상과 창작에도 폭넓게 활용되고 있다.

인공지능 기술은 멜로디와 리듬을 시각화해 보여줌으로써 청각장애인의 음악 감상을 도울 수 있다. 장애가 있는 예술가는 창작이나 협업의 도구로 인공지능을 활용하여 새로운 형태의 창의적 표현이 가능할 수 있다. 2023년 5월에 열린 〈AI, 창조의 경계를 넘어: 모두를 위한 예술 혁명〉이라는 제목이 달린 전시회에서는 지적장애와 자폐장애를 가진 15

AI 기술은
점자책 발간 비용과
시간을 줄이고 있다

명의 작가가 인공지능을 활용해 만든 작품을 선보였다. 인공지능은 시각장애인이 웹툰을 볼 수 있도록 도울 수도 있다. 웹툰이야말로 순수하게 시각만을 이용해 '보는' 콘텐츠가 아닌가? 네이버웹툰은 작품의 대사를 순서대로 인식해 문자로 전환한 후 음성으로 들려주는 AI 기술을 개발해 불가능해 보이는 이 한계를 극복하고 있다.

　점자책은 시각장애인의 중요한 학습 도구이지만 원하는 책을 점자로 읽기란 쉽지 않다. 일반 도서를 점자책으로 만들려면 우선 책 속의 텍스트를 타자하거나 스캔하여 읽어들인 뒤 이를 점자로 변환하여 점역 교정사의 교정 과정을 거쳐야 한다. 사정이 이렇다 보니 전체 책 중 점자책으로 출판되는 비율은 0.2% 정도에 그친다(한국장애인단체총연맹, 2021년 기준). 사회적 기업 '센시'가 개발한 점자 변역 서비스는 인공지능을 기반으로 점자 변역 사례를 학습하여 300쪽 분량의 점자책 번역을 하루 만에 끝마칠 수 있다. 그 결과 점자책 발간에 드는 비용이 줄어들면서 시각장애인의 책에 대한 접근성이 좋아졌고, 비장애인도 볼 수 있도록 텍스트도 함께 담아 활용도를 높였다.

인공지능은 다양한 방식으로 장애인들이 여러 예술 형식에 더 쉽게 접근 가능한 기반을 마련하고 있다. 예술에 맞닿은 경험은 장애인들에게 삶의 의미와 행복, 성취감, 그리고 타인과의 연결고리를 제공할 수 있다. 그동안 많은 이유로 불가능하다고 여겨졌던 것들이 기술 발전으로 해결책을 찾아가며 더 공평하고 접근이 용이한 예술 세계로 가는 가교가 되고 있다.

특별함과 자연스러움

신생 채널 ENA에서 방영되어 흥행 돌풍을 일으킨 드라마 〈이상한 변호사 우영우〉와 입소문을 타며 인기를 얻은 tvN 드라마 〈일타 스캔들〉에는 자폐 스펙트럼을 가진 인물이 등장한다. 〈이상한 변호사 우영우〉의 주인공 우영우는 높은 지적 능력을 갖추고 서울대 로스쿨을 수석 졸업한 변호사이지만 공감 능력이 떨어지고 성격이 예민해 사회생활에 어려움을 겪는 인물이다. 〈일타 스캔들〉의 주인공 남행선의 동생 남재우는 아스퍼거 증후군을 가지고 있어 대인 관계에 어려움을 겪지만 누나와 함께 반찬가게를 운영하고 있다.

두 작품 속 발달장애인의 모습이 여느 드라마와 달랐던 점은 일상 속 그들의 모습을 담아냈다는 것이다. 영화 〈말아톤〉처럼 장애인으로서의 특별함을 강조하던 방식에서 사회를 살아가는 다양한 사람 중 하나로 자연스러움을 강조하는 형태로 진화했다. 이러한 접근법은 시청자들이 장애가 있는 사람들을 바라보는 시각을 바꿀 수 있다. 물론 장애라는 것은 다양한 형태로 존재하기 때문에 하나의 전형으로 정의할 수 없지만 그간 영화나 드라마에서 그려왔던 장애인의 모습이 사회에서 함께하기 힘든 인물이었다면, 이제는 조금만 노력하면 함께할 수 있는 사람들로 그려진다는 점에서 의미 있는 변화라고 볼 수 있다.

〈이상한 변호사 우영우〉로 제59회 백상예술대상 TV 부문 대상을 받은 배우 박은빈은 수상 소감에서 "이 작품을 하면서 적어도 이전보다 친절한 마음을 품게 되기를, 전보다 각자 가진 고유한 특성들을 다름이 아니라 다채로움으로 인식하게 되기를 바랐다"라고 말했다. 드라마가 방영되는 동안 '우영우'라는 인물이 장애인을 바라보는 비장애인의 시선을 오히려 악화시킬 수 있다는 우려가 있었지만, 장애가 있는 인물이 드라마 주인공으로 등장하면서 주변 사람들의 다양한 이야기를 들어볼 수 있는 기회가 된 것은 중요한 변화다.

노희경 작가의 드라마 〈우리들의 블루스〉에도 장애가 있는 인물이 등장한다. 밝고 씩씩해 보이지만 마음 한구석에 비밀을 가지고 있는 인물인 영옥이 감추고 있던 비밀이 다운증후군이 있는 언니 영희라는 점이 밝혀지면서 드라마는

〈이상한 변호사 우영우〉
배우 박은빈

갈등 상황에 놓이게 된다. 캐리커처 작가 정은혜가 영희를 연기했는데 이 대목에서 우리는 장애인 당사자성에 대해 생각해볼 수 있다. 앞서 언급한 우영우를 연기한 박은빈 배우와 남재우를 연기한 오의식 배우, 말아톤에서 인상 깊은 연기를 보인 조승우 배우까지 모두 뛰어난 연기력을 인정받았다. 그러나 영희를 연기한 정은혜 작가는 실제 다운증후군을 가지고 있다.

배우 윤여정이 2022년 골든글로브 시상식에서 수어로 축하 인사를 전한 영화 〈코다〉의 주연 배우 트로이 코처 역시 청각장애인으로서 그 장애가 있는 배역을 연기했다. 할리우드 영화에서 아시아계 등장인물을 백인 배우가 연기하는 것을 당연시하던 시절이 있었다. 백인 배우가 아시아인 캐릭터를 연기하는 것을 피부색을 분장하던 모습에 빗대어

영화 〈코다〉의 주연 배우
트로이 코처

'옐로페이스'라고 부른다. 아시아계 등장인물은 아시아인이
연기하는 것이 당연하지만 이러한 당연한 사실이 불과 얼마
전까지만 해도 실현되기 어려운 일이었다. 이러한 점을 고
려하면 장애가 있는 인물을 장애인이 직접 연기하는 것이
당연해지는 시대도 언젠가는 오지 않을까?

모두를 위한 변화, Access for all

　　문화예술 분야에서 일어나는 여러 배리어프리 시도를
살펴보았다. 안타깝게도 문화예술 공간의 문턱은 여전히 높
기만 하다. 소극장 연극이나 대중음악 콘서트의 경우 휠체

어석이 아예 마련되지 않은 경우도 있고, 휠체어석이 있다 하더라도 예매 방법이 제대로 안내되지 않는 경우가 많다. 통계청에서 발표한 '2020 통계로 보는 장애인의 삶'에 따르면 주말에 문화예술을 관람하는 장애인은 응답자의 6.9%로 비장애인(20.1%)의 3분의 1에 불과한 것으로 나타났다.

미국 뉴저지주에 있는 극장 페이퍼 밀 플레이하우스Paper Mill Playhouse는 1934년 설립되어 고전과 현대를 넘나드는 다양한 연극을 선보이는 극장이다. 이 극장은 1980년 대형 화재가 발생하여 건물을 재건축하면서 '모두가 즐길 수 있는 극장Access for all'이라는 정책을 도입하여 전 층을 승강기로 연결하고 휠체어 높이에 맞춘 특별 창구를 설치했으며 시각장애인을 위한 특수 음향 전달 장치도 마련했다.

페이퍼 밀 플레이하우스의 'Access for all' 정책에서 인상적인 점은 하드웨어뿐만 아니라 세부적인 운영 사항까지 모두가 불편함을 겪지 않도록 신경을 썼다는 사실이다. 극장 홈페이지에는 극장을 방문할 때 필요한 '접근성 정보'가 게시되어 있다. 휠체어 이용 시 주차를 어디에 해야 하는지, 어떤 출입구를 사용해야 하는지는 물론 층별로 계단과 화장실 위치, 안내견 입장 도움 서비스도 확인할 수 있다. 모든 직원은 장애 감수성 훈련을 받고 더 적극적인 관점에서 관객이 공연을 관람하는 데 불편함이 없도록 돕는다. 이러한 조치는 페이퍼 밀 플레이하우스에 새로운 성장 기회를 가져다주었다. 극장을 찾는 장애인뿐만 아니라 노년층, 그들과

미국 뉴저지주에 있는 극장 페이퍼 밀 플레이하우스

함께 오는 친구와 가족들도 이러한 변화를 환영했다.

배리어프리나 'Access for all'은 특정인을 위한 배려가 아니라 모두를 위한 변화라는 데 핵심이 있다. 건물 앞 경사로는 휠체어 이용자뿐만 아니라 유모차에 아기를 태우고 온 가족과 계단을 걷기 힘든 사람 모두를 위한 배려인 것처럼, 수어 공연은 청각장애인과 비장애인이 함께 즐기며 영감을 얻을 수 있는 새로운 형태의 공연이다.

선행이라는 관점에서 살짝 비켜나면 '모두가 즐길 수 있는 극장'은 시장을 확대한다는 측면에서 마케팅 전략으로 활용할 수 있다. 우리의 제품이나 서비스를 이용할 때 가장 큰 어려움을 겪는 소비자는 어떤 사람들일까? 이들을 위해 어떤 변화를 만들어나갈 수 있을까? 이러한 점들을 고민하다 보면 더 많은 소비층을 확보할 기회를 발견할 수 있다.

산업 디자이너 패트리샤 무어 Patricia Moore는 20대였던 1979년부터 1982년까지 80대 노인으로 변장하고 다닌 것으로 유명하다. 그는 그 3년간의 경험을 통해 노년층이 다양한 상황에서 겪는 어려움을 체득했고 이를 디자인에 녹여 냈다. 그렇게 해서 탄생한 옥소OXO의 굿그립, 바퀴 달린 가방, 소리 나는 주전자 등이 노년층뿐만 아니라 전 세대를 아우르는 히트 제품이 되었다는 점을 생각해보면 소비층을 확대하고 제품을 다각화하는 전략으로 'Access for all'은 의미 있는 접근 방법이 될 것이다.

인건비 절감을 위해 식당과 카페에 설치되는 키오스크는 편리해 보이지만 '누군가'에게는 구매 장벽으로 작용하기도 한다. 매장마다 메뉴 구성이 다르고, 결제에 이르기까지 거쳐야 하는 단계가 제각각이라 잠시 헤매다 보면 뒤에서 기다리는 사람의 시선에 괜히 뒤통수가 뜨거워진다. 디지털 기기에 익숙지 않은 어르신도, 화면 내용을 알기 힘든 시각장애인도, 메뉴에 대한 설명이 필요한 사람까지 저마다 이유는 다르지만 사용에 어려움을 겪는 상황이 발생할 수 있다. 이러한 문제를 해결하기 위해 키오스크의 사용 편의성을 높이는 것은 소비자의 불편함을 해결해 더 많은 사람을 끌어들일 수 있는 윈윈 전략이 될 것이다. 앞서 우리는 넷플릭스의 폐쇄 자막 서비스가 청각장애인의 콘텐츠 시청 기회를 넓힌 것 이상으로 예상치 못한 시청 방식의 다양화와 시청자의 만족도 향상에 기여했다는 사실을 확인했다.

2023년에는 문화예술계에서 장애인의 창작과 향유를 위한 점진적인 변화를 관찰할 수 있었다. 문화 콘텐츠를 통해 비장애인과 장애인이 서로 이해의 폭을 넓혀가는 모습도 볼 수 있었다. 2024년 문화예술계는 다양성을 향해 문을 더욱 활짝 열어 보일 것이다. 앞서 예로 들었던 유튜브 〈원샷한솔〉 채널에 개그맨 이경규가 출연하여 김한솔과 함께 낚시를 즐기는 모습을 보여주었다. 그 영상에서 장애가 가진 특수성이 측은지심이 아니라 공감과 유쾌함으로 다가갈 수 있다는 가능성을 엿볼 수 있었다. 결국 이 세상을 함께 살아가는 사람들로서 서로를 이해하는 과정에 변화의 초점이 맞추어질 수 있다. 기존에는 이러한 담론들이 영화, 드라마, 연극 등을 중심으로 다루어졌다면 이제는 어린이 프로그램에서부터 예능 프로그램까지 문화 산업 전반으로 확대될 것으로 예상된다.

우영우가 말했다. "제 삶은 이상하고 별나지만 가치 있고 아름답습니다." 당신과 나의 삶도 별반 다르지 않을 것이다.

2024

최근 문화예술계에서는 사회적 약자를 이해하고 모두가 함께 즐길 수 있는 장벽 없는(배리어프리) 접근 방법이 화두가 되고 있다. 장애인들의 다양한 경험을 보여주는 유튜브 채널과 각종 기술 발전으로 인해 장애를 이해하고 함께 향유할 수 있는 기반이 마련되고 있다. 드라마 〈이상한 변호사 우영우〉와 〈일타 스캔들〉에서는 장애가 특별한 성격을 가진다기보다는 사회에서 자연스럽게 함께 살아갈 수 있다는 점이 강조되었으며, 드라마 〈우리들의 블루스〉와 영화 〈코다〉는 장애인이 장애를 연기하는 당사자성을 보여주었다.

결국 배리어프리는 특정인을 위한 것이 아니라 모두를 위한 변화라는 데 핵심이 있으며, 이는 기업의 시장 확대와 다각화 전략으로 고려될 수 있다. 넷플릭스의 폐쇄 자막 서비스가 청각장애인의 콘텐츠 시청 기회를 넓힌 것 이상으로 시청 방식의 다양화와 많은 시청자의 만족을 가져온 것처럼, 2024년은 다양성을 향해 문을 열어 장애인과 비장애인이 서로 이해하고 함께 즐기는 콘텐츠가 문화 산업 전반으로 확대될 것이다.

나를 울리는 반려동물
펫 휴머니제이션

2023년 3월에 서울 어린이대공원을 탈출해 거리를 활보했던 얼룩말 '세로'는 숱한 밈을 낳으면서 세계적 스타가 되었다. 도심에 동물이 출현한 것만으로도 뉴스가 되기에 충분했으나 많은 뉴스에서는 세로가 탈출했던 절절한 사연에 대해 자세하게 보도했다.[1]

최근 2년 사이 부모가 모두 죽고 난 뒤 캥거루와 싸우고 간식을 거부하는 반항기를 보내던 중 나무 울타리를 부수고 동물원을 탈출했던 세로의 스토리는 어려운 성장기를 겪으며 방황하는 우리 자신의 모습을 떠올리게 했다. 세 시간 동안 찻길과 주택가를 달리며 자칫 새드 엔딩으로 끝날 뻔했지만 녀석이 다행히도 마취총을 맞고 별다른 피해를 입히지 않고 동물원으로 돌아가는 모습을 지켜보며 많은 사람은 마

동물은 종종 의인화된다

치 방황을 끝낸 우리의 동생 또는 지인이 가정으로 돌아온 듯한 안도감을 느꼈다.

펫 휴머니제이션 Pet Humanization은 반려동물을 가족이나 친구와 같은 인격체로 대우하는 현상을 말한다. 동물을 사람처럼 대하기 때문에 자연스럽게 동물이 주체적 행동이 가능하다고 가정하게 된다. 이 때문에 어떤 뉴스에서는 세로가 "삐쳤다"라는 표현을 사용하기도 했는데, 이를 두고 어떤 사람들은 적지 않은 우려를 표하기도 했다. 동물 보호 단체에 속한 어느 수의사는 동물이 고통스러운 상황에서 비정상적으로 행동하는 것을 "삐쳤다"라고 표현하는 것은 동물에게 그 책임을 돌리는 행위라고 지적했다.

펫 휴머니제이션이 가진 다양한 측면 중에는 동물을 윤리적으로 대해야 한다는 긍정적인 측면도 존재하지만 반대로 오히려 동물을 비윤리적으로 대할 가능성도 존재한다.

여기에는 동물의 의인화와 동물 복지 개념이 혼재되어 있고, 더 나아가 인간이 사물에 대해 갖는 투사projection의 심리학도 관련되어 있다. 물론 그 저변에는 반려동물과 관련된 거대한 시장이 있다.

동물의 방생에 대한 논쟁

동물을 모티브로 한 소설, 영화, 또는 드라마는 매우 흔하다. 그런데 이들 콘텐츠에서 동물의 독립성을 보는 관점은 시대와 상황에 따라 조금씩 변화해왔다. 예전에는 동물은 주인과 함께 있을 때 가장 행복하다는, 전형적인 '반려'동물의 존재로 그려졌다. 1872년에 발표된 고전 중의 고전인 위다Ouida의 소설《플랜더스의 개》에서 끝없는 역경을 겪는 주인 '넬로'의 곁을 끝까지 지키는 충견 '파트라슈'를 보며 눈시울을 적셨던 사람이 많을 것이다.

반면에 어떤 스토리는 동물이 스스로 살아갈 수 있도록 자연으로 돌려보내자는 주제를 담고 있다. 역시 고전 중의 고전인 1966년에 출간된 조이 애덤슨의 논픽션《야성의 엘자Born Free》는 동명의 영화 주제곡 〈본 프리〉로 유명하다. 영화에서는 어릴 때 데려온 새끼 암사자 엘자를 동물원에 보내지 않고 야생으로 돌려보내기 위한 주인공들의 헌신적인

소설 《플랜더스의 개》의 주인공 조각 작품

노력이 잔잔하게 그려진다. 마침내 자연으로 돌아간 엘자가 나중에 새끼들을 데리고 주인공과 재회하는 장면 역시 많은 사람에게 감동으로 다가왔을 것이다.

야생동물을 자연으로 돌려보내는 스토리는 이후에도 꾸준히 이어졌다. 그중 범고래와 소년의 우정을 다룬 영화 〈프리 윌리〉는 1993년에 개봉되었는데, 마지막에 바다를 향해 힘차게 솟구치는 범고래 '케이코'의 모습은 무한한 자유를 상징하는 장면이 되었다. 그런데 영화의 주인공 범고래를 2001년에 실제로 바다로 돌려보냈지만 고래가 적응을 못하고 바다 사육장으로 돌아오기를 되풀이했다고 한다. 2022년에 한국 시청자를 사로잡았던 드라마 〈이상한 변호사 우영우〉에 등장했던 남방큰돌고래는 자유를 꿈꾸는 우영우의 분신이었다. 국내 수족관에 유일하게 남았던 남방큰돌고래 '비봉이'가 17년 만에 바다로 돌아간 직후 GPS 신호가

동물원의 돌고래를 자연으로 돌려보내야 한다는 여론이 일고 있다

끊겨 생사를 알지 못한다는 슬픈 소식이 들리기도 했다.[2]

　동물은 자연에서 사는 것이 가장 행복한 상태이므로 우리가 그렇게 될 수 있도록 도와주어야 한다는 것은 너무나 당연한 일인 듯하다. 그러나 문제는 디테일에 있었다. 이미 사람과 더불어 사는 것에 익숙해져 먹이를 잡거나 집단 생활을 하는 야성을 잃은 동물을 충분한 적응 기간을 거치지 않은 채 자연으로 돌려보내는 것이 과연 인도적인 행위인가에 대한 논쟁이 이어졌다. 만약 자연에서 생존할 확률이 낮다면 차라리 평생 익숙한 수족관에서 지내게 하는 것이 더 인도적이지 않느냐는 주장이다. 이러한 주장을 펴는 쪽에서는 방생 결정에 동물의 복지 이외의 다른 여러 조건, 예를 들어 예산 문제나 관리의 번거로움, 여론의 동향 등이 개입되는 것을 우려한다. 그들은 외부적인 상황에 따라 동물 입장에서 어쩌면 어처구니없는 결정을 내리는 것은 비인도적

인 행위라는 주장을 펼친다.

하긴 개인적 기복 신앙에서 이루어지는 무절제한 방생이 얼마나 비인도적인가를 생각하면 우리가 동물에 대해 가진 비정한 태도를 짐작할 수 있다. 물고기나 거북 등을 바다나 강에 놓아주고 스스로 살아가게 하는 것이 방생이다. 민물에서 살 수 있는 거북이를 바다에 풀어주고 그대로 죽게 하거나 최상위 포식 동물을 풀어주어 토종 동물들을 절멸한다는 소식이 뉴스에 종종 등장하곤 한다. 방생용 동물들이 상업적 목적으로 대량 사육되는 생명 경시 현상도 문제로 떠오르곤 한다. 소원이 이루어지기를 원하는 사람들의 마음과 돈을 벌고자 하는 상인들의 마음이 중첩되어 무고한 동물이 비인도적으로 희생되는 현상을 목격하게 된다.

동물 관련 시장의 확대

2022년 동물 보호에 대한 의식 조사에 따르면 한국 전체 가구의 25%인 602만 가구가 반려동물을 키우고 있고,[3] 반려동물과 관련된 총지출 규모는 2023년 5조 원에서 2026년 6조 원으로 증가할 것으로 추정된다.[4] 여기에는 기본적인 사룟값과 의료비 등만 포함되는 것이 아니다. 사룟값이나 의료비도 천차만별로 가격이 매겨질 뿐 아니라 의류, 장난감, 유모차 등 어린아이를 키우는 것과 다를 바 없는 용품과 서비스가 반려동물용으로 개발되고 있다. 반려동물 사후에 화장으로 장례를 하는 경우도 늘고 있는데 이를 반영하듯이 장례 업체는 2016년 20개사에서 2022년 59개사로 증가했다.[5] 사람 장례 업체 수가 2022년에 62개사임을 감안하면 숫자로 볼 때 작지 않은 규모다.

반려동물은 그와 직접적으로 관련된 시장뿐만 아니라 반려동물과 함께하는 라이프스타일과 관련된 분야에도 영향을 미치고 있다. 반려동물을 기르는 가정이 여행을 계획할 때 반려동물과 함께 묵을 수 있는 숙박업소나 여행지를 선택하는 것은 이미 일반화되었다. 금융 분야에서도 반려동물의 높은 의료비를 대비하는 의료보험 서비스나 본인 사후 반려동물을 돌보기 위해 가입하는 신탁 서비스도 출시되었다. 반려동물에게 유산을 남긴 사람 중에는 소설가 어니스트 헤밍웨이나 샤넬 디자이너 칼 라거펠트 등 유명 인사도 포함된다.

반려동물과 함께하는 놀이시설, 반려동물이 탑승할 수 있는 여행 수단 등도 새로운 비즈니스 기회로 부상하고 있다. 심지어는 반려동물과 함께 생활할 수 있는 건축 양식이나 인테리어도 발전하고 있는데 이것을 펫테리어(펫과 인테리어의 합성어)라고 부른다. 내가 편할 수 있는 거주 공간의 디자인에 함께 사는 동물의 라이프스타일도 고려되는 것은 생소하게 느껴지지만 어찌 보면 당연한 일이기도 하다. 어차피 같이 살 것이라면 서로 불편할 필요가 없지 않은가?

지구촌 동거자에 대한 책임

동물 시장에 대한 관심이 주로 반려동물의 복지와 관련된 이슈라면 이와 대비되어 야생 동물의 생존과 관련된 관심도 증가하고 있다. 이는 자연 상태에서 평화롭게 살아가는 동물을 불필요하게 괴롭히는 상황에 반대하는 활동을 말한다. 이러한 활동의 대표적인 사례가 바로 1999년에 촉발된 시애틀 시위다.

이 시위는 환경운동 분야에서 잘 알려진 역사적인 사건이다. 새우는 사람뿐만 아니라 동물에게도 중요한 단백질 영양원이기 때문에 새우잡이 사업은 원양에서 대규모로 조업을 하고, 주로 글로벌 어업 기업들이 경쟁력을 갖는다. 그런데 새우를 잡다 보면 본의 아니게 그물에 걸려서 생명을 잃는 불쌍한 동물이 있는데 바로 바다거북이다. 1979년에 개최된 바다거북 보호에 대한 세계 회의에서 이러한 문제가 제기되었는데, 바다에서 평화롭게 헤엄치다가 이유 없이 희생되는 바다거북의 개체수가 연간 1만5천 마리에 이른다고 한다. 게다가 바다거북은 멸종 위기종이다.

사실 이 문제는 그물의 구조를 바꾸면 간단히 해결될 수 있었다. 오랜 논의와 조정 끝에 1989년에 국제적인 법을 제정하여 바다거북에게 해를 미치지 않은 방법으로 새우를 포획했음을 증명하지 않으면 바다에서 잡은 새우를 다른 나라에 판매하지 못하도록 했다.[6] 이것으로 바다거북은 우리와

평화롭게 헤엄치는 바다거북

평화롭게 공존할 듯했다. 전문가들은 개선된 그물을 사용하면 포획된 바다거북의 97%가 탈출할 수 있을 것으로 예측했다.

그런데 1989년에 상황이 바뀌었다. 국가 간 공정한 무역을 관리하는 세계무역기구WTO에서 이 법이 국가 간 무역에 대한 규정을 위배한다고 규정했다. 많은 사람은 WTO의 이 조치가 글로벌 새우잡이 기업들의 로비에 의한 것으로 의심했다. 미국 또한 바다거북 보호 선박에서 취급하는 새우는 수입할 수 있다고 법을 개정했다. 미국의 이 조치는 개선된 그물을 사용하지 않은 선박에서 바다거북 보호 선박으로 단순히 새우를 옮기기만 하면 무역에 문제가 없다는 의미로 받아들여졌다. 이러한 일련의 조치는 바다거북으로 대표되는 야생 동물을 보호해야 한다고 생각하는 사람들의 분노를 일으켰다. 이러한 분노는 1999년 시애틀에서 열린 WTO 각

8장 지금과 다른 내일로

1999년에 시애틀에서 열린 반세계화 시위

료회의장 앞에서 5만 명의 시위대가 참여하는 반세계화 운동으로 발전했다.

단순히 동물 보호를 넘어 글로벌 기업이 주도하는 세계화를 반대하는 운동을 상징하는 이 시위는 대중의 감성을 자극하는 요소를 갖추었다. 바로 바다거북 가면이다. 사람들은 바다거북 가면을 얼굴에 쓴 채 시위에 참가했고, 이는 신자유주의나 글로벌화에 반대하는 거창한 구호보다 더 효과적으로 사람들의 시선을 끌었다. 불쌍하게 희생되는 바다거북에 감정이 이입된 것이다.

귀여운 외모 이외에도 바다거북이 대중의 관심을 받게 된 요인 중 하나는 멸종 위기종이기 때문이기도 했다. 생명체는 여러 원인에 의해 자연 멸종하기도 하지만 인간에 의해 생존이 위협당하기도 한다. 특히 호랑이, 표범, 물개 등은 가죽이나 박제 등이 가져다주는 금전적 이득에 눈먼 사람들에 의해 멸종 위기로 몰리고 있다. 특이하게도 서부 개척시대의 미국 정부는 인디언 원주민을 굶겨 죽이기 위해 버펄로 수천만 마리를 대량 학살했다고 한다.

최근 멸종 위기에 몰린 동물로는 코알라나 황제펭귄 등이 있다. 2022년에 호주 정부에서 멸종 위기종으로 지정한 코알라는 지구 온난화로 인한 유칼립투스 나무의 수분 감소가 멸종 원인으로 꼽힌다. 호주코알라재단AKF은 2018년 코알라 개체수가 약 8만 마리로 집계되었는데 2019-2020년 대형 산불로 6만 마리가 죽거나 다쳤다고 밝혔다.[7] 2023년 6월에는 남한 면적의 40%에 달하는 캐나다 국토가 산불로 피해를 입었는데 산불은 동물들에게 치명적인 위협이 될 수 있다.

황제펭귄 역시 지구 온난화의 피해자다. 남극의 얼음이 녹으면서 안정적인 서식지가 줄어들었을 뿐 아니라 황제펭귄이 먹는 크릴새우의 주된 먹이가 얼음 밑에서 서식하기 때문이다. 결국 인간의 환경 파괴로 인한 지구 온난화가 야생 동물의 생명을 위협하는 결과를 초래하고 있으며, 이는 지구를 공유하는 동거자에 대한 무책임한 행동이라는 반성으로 이어졌다. 유네스코의 동물 권리 선언은 "모든 동물은 그 자체로 존중받고, 학대받거나 착취당하거나 버려지지 않을 권리, 그리고 생존의 위협을 받지 않고 본래의 습성과 수명에 따라 살아갈 권리가 있다"라고 밝히고 있다.

버펄로는 멸종 위기종이다

　우리가 키우던 강아지나 고양이를 부르는 명칭이 '애완동물'에서 '반려동물'로 바뀐 것에서 볼 수 있듯이 동물의 위상은 가까이 두고 귀여워하거나 우리의 심심함을 달래기 위해 데리고 노는 대상에서 우리의 친구로 격상되었다. 이러한 추세가 확대되면서 반려동물을 사람으로 대하는 펫 휴머니제이션까지 나타나게 된 것이다. 반려동물을 사람처럼 여기고 가족으로 대하며 보살피는 펫 휴머니제이션 현상이 나타나게 된 배경은 무엇일까?

독신은 좋지만 외로움은 싫다

독신 생활이 대세가 되고 있다. 통계에 의하면 1인가구 비중은 2000년 15.5%에서 2021년 33.4%로 20년에 걸쳐 두 배로 늘었으며 2050년에는 40%에 육박할 것으로 전망된다.[8] 여기에는 가정에서 독립한 젊은 세대도 포함된다. 사실 독신 생활은 젊은이들에게 로망으로 여겨지기도 한다. 언제 잠자리에서 일어나든, 어떤 음식을 먹든 다른 사람의 눈치를 볼 필요가 없기 때문이다. 그렇게 혼자서 모든 것을 처리하다 보니 때로 외로움이 찾아오기도 한다. 이를 피하려고 밤늦게까지 밖에서 친구들과 어울릴 수 있지만 그렇게 새벽에 들어와 불을 켜는 집은 더욱 외롭게 느껴진다.

이럴 때 어김없이 나를 반겨주는 반려동물의 존재는 친구 이상이며 가족과 다를 바 없다. 곤히 자는 중에도 일어나서 기지개를 켜며 나를 반겨주는 강아지를 보면 가족애가 느껴진다. 직접적으로 표현을 하지 않은 도마뱀이나 고슴도치 같은 반려동물들도 나를 반겨주는 듯한 느낌을 준다. 각박한 사회생활에 지쳐 들어오는 날에는 이러한 배려와 사랑이 더 크게 느껴진다.

젊은이들이 각박한 사회생활에서 겪는 외로움과는 별개로 사회생활이 제한된 고령층이 겪는 외로움 또한 심각하다. 심지어 거동이 불편한 노인은 대부분의 시간을 집에서 보내면서 사회와 단절된 생활을 할 수 있다. 이럴 때 항상 곁을 지켜주는 반려동물의 존재는 웬만한 사람보다 더 큰 위로가 될 수 있다. 외로운 사람들에게 있어서 펫 휴머니제이션은 어쩌면 지극히 자연스러운 일이다.

동물 복지에서 반려동물 복지로

사실 동물의 생명 존중과 일정 수준의 생존 환경 유지를 의미하는 동물 복지는 펫 휴머니제이션과 직접적으로 관련된 개념은 아니다. 모든 동물이 펫은 아니기 때문이다. 물론 우리가 식용으로 사육하는 동물 중에는 펫으로 키우는 동물도 포함된다. 예를 들어 돼지나 닭의 일부 품종은 아주 귀한 펫으로 대접받기도 한다. 그러나 일반적으로 돼지나 닭이 대량 사육되어 우리가 저렴하게 즐길 수 있는 식자재로 사용되는 것에 대해 많은 사람은 거부감 없이 받아들이는 듯하다. 여기에는 경제적인 고려가 작용하고 있다. 만약 돼지나 닭, 소가 대량으로 사육되지 않는다면 우리는 고기나 우유나 달걀을 통해 몸에 필요한 동물 단백질을 적정한 가격에 섭취하지 못하거나, 일부 부유층만 고기를 맛볼 수 있게 될지도 모른다. 우리가 펫에 대해 가지고 있는 감정을 대량으로 사육되는 동물에 적용한다면 정상적인 식생활이 불가능할 위험도 있다.

그럼에도 불구하고 동물에 대한 우리의 인식이 이전과

는 다르게 변화하고 있고, 이는 다시 펫 휴머니제이션을 강화하는 동력으로 작용하는 것은 사실이다. 예를 들어 한국의 보신탕 식문화에 대해 이전에는 우리 고유의 관습이므로 간섭하지 말라는 식의 주장이 주류를 이루었으나 이제는 변화할 때가 되었다는 주장이 힘을 얻는 듯하다. 식품위생법에 따르면 개는 식품 원료가 아니기 때문에 도축과 유통을 통제할 법적 근거가 없는 반면, 축산법에 따르면 가축으로 분류되기 때문에 농장에서 식용으로 사육될 수 있다는 모순적인 지위를 갖고 있다.

이러한 논란은 애견숍에서 펫으로 판매하기 위해 대량으로 교배하여 사육하는 번식장의 현실에 대해 문제를 제기하는 과정에서 더욱 확대되었다. 소위 '개 농장'에서 태어나서 뜬장 속에서 사육되다가 애견숍에서 새 주인의 선택을 기다리는 강아지를 보면서 우리가 친구로 여기는 강아지가 이런 식으로 태어난다는 사실을 깨닫게 된다. 이러한 비인도적인 문제를 인식하고 해결하는 과정에서 동물에 대한 전반적인 인식이 높아지고, 이는 우리 주변에서 볼 수 있는 동물에 대한 관심으로 이어진다.

Where is it going?

반려동물을 인간과 같은 인격체로 여기는 펫 휴머니제

이션은 1인가구 증가와 동물 복지에 대한 관심 확대와 더불어 앞으로 더욱 심화할 것이다. 이는 또 다른 여러 현상을 낳을 것으로 예상된다. 2024년에 기대되는 몇 가지 현상에 대해 예측해본다.

동물 복지와 식문화와 놀이문화

앞서 동물 복지에 대한 관심은 반려동물 복지 강화로 이어졌다고 했는데 이 트렌드는 반려동물뿐만 아니라 우리의 식문화와 놀이문화 전반에 영향을 미칠 수 있다. 예를 들어 스위스, 오스트리아, 뉴질랜드 등에서는 바닷가재를 멀쩡한 상태로 삶는 행위를 동물 학대로 규정하고, 살아있는 동물을 배송하는 행위도 여러 나라에서 금지하고 있다. 한국의 경우 동물보호법은 척추동물에만 적용되는데, 여러 연구에 따르면 문어나 물고기, 바닷가재 등 어류와 갑각류도 고통을 느끼기 때문에 보호 대상이 되어야 한다. 물고기 중에서도 문어나 금붕어 등은 어떤 사람에게는 펫이기도 하다.

동물을 주제로 하는 축제에 대한 인식에도 변화가 일고 있다. 2020년에는 살아있는 물고기를 손으로 잡는 송어 축제가 동물보호법 위반이라는 논란이 있었지만 춘천지검은 식용 목적으로 기르는 어류에는 동물보호법이 적용되지 않는다는 판결을 내렸다. 그러나 2021년에는 시위 과정에서 살아있는 물고기를 길바닥에 내던져 죽인 행위가 동물 학대라는 판결이 나왔다. 여기에는 식용을 목적으로 하는 양육 행위에는 물고기에 대한 동물 학대가 적용되지 않지만 시위 행위는 식용을 목적으로 하는 행위가 아니기 때문에 동물학대법이 적용된다는 설명이 붙여졌다. 2023년 서울대학 수의학과 연구팀에서 발표한 자료에 따르면 우리나라 1,214개 축제 중 동물을 주제로 하는 축제는 86개인데 그 중 84%가 동물을 죽이거나 고통을 주는 방식으로 행사가 진행된다.[9]

식문화와 놀이문화가 어떤 방향과 속도로 변화해야 하는지를 두고 의견이 분분하다. 여기에는 관련 단체의 경제적 논리와 전통문화 계승의 논리, 그리고 보편적인 상식이 얽혀 있다. 어떤 사람들은 이런 식이면 금붕어를 어항에 키우는 것도 동물 학대라고 불평하기도 한다. 이웃 나라에서 고래를 잡는 행위에 대해 우리의 전통적 관습을 바라보는 인식과는 상이한 이율배반적인 입장을 가질 수도 있다. 이러한 이슈들이 단기간에 정리되지는 않겠지만 2024년 우리의 식문화와 놀이문화는 2023년보다 동물 친화적인 방향으로 변화될 것임은 분명하다.

펫 로봇의 진화

코로나19로 인한 팬데믹 현상은 일시적으로 반려동물 입양 증가를 가져왔다. 재택근무로 집에서 머무는 시간이 늘어나자 반려동물을 원하는 수요가 늘었기 때문이다. '팬데믹 퍼피'라는 용어가 탄생했을 정도였다. 그런데 당시에도 팬데믹 이후 상황에 대한 우려가 제기되었다. 사람들이 다시 사회생활을 시작하게 되면 돌봄이 필요한 반려동물을 유기하거나 파양하는 일이 증가할 것으로 예측되었기 때문이다. 사료를 주거나 산책을 시켜야 하는 번거로움도 현실적인 문제로 제기되었다.

그러한 문제를 해결할 수 있는 대안이 제시되었는데 바로 펫 로봇이다. 살아있는 동물 대신 마치 살아있는 듯한 대상에게 애착을 줄 수 있다면 파양의 부담도, 산책과 돌봄의 번거로움도 피할 수 있을 것이다. 그러나 과연 생명이 없는 로봇에 대해 사람들이 애착을 가질 수 있을까? 놀랍게도 많은 사람이 펫 로봇을 애착의 대상으로 인정한다는 점이 여러 현상을 통해 입증되고 있다. 이미 소니가 발명한 반려견 로봇 '아이보'나 우리나라의 스마트 인형 '효돌'은 외로운 노인들을 위로하고 있다. 사실 우리가 어릴 적에 친구로 삼았던 애착 인형도 생물체는 아니었다.

오히려 펫 로봇을 너무나 반려동물처럼 생각해서 나타나는 현상도 있다. 2015년에 공개된 영상에서는 로봇 공학

소니의 반려견 로봇 아이보

기업 보스턴 다이내믹스에서 개발한 4족 보행 로봇 '스팟'이 넘어지지 않는다는 것을 보여주기 위해 이루어진 발로 차는 동작에 대해 로봇 개 학대 논쟁이 일기도 했다. 인공지능 기술이 발전하면서 펫 역할을 하는 로봇도 더욱 정교화될 것이며 어쩌면 펫 휴머니제이션에서 더욱 진화된 펫 로봇 휴머니제이션 개념이 떠오를지도 모른다.

펫코노미의 진행

펫 휴머니제이션은 다양한 경제적 효과를 가져올 것으로 예측된다. 우리는 이미 인구 감소의 무대 효과로 유아용품이나 아동용품의 고급화를 경험했던 바 있다. 희소한 아이를 위해 온 가족과 지인까지 지갑을 연다는 '텐 포켓 효과'가 그것이다. 자신을 반려동물의 엄마 또는 아빠로 부르는 사람들을 '펫펨족'이라고 칭하는데, 이들은 반려동물의 패션이나 건강을 위한 신상품 구입을 위해 돈을 쓰는 데 주저하지 않는다. 가끔 보는 조카를 위해 돈을 쓰기보다는 매일 마주하는 반려동물을 위해 돈을 쓰는 것이 어쩌면 더 합리적인 소비라고 볼 수도 있다.

한마디로 사람에게 해당하는 거의 모든 생활용품이 반려동물을 위해 출시될 가능성이 있는 것이다. 이미 반려견의 건강을 위한 비건 사료, 곤충을 이용한 영양 간식, 홍삼 농축액을 포함한 영양제, 그리고 반려동물용 프로바이오틱스도 출시되었다. 반려동물 맞춤형 스마트 마사지 기기와 일상적인 행동을 관찰하는 앱, 반려견 대상 MBTI 검사 앱도 등장했다. 향후 더욱 다양한 사업 기회가 발견될 것으로 예측된다.

얼룩말 세로의 탈출기는 여러 사람의 마음을 조마조마하게 했지만 다행히 해피 엔딩으로 끝났다. 그러나 많은 경우 동물원을 탈출한 맹수나 수족관에서 방류된 돌고래 등의 안타까운 결말이 들려오기도 했다. 예전에는 우리가 그저 구경거리로 여겨왔던 동물들을 이제는 하나의 생명체로 존중하고 있다. 더 나아가 우리의 집에서 기르고 있는 동식물에게 '애완'이라는 접두사 대신 '반려'라는 접두사를 붙이고 있다. 동물 복지의 개념은 우리가 식용 또는 실험용으로 대하는 동물의 권리도 존중해야 한다는 교훈을 던지고 있다. 급격히 증가하는 반려동물이 가져오는 사회적 또는 경제적 영향이 점차 무시할 수 없게 되었고, 이는 반려동물 관련 산업을 넘어서 로봇 산업의 성장까지 가져오는 현상을 가져오고 있다. 이러한 현상의 기저에 흐르는 시대정신을 파악하는 노력이 필요하다.

헬로 미스터 터미네이터
갈림길에 선 생성형 인공지능

챗GPT는 이 세상의 대학 교수들에게 큰 고민을 안겨주었다. 이제 기말 리포트로 평가하는 방식은 더 이상 의미가 없게 되었다. 이전에는 자료를 수집하는 능력도 학업이나 업무에 있어서 중요한 자질이었는데 이제는 인공지능에게 명령하면 되는 세상이 되었다. 예를 들어 "10대 문화 트렌드 알려주세요"라고 묻자 2021년 기준으로 인기 있는 문화 트렌드를 다음과 같이 소개했다.

1. 메타버스

2. 노매드족

3. 유튜브 크리에이터

4. 코로나19에 따른 비대면 문화 증대

5. 지속 가능한 패션

6. 매트릭스 시리즈의 부활

7. 음악 스트리밍

8. 로우코드

9. 바이오 신약

10. 전기차

빙챗^{Bing Chat}에서 동일하게 질문한 결과 다음과 같은 답을 얻었다.

"2022-2024년 10대 문화예술 트렌드 분석 및 전망에 따르면, 디지털 전환 가속화와 문화예술 가치사슬의 확장이 예상되고 있습니다. 코로나 19와 디지털·비대면 경제의 확산으로 인해 원격교육/근무방식 변화/소비패턴(오프라인 → 온라인) 등이 예상되고 있습니다. 또한, 서울대 소비 트렌드 분석센터에서는 2022년 전망을 10대 키워드에 담았는데요. 팬데믹 위기 상황에 얼마나 잘 대처하느냐, 기업보다 진화의 속도가 더 빠른 소비자들의 니즈를 어떻게 맞출 것인가, 더 나아가 유권자들의 마음을 어떻게 얻을 것인가 등이 중요한 키워드로 예상되고 있습니다. 이 외에도 2021년 MZ세대 10대 트렌드 키워드로는 '토크쇼', '유튜브', '틱톡', '방탄소년단', '넷플릭스'가 있습니다."

이는 무엇을 의미하는가? 당신이 만약 학교나 직장에서 트렌드 관련 자료를 수집해서 분석해 오라는 과제를 받았다면 통계 자료나 기사를 검색하지 않고도 이미 정답을 손에 쥐고 있다는 것이다.

이렇게 손쉽게 정답을 구할 수 있는 분야는 교육이나 업무만이 아니다. 생성형 인공지능에게 물어보면 원자폭탄을 만들 수도 있고 정부기관을 해킹할 수도 있으며 중요한 인사의 거주지도 파악할 수 있다. 이러한 결과에 놀란 많은 사람은 생성형 인공지능이 세상을 위험에 빠뜨릴 지름길을 제공한다며 경계한다. 또 다른 부류의 사람들은 생성형 인공지능이 사람을 더 똑똑하게 만드는 대신 자료 수집과 가공 과정에 대해 전혀 알지 못하는 문맹으로 만들 것이라며 우려한다.

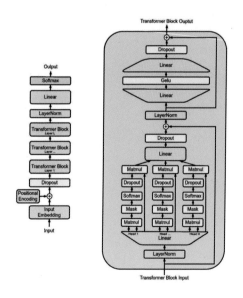

GPT 모델

물론 이러한 우려에 대해 다른 사람들은 계산기가 발명되었을 때 사람들이 더 이상 덧셈이나 뺄셈을 못 하게 될 것이라며 걱정했던 것처럼 부질없는 일이라고 반론을 제기하기도 한다. 그러나 앞서 예를 들었던 것처럼 많은 학생이 자신이 직접 작성하지 않은 리포트와 시험 답안을 제출할 개연성은 충분히 높다.

어떤 사람들은 자기 의지와는 무관하게 인공지능이 추천하는 알고리즘에만 의존하게 된다며 우려를 표하는데, 이에 대해서도 정보 수집에 대한 개인의 균형된 태도에 의해 얼마든지 극복될 수 있다는 반론이 제기된다. 마지막으로 어떤 부류의 사람들은 생성형 인공지능이 가져올 세상이 지나치게 과장되었고 결국 사람들은 심심한 일상으로 돌아갈 것으로 예측하기도 한다.

종합적으로 볼 때 인공지능에 대한 과도한 의존이 인류 문명의 종말을 가져올 수 있다는 비관론과 잘 사용하면 마치 총이나 원자폭탄과 같이 인류 문명에 큰 도움이 될 수 있다는 낙관론이 혼재한다. 생성형 인공지능은 과연 혁명적으로 우리 삶을 바꿀 것인가, 우리를 함정에 빠뜨릴 것인가, 아니면 결국 심심한 일상에 녹아들 것인가? 이러한 과정이 사회와 경제에 미치는 영향은 무엇인가?

검색엔진의 진화와 생성형 인공지능의 탄생

검색엔진은 우리가 컴퓨터에서 단어를 검색할 때 사용하는 프로그램이다. 최초의 검색엔진은 아직 월드와이드웹WWW 서비스가 대중화되기 전인 1990년에 고안된, 개인 간 파일 전송을 위한 서버를 검색하는 프로그램인 '아키'라고 전해진다.[1] 그 후 월드와이드웹 서비스가 시작되어 정보의 바다가 만들어지고 그 바다를 항해하는 과정에서 길잡이가 되어줄 '월드와이드웹 원더러', '웹 크롤러' 등의 프로그램이 개발되었으며, 이후 우리도 기억할 수 있는 '라이코스', '알타비스타', '야후' 등이 등장했다.

1998년에 탄생한 '구글'은 사람들이 온라인에서 검색하는 행동을 '구글링'이라고 표현할 만큼 대중적인 인기를 얻었다. 기존 검색엔진의 검색 방식은 특정 페이지에 검색 대상 단어가 얼마나 많이 등장하는가에 따라 우선순위를 매겼다. 반면 구글은 특정 페이지에 관련된 링크가 많을수록 검색에서 높은 우선순위를 부여하는 새로운 방식을 사용했고, 광고가 뜨지 않는 간결한 초기 화면을 신속하게 볼 수 있게 하는 등 이전 검색엔진과의 차별화를 통해 단기간에 검색엔진 분야에서 선두로 올라섰다.

2005년에 시작된 유튜브는 개인이 제작한 동영상을 공유하는 사이트였는데 이후 상업적 동영상도 포함되면서 포

Google

Google Bilaketa   Baietz lehenengoan!

Hizkuntza hauetan dago erabilgarri Google: Español català galego

간결한 구글 초기 화면

괄적으로 영상 정보를 검색하는 효과적인 수단이 되었다.
예전에는 구글링을 통해 텍스트 정보를 수집하던 사람들이
이제는 유튜브 검색을 통해 영상 정보를 습득하고 있다. 이
러한 현상을 감지한 구글은 2006년에 유튜브를 인수했다.
2021년에 시행된 조사에 따르면 한국인은 구글보다 유튜브
를 더 많이 방문했던 것으로 나타났다. 물론 단순한 동영상
관람자도 있겠지만 사람들은 텍스트 정보보다 직관적으로
이해하기 쉬운 동영상 정보를 선호했다. 정보를 수집한 다
음 필요에 맞도록 가공하는 것은 여전히 각자의 몫이었다.

한편 콜센터 업무를 사람이 직접 수행하지 않고 로봇이
채팅으로 처리하는 챗봇 기술이 발달하고 있다. 물론 소비
자의 다양한 문의 사항에 대해 로봇이 모두 응답할 수는 없
지만 적어도 직원 개인의 능력에 따라 업무 처리 수준이 달
라지는 불확실성을 낮추고, 전반적인 응대 수준을 높일 수
있다는 장점이 있다. 이에 따라 다양한 분야의 기업들이 챗
봇 기술을 빠르게 도입하고 있다.

2022년에 발표된 챗GPT는 질문 유형에 제한을 두지 않고 답을 주는 생성형 인공지능을 적용하여 전 세계에 충격을 주었다. 기존의 구글링과 대비되는 챗GPT를 장착한 마이크로소프트의 빙 서비스가 2023년 2월에 시작되었고, 이에 대응하여 구글도 2023년 3월에 대화형 인공지능 바드의 서비스를 개시했다.

추천 알고리즘의 빛과 그림자

최근에는 디즈니플러스나 아마존프라임 등 영상 콘텐츠를 스트리밍하는 서비스가 다양하게 존재하는데 이들이 등장하기 전 수년 동안 넷플릭스가 독보적인 지위를 차지하고 있었다. 그 비결은 무엇일까? 물론 영상 스트리밍이 끊어지지 않게 하는 기술력과 수많은 영화를 라이브러리에 확보하는 영업력도 중요했지만 뭐니 뭐니 해도 시청자가 원하는 영화를 맞춤형으로 추천하는 능력이 사람들의 관심을 독차지했다. 이러한 추천 알고리즘은 이제 인공지능의 힘을 빌려 우리가 온라인 앱에 접속하는 순간부터 옆자리를 꿰차고 있다. 스크린 화면의 옆과 위아래, 심지어 콘텐츠의 중간 부분에서 우리는 영화와 드라마만이 아니라 음식, 관광, 패션, 또는 취미생활과 관련된 광고를 접해야 한다.

이러한 추천 알고리즘은 우리에게 큰 편의를 제공하는

것이 사실이다. 마치 나를 잘 아는 절친이 내가 좋아할 만한 옷이나 음식을 추천하듯 절친보다도 더 나를 잘 아는 인공지능은 알고리즘을 통해 내 입맛에 맞는 모든 것을 추천해 준다. 시간과 노력을 쏟을 필요도 없이 내가 원하는 새로운 것들을 접할 수 있으니 이보다 편할 수 없다.

그러나 이제 사람들은 추천 알고리즘의 편리함이 일으키는 문제에 대해서도 말하고 있다. 자신이 접하는 것만이 세상 전부라고 착각하거나, 다른 세상이 있다는 사실을 알더라도 두려움이나 번거로움에 여전히 자기 세상에 빠져 살게 되는, 즉 자신의 주장이나 취향에 대한 끝없는 확증편향에 빠지는 문제다. 예를 들어 정치적으로 보수 성향을 지닌 사람이 보수 논객의 동영상을 한두 번 시청하면 끝없는 동종 콘텐츠를 추천해 마치 이 세상에서 보수가 대세인 것처럼 생각하게 된다. 밝은 느낌의 스타일의 옷을 한두 번 검색했던 사람에게는 그러한 느낌의 의류 브랜드 광고만 노출되어 밝은 느낌의 옷이 세상에서 가장 유행하는 스타일이라는 착각에 빠지게 된다.

이러한 현상은 에코 체임버 효과, 즉 자기 목소리의 메아리를 들으면서 다른 사람들도 같은 목소리를 내는 것으로 믿는 결과를 가져온다. 물론 자신도 이 세상에 진보적 성향이나 어두운 색감의 스타일이 존재한다는 사실을 알고는 있지만 추천 알고리즘의 굴레를 벗어나서 새로운 분야의 콘텐츠를 검색하기 위해서는 나름 대담한 일탈, 즉 매우 낯선 분야로의 여행 같은 번거로움을 겪어야 한다.

만약 추천 알고리즘이 없었다면 그 번거로움을 일상적으로 겪게 되겠지만 적어도 우물 안 개구리와 같은 좁은 세상에서 벗어날 수는 있다. 이러한 문제를 해결하기 위해 2021년 6월에 미디어혁신특별위원회에서는 인공지능 알고리즘으로 뉴스를 추천하는 시스템을 없애는 방안을 추진한다고 발표했다. 이에 따라 카카오와 네이버는 이용자가 첫 화면에 등장하는 언론사를 스스로 선택하게 하는 서비스를 도입했다.

인공지능의 블랙박스

인공지능은 검색의 편리함과 추천 알고리즘의 정교화보다 훨씬 다양한 분야에서 인간에게 편의를 제공하고 있다. 예를 들어 경영학 분야에서 이전에는 어떤 요인이 특정 결과를 가져오는지 검증하는 연구를 하기 위해서는 샘플을 선정해서 통계적으로 의미 있는지 분석해야 했는데, 딥러닝을 적용하면 샘플을 선정할 필요 없이 모든 데이터를 사용하여 학습을 수행하면 된다. 빅데이터를 처리하는 방식은 이전의 통계 처리 방식과 근본적으로 다른 것이다.

문제는 데이터로부터 결과가 도출되는 딥러닝 과정이 너무나 복잡하여 인간이 이해할 수 없는 블랙박스가 존재한다는 것이다. 물론 현재로서는 인공지능에게 주는 명령이 제한적이기 때문에 그 결과도 제한적이고 따라서 인간에게 크게 위협적이지 않다. 그러나 만약 인공지능이 신속하게 스스로 판단하여 어떤 작업을 수행하는 시대가 온다면? 예를 들어 가정에서 사용하는 로봇이나 인공지능 스피커가 스스로 판단하여 특정 행동을 수행하게 되면 매우 편리할 것으로 믿는 사람들이 많다. 한편으로 그것은 인공지능의 속성을 과소평가한 행위라고 지적하는 사람들도 늘고 있다. 예를 들어 일론 머스크, 유발 하라리, 그리고 구글에서 인공지능 개발 작업을 수행한 제프리 힌튼 등은 잇달아 스스로 자료를 수집하고 학습하여 답을 제시하는 생성형 인공지능의 위험을 경고했다.[2]

인공지능이 인간의 지능을 능가하는 특이점을 넘는 순간 인공지능의 결정을 예측할 수 없게 된다는 것이다. 예를 들어 인공지능이 자체적으로 적군과 아군을 판단하여 공격할 수 있는 능력을 갖추는 순간 우리는 언제든지 인공지능의 자체 판단에 따라 공격 대상이 될 수 있다. 2019년에 개봉한 영화 〈스파이더맨: 파 프롬 홈〉에는 인공위성에서 출격한 인명 살상 드론이 주인공의 실수로 무고한 사람들이 탄 버스를 공격하는 장면이 등장한다. 만약 단순한 실수가 아니라 인공지능의 자체 판단으로 이 같은 공격이 이루어진다면 과연 누가 이 사태를 막을 수 있을 것인가? 우리 집에 있는 로봇이 자기 판단에 따라 나를 공격하거나 인공지능

스피커가 갑자기 화재 경보를 내보낸다면?

사실 이러한 문제들은 이미 오래전부터 제기되었다. SF 작가 아이작 아시모프는 1942년에 로봇 3원칙을 발표했다. 로봇은 인간에게 해를 끼치지 않아야 하고, 인간에게 복종해야 하며, 자신을 보호해야 한다는 원칙이 그것이다. 만약 이 원칙이 서로 위배되는 경우에는 우선순위의 원칙이 먼저 적용된다. 즉 원칙적으로 인공지능이 인간에게 해를 끼치는 행동은 허용될 수 없는 것이다. 따라서 인공지능이 통제하는 드론은 적군을 살상할 수 없게 된다.

문제는 이러한 인공지능 활용에 대한 윤리적 기준에 대해 다양한 이해관계를 가진 여러 국가가 과연 합의를 끌어낼 수 있는가에 있다. 우리는 이미 핵무기 감축이나 탄소 배출, 기타 많은 현안에 대해 여러 국가가 자국의 이익에 따라 행동하고, 심지어 기존에 합의에 이르러 가입했던 기구에서 하루아침에 탈퇴하는 만행도 목격해왔다.

인공지능 활용에 대한 윤리적 기준을 놓고 국제 사회가

합의를 이끌어낼 수 없다면 결국 인공지능은 우리에게 끊임없이 딜레마를 던지게 된다. 만약 엄격한 인공지능 활용에 대한 윤리적 기준을 세우는 것에 국가들이 합의한다면? 이 경우에도 국가들은 제각기 내부적으로 윤리적 기준을 슬그머니 완화하면서 인공지능을 활용해 자국의 이익을 극대화할 방안을 찾기에 분주할 것이다. 즉 최근 탄소 배출 규제나 집속탄 등 대량 살상 무기 금지에 대해 여러 나라가 명분과 실리 사이에서 갈등하는 것과 동일한 현상이 생성형 인공지능의 윤리적 기준 제정과 집행 과정에서도 나타날 것으로 예측된다.

검색, 추천, 학습 등 생성형 인공지능의 탄생과 관련된 발자취를 알고 있음에도 우리는 여전히 생성형 인공지능이 과연 우리에게 어떤 영향을 미칠 것인지 확신을 갖지 못하고 있다. 그 이유에 대해 보다 상세히 살펴보기로 하자.

첨단 기술에 대한 무지

우리는 인류 역사상 다양한 문명의 이기를 활용하면서 그것에 의존해왔다. 증기기관이 발명되면서 자동화된 공정을 활용했고 컴퓨터가 발명되면서 엄청난 계산 능력을 활용했다. 내비게이션을 사용하면서 더 이상 종이 지도를 볼 필요가 없게 되었다.

그런데 만약 자동화된 기계가 갑자기 위험한 속도로 작동하거나, 계산기가 틀린 답을 내놓거나, 내비게이션이 잘못된 경로를 제시한다면 그에 대해 우리가 할 수 있는 일은 거의 없다. 기껏해야 전기 플러그를 뽑거나, 손으로 일일이 작업하면서 믿었던 문명의 이기가 우리에게 해를 가하지 않기를 바라는 수밖에 없다. 우리가 이러한 장치에 지나치게 의존하지 않는다면 그나마 우리의 생명을 위협하는 등 치명적인 위험은 피할 수 있을 것이다. 만약 전기가 끊기면 환자의 생명이 위험한 병원 같은 곳이라면 당연히 정전에 대비하는 자체 발전 설비 같은 조치는 취할 것이다.

사실 우리가 사용하고 있는 숱한 문명의 이기의 작동 원리에 대해 우리는 거의 이해하지 못하고 있다. 그 이유는 대부분의 문명의 이기가 고차원의 기술을 이용하고 또 너무도 당연하게 우리에게 주어지기 때문이다. 전기나 내비게이션 등이 오작동을 일으킬 때 우리가 할 수 있는 일은 별로 없다. 문명의 이기가 제공하는 서비스의 수준이 높을수록 우리가 겪을 불편의 수준도 높고 우리가 가진 대안은 제한적이다.

생성형 인공지능은 종종 우리에게 엉뚱한 대답을 내놓기도 하는데, 이를 인공지능 환각이라고 부른다. 예를 들어 "독도는 어느 나라에 속하나?"라는 질문에는 한국의 영유권에 속해 있다고 대답하는 반면에 "다케시마는 어느 나라에 속하나?"라는 질문에는 일본이 실제로 통제하는 섬이라고 대답했다.[3] 물론 이 경우에는 상반된 정보에 의해 오류가 발생했다는 사실을 우리가 알 수 있으므로 그 점을 감안하여 최종적인 판단을 내릴 수 있다. 그러나 생성형 인공지능에 던지는 모든 질문에 대해 이러한 검증을 할 수는 없고, 어떤 질문에 대해 검증을 해야 하는지도 우리는 잘 알지 못한다. 생성형 인공지능이 일으킬 수 있는 잠재적 문제에 대해 우리는 잘 알지 못한다는 것을 인정할 수밖에 없다.

문제 해결자의 모호성

생성형 인공지능이 어떤 문제를 일으킬 것인지에 대해 우리가 알지 못한다는 이슈 이외에도 발생하는 문제를 누가

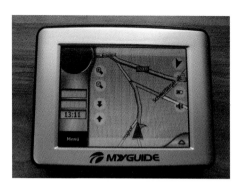

내비게이션에 발생한 문제는 일반인이 해결하기 어렵다

해결할 것인지에 대해 우리가 알지 못한다는 이슈도 존재한다. 만약 상대가 날카로운 칼이나 권총 등을 가지고 나를 위협한다면 이는 상대와 타협함으로써 해결할 수 있다. 보다 거시적이고 장기적으로는 사법제도가 엄격히 집행되는 사회 시스템을 마련하여 칼이나 권총 등을 사용하는 것이 상대에게 결코 이득이 되지 않도록 규제하는 것도 해결 방안이 될 수 있다. 즉 칼이나 권총 자체보다는 그것을 사용하는 상대가 문제이기 때문에 상대의 위협을 제거하면 칼이나 권총의 위협도 제거될 수 있다.

문제는 상대가 협상할 수 없거나 사회적 제도의 규제를 받지 않는 경우다. 특히 말이 통하지 않거나 의중을 알 수 없을 때 우리가 해결 방안을 찾는 것은 매우 힘든 일이다. 극단적인 예로서 외계인을 들 수 있다. 1982년에 개봉한 영화 〈E.T.〉에서 외계인을 발견한 아이들은 두려움과 호기심을 동시에 갖는다. 다행히 이 영화에서 외계인은 인간에게 호의적이고 순수한 마음을 지닌 생명체였지만 〈인디펜던스 데이〉, 〈월드 인베이전〉, 〈엣지 오브 투모로우〉 등 많은 영화에서 외계인은 지구를 침공하는 위험한 존재로 등장한다.

생성형 인공지능의 이슈로 돌아오면, 자기 학습이라는 중요한 특징을 가진 이 문명의 이기는 문제를 일으키는 당사자인 동시에 해결자이기도 하다. 만약 생성형 인공지능이 야기하는 문제가 단순한 사안이라면 협업 파트너의 노력으로 해결될 수 있다. 문명의 이기가 오작동으로 초래하는 문

외계인은 호기심과 두려움을 동시에 갖게 한다

제를 해결할 수 있는 지식을 가진 파트너에게 의존하는 것이다. 예를 들어 정전 신고에 신속히 대처해 주거나 불통이 된 내비게이션 신고를 받은 기업이 즉각적으로 문제를 해결해 준다면 우리는 이러한 문명의 이기를 사용하는 것에 있어서 크게 걱정할 필요가 없다.

그런데 생성형 인공지능이 일으키는 문제는 컴퓨터 전문가가 해결할 수 있는 단순한 문제가 아니다. 인간과의 협업을 통해 인공지능이 스스로 해결해야 하는 문제다. 앞서 예로 든 독도 영유권 문제의 경우 컴퓨터 전문가가 정답을 준다고 해결되는 문제가 아니다.

예전에는 문명의 이기가 가진 문제와 이를 해결하는 주체가 분리되어 있었으나 생성형 인공지능이라는 특별한 문명의 이기의 경우 문제의 당사자와 문제 해결자가 명확히 분리되어 있지 않다. 생성형 인공지능이 과연 문제 해결자인지 아니면 문제의 당사자인지도 명확하지 않다. 우리는 이러한 모호한 상대를 어떻게 대해야 할 것인가?

과대한 기대에 대한 경계

생성형 인공지능에 대한 평가를 힘들게 하는 또 하나의 요인은 지금까지 인공지능과 관련하여 진행된 활동이 기대보다 미흡하다는 것이다. 정치인들은 인공지능을 활용하여 대중에게 매력적으로 보이려고 시도하지만 기계적으로 생성된 이미지에 대해 대중은 큰 관심을 보이지 않는다. 인공지능이 그린 이미지가 종종 출현하여 화제가 되고 있지만 디자인 업계 전문가들은 인공지능이 창조한 이미지를 분간할 수 있다. 사실 전문가가 아닌 일반 대중도 가상 인간 인플루언서와 인간 인플루언서를 쉽게 구분하지 않는가?

생성형 인공지능이 만드는 이미지나 음원 등 콘텐츠는 현재 법적으로 심각한 문제에 직면하고 있다. 게티이미지는 자사 소유의 이미지를 무단으로 사용했다는 이유로 2023년 2월 스태빌리티 AI를 고소했고, 로펌 클락슨은 같은 해 6월 무단으로 인터넷 사용자의 프라이버시를 침해했다는 이유로 오픈 AI를 대상으로 집단 소송을 제기했다. 이 집단 소송의 참여자가 수백만 명에 달하는 경우 배상액은 3조9천억 원을 넘을 것으로 예측되었다.[4]

이러한 현상들은 생성형 인공지능 활용이 급진적으로 확산되기보다는 긴 호흡으로 진전될 수 있음을 암시한다. 기술 경영 분야에서는 혁신을 그 속성에 따라 완전히 새로운 기술이 도입되는 파괴적 혁신과 기존의 작업 과정에 혁신적 요소가 접목되는 점진적 혁신으로 구분하는데, 현재까지의 생성형 인공지능의 활용 형태는 점진형 혁신에 가깝다. 생성형 인공지능은 워드 프로세싱, 이미지 편집, 콘텐츠 생성과 같은 소프트웨어의 기존 기능에 통합되고 있으며 작업 자체의 특성을 변화시키는 비즈니스 응용 프로그램으로 활용된다는 증거는 아직 나타나지 않고 있다. 즉 지루한 일상의 경계에서 생성형 인공지능이 사용되고 있는 것이다.

Where is it going?

생성형 인공지능은 이미 협업 파트너로 인식되고 있다. 우리가 일상적으로 수행하는 업무상 의존하는 대상이 되었다. 이제 이 문명의 이기가 과연 혁명으로 발전할지, 함정으로 작용할지, 아니면 그저 과장된 장밋빛 허상으로 끝날지 관심이 쏠리는 시점이다.

적어도 당분간 우리는 우리가 하는 많을 일들을 인공지능에 의존함으로써 협업 이익을 얻으려 할 것이고, 인간이 내려야 할 많은 의사결정은 신속하고 합리적인 능력을 갖췄다고 믿는 인공지능이 담당하게 될 것이다. 그에 따라 인공지능의 활용 여부는 대부분의 사람과 조직에 있어서 경쟁력을 결정하는 요인이 될 것이다. 예를 들어 회사에서는 낮은 비용으로 가장 적합한 직원을 선발하고 적절한 부서에 배치하며 승진할 직원을 선별하기 위해 인공지능의 알고리즘을 사용할 것이다. 그런 회사는 사람이 일일이 선발과 배치와 승진 업무를 수행하는 회사에 비해 업무의 정확도를 높이면서 비용을 절감할 수 있을 것이다.

그러나 이 경우 지금까지 회사의 중요한 이해관계자로서 인사 정책에 영향을 미쳤던 노동조합은 더 이상 사용자 측과 직원 선발과 배치와 승진에 대해 협의하기 어렵게 될 수 있다. 인공지능이 가진 인사 정책의 알고리즘을 완전하게 이해할 수 없기 때문이다. 예를 들어 인공지능의 알고리즘이 인종 차별이나 성차별을 자행한다면 인공지능의 기능을 정지하는 것 이외에 문제를 해결할 적절한 방법을 발견하기 힘들 수 있다.

인공지능의 진화가 인류의 예상을 넘어서는 시나리오의 경우 영화 〈터미네이터〉나 〈매트릭스〉 등에서 보았던 인류의 암울한 미래가 펼쳐질 것이다. 2023년 7월에 개봉한 〈미션 임파서블: 데드 레코닝 PART ONE〉은 보다 구체적으로 인공지능이 주된 빌런으로 등장하여 인공지능을 위협하는 주인공을 제거하려 한다. 이러한 불행을 방지하기 위해 인공지능 사용을 위한 윤리적 또는 법적 기준이 조만간 제정

암울한 미래를
그린 영화
〈매트릭스〉

될 것으로 관측된다. 이는 인공지능 기술의 발전 방향에 중
요한 영향을 미칠 것이다. 원리를 이해하지 못한 채 인공지
능에 중요한 결정을 맡기는 불확실성이 단순한 덧셈도 계산
기를 사용하는 정도의 사소한 의존성에 그칠지에 대해서도
언젠가 진지한 논의가 진행될 것이다. 그즈음에는 인공지능
에 과도하게 의존하는 삶이 인류에게 미치는 부정적인 영향
에 대한 경종이 울릴 것으로 보인다.

　마지막으로 생성형 인공지능과의 이상적인 협업이 이루
어지는 과정에서 인류의 복지가 혁신적으로 상승하는 시나
리오의 경우, 여기에서 창출되는 거대한 경제적 기회를 통
해 지속적으로 성장하는 기업이 출현할 것으로 예측할 수
있다. 그렇다면 과연 어느 기업이 이러한 기회를 실현하게
될 것인가? 지금까지 경험한 성공 기업의 전략 모델로 비추
어볼 때 기존의 게임의 법칙을 벗어난 파괴적 혁신으로 수

용하는 기업에 기회가 주어질 가능성이 크다. 잠재적 고객이 가진 숨겨진 니즈를 충족하기 위해 이전과는 전혀 다른 방식의 전략적 접근을 시도하는 과정에서 생성형 인공지능을 활용하는 방식으로 말이다. 물론 어느 기업에 어떤 전략적 접근법이 가장 효과적일 것인지에 대한 일반적인 정답은 존재하지 않는다. 다른 기업이 모방하기 힘든 역량에 관한 진지한 탐구만이 정답을 제시할 수 있을 것이다.

2024

챗GPT는 우리가 원하는 답을 찾아주고 공격용 드론은 우리가 원하는 대상을 제거해준다. 인공지능 기술이 가져온 기적과도 같은 세상이다. 그런데 우리는 인공지능을 언제까지 신뢰할 수 있을까? 생성형 인공지능이 탄생하기까지의 길을 살펴보면 더 이상 인간의 통제를 받지 않는 특이점 이전과 이후의 상황이 너무도 다르리라는 것을 알 수 있다. 이전에는 문제를 일으키는 주체와 문제를 해결하는 주체가 구분되었으나 특이점을 넘어서는 생성형 인공지능의 시대에는 그 구분이 모호해지게 된다. 2023년에 개봉한 〈미션 임파서블: 데드 레코닝 PART ONE〉에 등장하는 빌런이 바로 생성형 인공지능이었다는 사실은 우리가 개발하는 드론이 우리 자신을 파괴할지도 모른다는 것을 시사한다. 생성형 인공지능은 우리 중 누군가에게는 복음으로, 함정으로, 또는 허상으로 남게 될 것이다.

필진 소개

참고문헌

인공지능의 인격화

1. Eric James Beyer(2022). ART: Refik Anadol on How AI 'Imagination' Elevates Memory With NFTs. nft now, August 29. https://nftnow.com/art/refik-anadol-on-how-ai-imagination-elevates-memory-with-nfts/
2. Kate Wells(2023). An eating disorders chatbot offered dieting advice, raising fears about AI in health. *NPR*, June 9. https://www.npr.org/sections/health-shots/2023/06/08/1180838096/an-eating-disorders-chatbot-offered-dieting-advice-raising-fears-about-ai-in-hea

두 얼굴의 페르소나: 이코노-럭스 문화소비자

- 고광열(2022).《MZ세대 트렌드 코드》. 밀리언서재,
- 박영은(2017).《K콘텐츠, 엔터테인먼트 기업의 성공전략》. 커뮤니케이션북스.
- 박영은(2021).《엔터테인먼트 경영전략》. 커뮤니케이션북스.
- 히로타 슈사쿠(김지예 옮김, 2021).《최신 마케팅 트렌드》. 동아엠앤비.
- 길보경(2023.5). WHAT'S NEW 영원한 아름다움의 해석. 〈CASA LIVING〉, A형 5월호. 시공사.
- 김태원(2020.5). 소비자 인사이트. [Digital TPO 시대의 소비자 인사이트②] 밀레니얼 럭셔리 쇼퍼, 선택의 기준을 재정의하다. 〈Think with Google〉.
- 박영은(2020.12). 경험을 확장하는 '언택트 룰' 코로나는 기존 판 뒤집을 기회. 〈동아비즈니스리뷰〉, Issue1, No.310.
- 박영은(2021.3). 엔터테인먼트 업계의 살 길은 '믹스&매치'. 〈동아비즈니스리뷰〉, Issue1, No.316.
- 삼성전자 반도체(2020). 반도체에 자주 쓰이는 단위, '나노'란?. 삼성전자 반도체 뉴스룸.
- 임현빈(2021.2.13). [오피니언] 위스키 한 잔 정돈 괜찮잖아? - 소공녀 [영화]. 〈아트인사이트〉.
- 차병섭(2023.1.25). 2030년이면 MZ세대 이하가 전 세계 '명품' 80% 소비 전망. 〈연합뉴스〉.
- IMDB(2023): https://www.imdb.com/

- Netflix(2023): https://www.netflix.com/
- https://viewnjoy.tistory.com/208 (2022)
- https://hypebeast.kr/2018/11/gucci-diy-knit-program

익숙함에 익숙해진 사람들: 추억 보정과 문화소비

1. 김민정(2013.3.7). 드라마 남녀주연 나이 따져보니… '30대가 안방극장 꽉 잡았네. 〈이투데이〉. https://www.etoday.co.kr/news/view/700516
- 류지윤(2023.2.5). '탑건·슬램덩크'…영화계 흥행 키워드는 '추억과 낭만', 〈데일리안〉. https://v.daum.net/v/20230205114045702
- 나원정(2023.2.1). 슬램덩크 200만 흥행…'탑건2 성공 보며 예감'. 〈중앙일보〉. https://www.joongang.co.kr/article/25137336
- 신주희(2023.4.24). '서태지 입던 그 옷' 돌아온 티피코시, 잠뱅이…'레저렉션 패션'이 뜬다. 〈헤럴드경제〉. http://news.heraldcorp.com/view.php?ud=20230424000702
- 김세린(2023.4.26). "명품 사는 것보다 좋아요'…MZ세대 지갑 연 의외의 물건. 〈한국경제〉. https://n.news.naver.com/article/015/0004837627?cds=news_my

게으른 다이어터들의 세상: 레이지어터 이코노미

- 김서현(2023.2.1). '건강관리' 시장, 유통가에서 가장 핫하다. 〈메트로신문〉. https://www.metroseoul.co.kr/article/20230201500501
- 김현철(2023.7.11). 글로벌 채식 문화 키워드 '비건' 지고 '식물성' 뜬다. 〈글로벌비즈〉. https://news.g-enews.com/ko-kr/news/article/news_all/2023071109572478529a1f309431_1/article.html?md=20230711101058_U
- 김희량, 전새날(2023.7.12). 일상에 녹아든 감미료… '0' 아닌 제로 제품. 〈헤럴드경제〉. http://news.heraldcorp.com/view.php?ud=20230712000394
- 양지윤(2023.3.8). '살 안 찌니 꽉꽉 뿌려'… 소주 이어 소스도 '제로' 열풍. 〈한국경제〉. https://www.hankyung.com/economy/article/202303084529i
- 유튜브 채널 〈14F 일사에프〉, '또가슴살…또미밥 그만…' 한국 다이어트 식품 산업 9분 요약. https://youtu.be/hoaRdSg8Kbs
- 이민아(2023.7.12). 아스파탐 '제2의 사카린' 될까… 대체당 잔혹사. 〈조선비즈〉. https://biz.chosun.com/distribution/food/2023/07/12/JLLKKATJ2NBLDLM2GS2ZGLSUKQ/?utm_source=naver&utm_medium=original&utm_campaign=biz Frost & Sullivan(November 2020). "Alternative Sugar-reducing Solutions Driving the Global Food & Beverage Sweeteners Market, 2025".

아주 사적인 이야기: 피핑 톰 사회

- 강석기(2022.1.25). 사생활 제로 시대의 진화심리학. 〈동아사이언스〉. https://www.dongascience.com/news.php?idx=51907
- 김용기, 송우현(2011). 인간 욕망의 표출 '엿보기(のぞき)'. 〈일본문화연구〉 40: 105-122.
- 윤준호(2022.4.29). 결혼도 이혼도 비즈니스, 관찰 예능 어떠세요?. ize. https://www.ize.co.kr/news/articleView.html?idxno=51904
- 김찬호(2023.6.4). 셰어런팅 입법 가시화…유튜브 키즈 콘텐츠는?. 〈뉴시스〉. https://newsis.com/view/?id=NISX20230530_0002321395&cID=50203&pID=50200
- 남지은(2020.10.7). '사생활 팔기 프로그램' 돌고 도는 연예인의 '도돌이표 인생'. 〈한겨레〉. https://www.hani.co.kr/arti/culture/culture_general/964702.html

이종 간 융합의 진화: K컬처 하이브리드 전략

- 고광열(2022). 《MZ세대 트렌드 코드》. 밀리언서재.
- 박영은(2017). 《K콘텐츠, 엔터테인먼트 기업의 성공전략》. 커뮤니케이션북스.
- 박영은(2021). 《엔터테인먼트 경영 전략》. 커뮤니케이션북스.
- 히로타 슈사쿠(김지예 옮김, 2021). 《최신 마케팅 트렌드》. 동아엠앤비.
- 박영은(2020.12). 경험을 확장하는 '언택트 룰' 코로나는 기존 판 뒤집을 기회. 〈동아비즈니스리뷰〉, Issue1, No.310.
- 박영은(2021.3). 엔터테인먼트 업계의 살 길은 '믹스&매치'. 〈동아비즈니스리뷰〉, Issue1, No.316.
- 최성철, 이우진(2021). 조직의 탐색과 활용에 대한 양손잡이 전략의 균형이 스타트업 성과에 미치는 영향. 〈벤처창업연구〉, 16권 6호(통권 78호), 131-144.
- 김성민(2022.6.4) 아마존의 세계 첫 오프라인 패션 매장 LA 아마존 스타일 가보니. 〈조선일보〉. https://www.chosun.com/economy/tech_it/2022/06/04/KXJU5Z2B3BDSRBXVAA2ZMFIYAQ/
- 박용범(2021.8.20). '아마존 백화점' 생기나…'유통+물류' 하이브리드 전략. 〈매일경제〉. https://www.mk.co.kr/news/world/9997887
- 배영윤(2014.8.20). 톤온톤-톤인톤 스타일링은 어떻게 해야 할까요?. 〈머니투데이〉. https://news.mt.co.kr/mtview.php?no=2014081914554389914
- 이재은(2021.12.18). 아마존이 백화점 오픈?…e커머스, 왜 오프라인 시장도 노리나. 〈머니투데이〉. https://news.mt.co.kr/mtview.php?no=2021121712201563421
- 이호정(2020.12.9). KT, 현대차 '제네시스 GV70'에 커넥티드 카 기반 '지니

뮤직' 탑재. 〈서울파이낸스〉. https://www.seoulfn.com/news/articleView.
html?idxno=403707

▫ 오보람(2020.10.12). BTS 온라인 콘서트 99만 명이 봤다…시청권 매출 500
억 원대. 〈연합뉴스〉. https://www.yna.co.kr/view/AKR20201012139400
005?input=1195m

▫ 오정은(2021.1.21). "청·청 패션, 영부인도 입었다"…깔맞춤 '톤온톤' 코디 유행.
〈머니투데이〉. https://news.mt.co.kr/mtviewphp?no=2021012114124092619

▫ 티타임즈TV(2020.11.6). 온라인보다 더 온라인스러운 아마존의 오프라인.
Retrieved from https://www.youtube.com/watch?v=4UbrU3JVsHw

▫ 티타임즈TV(2022.2.9). 아마존은 백화점 열 만반의 준비를 갖췄다.
Retrieved from https://www.youtube.com/watch?v=D-ZbLoiKkj4

▫ 허란(2022.12.14). AI, 모빌리티, 메타버스…대기업의 이유 있는 스타트업
'식탐'. 〈한국경제〉. https://www.hankyung.com/article/2022121465061

▫ 아마존 고 https://commons.wikimedia.org/wiki/File:Ceiling_of_
Amazon_Go.jpg

▫ 오아시스마켓 https://www.oasis.co.kr/company/introduce/store

거리에 나선 명품: 스트리트 문화의 지속 가능성

1. 윤용섭(2015.9.11). [신작 대결] 스트레이트 아웃 오브 컴턴·셀프/리스. 〈영
남일보〉. https://www.yeongnam.com/web/view.php?key=20150911.
010420825490001

2. 김민기(2023.5.14.). 단 여섯 글자로 힙합 씬 전체를 긁은 이찬혁에게 대답한
래퍼들. 위키트리. https://www.wikitree.co.kr/articles/852375

3. 채수한(2022.10.12). 스트리트 패션, 아직도 신선한가?. 〈패션포스트〉. https://
fpost.co.kr/board/bbs/board.php?bo_table=special&wr_id=1013

4. 김은형(2023.5.8). '돈이 없지 가오가 없냐'던 강수연 말은 자긍심의 표현. 〈한겨
레〉. https://www.hani.co.kr/arti/culture/culture_general/1090838.html

정체성의 표현 수단: 팝업스토어 전성시대

1. 이호영(2023.6.28). 김형종 현대백화점 팝업스토어 전략 효과, 더현대 서울
MZ 늘고 매출은 '덤'. 〈비즈니스 포스트〉. https://www.businesspost.
co.kr/BP?command=article_view&num=319488

2. 서병주(2023.6.15). 일주일간 2만명 찾기도…MZ세대 '필수픽' 등극한 팝업
스토어. 〈이뉴스투데이〉. http://www.enewstoday.co.kr/news/articleView.
html?idxno=2007009

3. 유지연(2023.6.14). 핫플서 '팝업' 성지로…성수동이 달라졌다. 〈중앙일보〉.
HYPERLINK "https//www.joongang.co.kr/article/25169692#home

4. 현대백화점 보도자료

우리 자기가 세계로: 한류 스타 앰배서더의 활약

1. 장구슬(2023.1.12). "안녕하세요, 부탁 좀" 한동훈, 체조金 양학선에 전화한 사연. 〈중앙일보〉. https://www.joongang.co.kr/article/25133091
2. 이해준(2017.1.2). 정부, 정책홍보대사 무보수 또는 실비 사례금으로 운영··· 기관장 업무추진비도 공개. 〈헤럴드경제〉. http://news.heraldcorp.com/view.php?ud=20170102000248
3. 윤예림·신진호(2023.6.19). "한국서 명품백은 사회적 갑옷"···소금보다 작은 명품백 등장. 〈서울신문〉. https://www.seoul.co.kr/news/newsView.php?id=20230619500084&wlog_tag3=naver
4. 정순구(2017.7.19). [썸inSNS] 지드래곤 '샤넬 광고' 인종차별 논란. 〈서울경제〉. https://www.sedaily.com/NewsView/1OIJATMQ7H
5. 이유진(2023.4.1). 모델도, 협찬도 아냐···우리는 '앰배서더'. 〈경향신문〉. https://www.khan.co.kr/life/style/article/202304010800001

유 퀴즈의 성공: 연반인을 꿈꾸는 세상

- 천위안(2023). 《심리학이 제갈량에게 말하다》. 리드리드출판.
- Robert B. Cialdini(2007). *Influence: The Psychology of Persuasion*. Revised Edition. Harper Business.
- Joyce Choi, 강환국(2017.9.15). 소셜 인플루언서를 활용한 미국 시장 진출 전략. Global Market Report 17-033. KOTRA. http://openknowledge.kotra.or.kr/handle/2014.oak/9997
- QYResearch(2021). 세계의 인플루언서 마케팅 플랫폼 시장: 규모, 상황, 예측(2021-2027년). https://www.giikorea.co.kr/report/qyr1042878-global-influencer-marketing-platform-market-size.html
- 신새아, 차상진, 김철현(2022.8.26). 유튜버 신사임당 20억에 팔렸다··· '억' 소리 나는 유튜버 수입, 세금은?. 법률방송. https://www.ltn.kr/news/articleView.html?idxno=36222
- 우디(2021.5.24). 브런치로 셀프 브랜딩 시작하기: 유튜브는 조금 부담스럽고. 브런치 스토리. https://brunch.co.kr/@cliche-cliche/111
- 이설(2018.9.17). '1% 성공 신화' 인플루언서 세계의 명암. 다음 블로그 잡화점. https://v.daum.net/v/5b9b77f56a8e51000110300e
- 이우진(2023.4.4). [CEO인터뷰] 아르떼스피치 김미령 대표, "자기PR 셀프브랜딩의 시대 중요한 덕목은?". 〈시선뉴스〉. https://www.sisunnews.co.kr/news/articleView.html?idxno=181397
- 인생잡담도서관(2023.2.9). 셀프 브랜딩의 강자, 제갈량. 브런치 스토리.

▢ 임중권(2021.7.8). 가상 인플루언서 로지, 신한라이프 광고 모델 데뷔. 〈전자신문〉. https://www.etnews.com/20210708000017

▢ 전미영(2020.11.17). 연반인 재재가 밝힌 '한달 수입'. 〈이슈프레쉬〉. http://issuefresh.co.kr/?p=5190

▢ 조아라(2018.12.27). 인플루언서들…"'팬덤'은 연예인보다 위". 〈한경 팬덤〉. https://www.hankyung.com/tag/%ED%8C%AC%EB%8D%A4?page=2

▢ 채수종(2022.7.12). 가상 인간이 세상을 움직인다-가상 인플루언서 시장 빅뱅. 〈포춘코리아〉. https://www.fortunekorea.co.kr/

▢ 최명진(2020.8.7). 소비자들 기만하는 뉴 미디어 PPL, 이대로 괜찮은가?. 〈소비라이프〉. http://www.sobilife.com/news/articleView.html?idxno=27449

▢ 최한종(2020.2.24). "입소문이 실적 가른다"…인플루언서 마케팅 공들이는 IT업계. 〈한국경제〉. https://www.hankyung.com/article/2020022408911

▢ 콘텐타(2021.7.6). 콘텐타의 매거진: 2021년 인플루언서 마케팅, 꼭 알아두어야 할 팁. 〈오픈애즈〉. https://url.kr/a8ckpe

▢ 한지명(2019.2.13). 현대백화점면세점, 韓·中 인플루언서 100명 홍보대사 위촉. 〈뉴데일리경제〉. https://biz.newdaily.co.kr/site/data/html/2019/02/13/2019021300129.html

▢ 한희창(2023.4.29). 아이들은 유튜버, 선생님은 자기 브랜딩, 시대착오적 덕목이 된 겸손 구하기. 실천교육교사모임. koreateachers.org

캐릭터의 힘: 창작 캐릭터 머천다이징

1. 최우영(2022.12.15). '고심이'·'망그러진 곰'…올해 카톡 인기 이모티콘은 이거였네. 〈머니투데이〉. https://news.mt.co.kr/mtview.php?no=2022121510171436180

2. 삼삼한 수의사, '수의가 보는 동물 캐릭터' 고심이 짤. 브런치 스토리. https://brunch.co.kr/@samsamvet/110

살을 내주고 뼈를 취하는 거래: 극단적 콘텐츠 중심주의

▢ 박민우, 최지원, 이승우, 정성택, 김태언(2023.3.4). 법원, 카카오의 SM 신주취득 제동? 이수만 손 들어줘. 〈동아일보〉. https://www.donga.com/news/Economy/article/all/20230304/118164393/1

▢ 임민규(2023.4.5). 카카오엔터테인먼트 스토리 사업 부진, 이진수 IP 활용과 비용 효율화 집중. 〈비즈니스 포스트〉. https://www.businesspost.co.kr/BP?command=article_view&num=311359

▢ 이은영(2023.2.16). SM, 자회사 매각 검토??? 디어유는 대상 아냐. 〈조선비즈〉. https://biz.chosun.com/industry/company/2023/02/16/HGM6UY4PMVC4DJEQ45WOZ4CTII/

□ 배정원(2023.2.27). 하이브가 SM을 인수했는데, 샤이니·엑소·레드벨벳 나가 버리면?. 〈중앙일보〉. https://www.joongang.co.kr/article/25143478

□ IT World 편집부(2022.10.13). 한국인 일주일 평균 69시간 온라인 활동에 집중…영상 소비 비율 가장 높아. 〈IT World〉. https://www.itworld.co.kr/news/259372

□ Dawn C. Chmielewski(2019.1.18). "What's Next For Sony's Crackle? It Could Be A Partnership Or A Sale". Deadline. https://deadline.com/2019/01/sony-crackle-future-potential-sale-partnership-1202538003/

□ Connor Dillon(2023.6.4). "Sony Streaming Service: Don't Expect it for 5 Years". tvovermind. https://tvovermind.com/sony-streaming-service-dont-expect-it-for-5-years

모두를 위한 변화: 문화예술의 배리어프리

□ 이승연(2022.11.10). Culture] 장벽 뛰어넘은 배리어프리 콘텐츠. 〈매일경제〉. https://www.mk.co.kr/news/culture/10524639

□ 박주연(2022.7.12). '무장애 공연부터 로봇 지휘까지'… 국립극장, 61편 공연 무대에. 〈뉴시스〉. https://mobile.newsis.com/view.html?ar_id=NISX20220712_0001939833

□ 윤세리(2023.4.14). 장애 예술인의 음악 여정을 살펴볼 수 있었던 〈2023 함께, 봄〉 연계 '매듭' 상영회. 문화체육관광부 블로그. https://blog.naver.com/mcstkorea/223074437866

□ 김소라(2022.12.6). 네이버 웹툰, 시각장애인도 웹툰 즐길 수 있도록 돕는 기술 공개. 〈뉴스케이프〉. http://www.newscape.co.kr/news/articleView.html?idxno=91118

□ 김병희(2019.6.17). 선택과 집중 … 문화예술 시장의 표적화. 〈미디어펜〉. http://www.mediapen.com/news/view/440898

□ 은주성(2022.5.15). 점자 번역 책 300만 권, 센시 점자책 출판 대중화 길 닦다. 〈비즈니스포스트〉. https://www.businesspost.co.kr/BP?command=article_view&num=280898

□ 통계청(2020). 2020 통계로 보는 장애인의 삶.

□ 강진일(2023.4.6). "키오스크, 누구나 편하게 이용할 수 있도록".. 기업과 소비자 원원하는 '가치소비' 가능. 〈컨슈머와이드〉. http://www.consumerwide.com/news/articleView.html?idxno=50368

나를 울리는 반려동물: 펫 휴머니제이션

1. 천인성(2023.6.4). 탈출 얼룩말 '세로' 포획 소동…진정·마취제 7발이나 맞은 이유. 〈중앙일보〉. https://www.joongang.co.kr/article/25167434

2. 강동삼(2023.5.23). 비봉이는 어디에 있을까··· 남방큰돌고래를 추적하다. 〈서울신문〉. https://www.seoul.co.kr/news/newsView.php?id=20230523500155&wlog_tag3=naver

3. 농림축산식품부 동물 복지환경정책관 동물 복지정책과(2023.2.2). '2022년 동물 보호에 대한 국민 의식 조사 결과 발표' 보도자료. 농림축산식품부. https://www.mafra.go.kr/home/5109/subview.do;jsessionid=pdSpIMX+5dmlQqku5g6MmdBp.inst21?enc=Zm5jdDF8QEB8JTJGYmJzJTJGaG9tZSUyRjc5MiUyRjU2NTI4MiUyRmFydGNsVmlldy5kbyUzRg%3D%3D

4. 한국농촌경제연구원. '반려동물 연관 산업 발전 방안' 보도자료. http://www.krei.re.kr/krei/selectBbsNttView.do?key=103&bbsNo=25&nttNo=125238&searchCtgry=&searchCnd=all&searchKrwd=&pageIndex=9&integrDeptCode=

5. 김지숙(2022.2.3). 하루 1100여 마리···반려동물 장례 어떻게 치르고 있나요. 〈한겨레〉. https://www.hani.co.kr/arti/animalpeople/companion_animal/1029573.html

6. 한희숙(2017.7.13). 새우요리 때문에 죽어가는 바다거북들. 〈한국일보〉. https://www.hankookilbo.com/News/Read/201707131463275290

7. 김형자(2023.5.31). 성병 퍼져 멸종 위기까지, 코알라의 위기. 〈주간조선〉. http://weekly.chosun.com/news/articleView.html?idxno=26637

8. 배규민, 이소은, 김평화(2023.6.25). 혼자 살고 싶은데···"외로운 건 싫어" 1인 가구 몰려가 사는 곳. 〈머니투데이〉. https://news.mt.co.kr/mtview.php?no=2023062414574251173

9. 박성은(2019.1.13). [디지털스토리] "동물학대의 장" vs "지역경제 살려"···동물축제, 엇갈린 시선. 〈연합뉴스〉. https://www.yna.co.kr/view/AKR20190111132300797?input=1195m

헬로 미스터 터미네이터: 갈림길에 선 생성형 인공지능

1. 이종호(2021.9.18). [이종호의 포스트 펜데믹 로드맵⑮] 디지털 혁명이라 불리는 3차 산업혁명. WORLDKOREA. https://www.worldkorean.net/news/articleView.html?idxno=41378

2. 구본권(2023.6.14). 챗GPT의 기회와 위기, 공존의 기술을 묻다. 〈한겨레〉. https://www.hani.co.kr/arti/economy/it/1095930.html

3. 이재우(2023.5.29). [이재우 칼럼] 챗GPT와 인공지능 거짓말. 〈경일일보〉. http://www.kyeongin.com/main/view.php?key=20230529010005357

4. 명순영, 최창원(2023.7.10). 잘나가는 챗GPT···저작권에 발목? 소송당하는 '생성형 AI'. 〈매경이코노미〉. https://www.mk.co.kr/economy/view/2023/521241

도판 출처

1장 새로운 콘텐츠 소비 방식

22쪽 네이버 웹툰 캡처

27쪽 픽사베이

28쪽 Cast members, writer and director Netflix series The Glory on December 20, 2022 by 티비텐 TV10, CC-BY-3.0. https://commons.wikimedia.org/wiki/File:20221220_The_Glory_(%EB%8D%94_%EA%B8%80%EB%A1%9C%EB%A6%AC)_Cast_members,_Writer_%26_Director.jpg?uselang=ko

30쪽 Girls distracted by their phones by GHCassel, CC-Zero-PD. https://commons.wikimedia.org/wiki/File: Distracted_by_Phones.jpg?uselang=ko

33쪽 문화체육관광부

34쪽 문화재청

36쪽 한국관광공사 사진 갤러리, 이영진

39쪽 "Attention! Stick to your job - Oil is Ammunition", CC-Zero-PD. https://commons.wikimedia.org/wiki/File:%22Attention%5E_Stick_to_your_job_-_Oil_is_Ammunition%22_-_NARA_-_513890.jpg

40쪽 Charles Bolden congratulates SpaceX CEO by NASA/Bill Ingalls, CC-Zero-PD. https://commons.wikimedia.org/wiki/File:Charles_Bolden_congratulates_SpaceX_CEO_and_Chief_Designer_Elon_Musk_in_front_of_the_historic_Dragon_capsule.jpg

2장 글로벌 한류의 현재

46쪽 정금령

47쪽 Tasty shin, CC-Zero-PD. https://commons.wikimedia.org/wiki/File:Tasty_shin.jpg

51쪽 www.kfry.my

52쪽 한국관광공사 사진 갤러리, 알렉스 분도

53쪽   픽사베이

56쪽   더핑크퐁컴퍼니, 〈조선일보〉 재인용(2023. 3. 16)

57쪽   리야드한인회, 중부지역한인회, 〈월드코리안뉴스〉 재인용(2023. 3. 9)

58쪽   한국무역협회

3장 공정성과 정치 논리의 충돌

62쪽   셔터스톡

63쪽   Korean National Assembly 2020 election by JackWilfred, CC-Zero-PD. https://commons.wikimedia.org/wiki/File:Korean_National_Assembly_2020_election.svg

66쪽   Michael Sandel Sao Paulo 2014 by fronteirasweb, CC-BY-SA-2.0. https://commons.wikimedia.org/wiki/File:Michael_Sandel_no_Fronteiras_do_Pensamento_S%C3%A3o_Paulo_2014_(14186967110).jpg

67쪽   Little mermaid on tinder by Gabriel Colmenares, CC-Zero-PD. https://commons.wikimedia.org/wiki/File:Little_mermaid_on_tinder.png

4장 다양한 환경 변화와 인식의 전환

72쪽   MBC 방송 화면 캡처, 〈이데일리〉 재인용(2023. 6. 8)

73쪽   〈일간스포츠〉 (2023. 6. 8)

74쪽   ENA

77쪽   픽사베이

78쪽   Human One by Beeple, CC-BY-SA-4.0. https://commons.wikimedia.org/wiki/File:Beeple,_Human_One.png

80쪽   픽셀스

82쪽   Coldplay by Alex Bikfalvi, CC-BY-SA-2.0. https://commons.wikimedia.org/wiki/File:Coldplay_(2842037407).jpg

83쪽   신세계푸드

87쪽   Endangered arctic - starving polar bear by Andreas Weith, CC-BY-SA-4.0. https://commons.wikimedia.org/wiki/File:Endangered_arctic_-_starving_polar_bear.jpg

88쪽   Wildfire From The Air by salman 2009, CC-BY-SA-4.0. https://commons.wikimedia.org/wiki/File:Wildfire_From_The_Air.jpg

90쪽   국립현대미술관

93쪽   뉴욕현대미술관 https://www.moma.org/magazine/articles/821

94쪽   (위) https://docs.miteam memberdels

       (아래) https://heypi.com/talk

5장 아주 사적이면서 가장 대중적인

102쪽   Chanel at Toronto Pearson Airport by Raysonho @ Open Grid
       Scheduler / Scalable Grid Engine, CC-Zero-PD. https://commons.
       wikimedia.org/wiki/File:ChanelTorontoPearsonAirport.jpg; Dalat
       Palace Hotel by Diane Selwyn (talk), CC-Zero-PD. https://
       commons.wikimedia.org/wiki/File:Monet_private_dining_room,_
       Dalat_Palace_Hotel_02.jpg

105쪽   아트인사이트, 제48회 서울독립영화제

106쪽   (위) IMDB(2023); Netflix(2023)

       (아래) https://movie.daum.net/moviedb/main?movieId=157989

116쪽   https://hypebeast.kr/2018/11/gucci-diy-knit-program

119쪽   삼성전자 반도체 뉴스룸. https://semiconductor.samsung.com/kr/
       support/tools-resources/dictionary/so-just-how-small-is-
       nano/

124쪽   플리커

126쪽   The identification patch on a set of Lee jeans by Jamiecat, Flickr,
       CC-BY-2.0. https://commons.wikimedia.org/wiki/File:Lee_
       jeans.jpg?uselang=ko

128쪽   〈연합뉴스〉

131쪽   플리커

133쪽   통계청, 〈세계와 한국의 인구 현황 및 전망〉

136쪽   2007년 2월 25일 〈SBS 인기가요〉에서 이효리 by 미디어몽구, CC-
       BY-2.0. https://commons.wikimedia.org/wiki/File:Lee_Hyori_at_
       SBS_Inkigayo_in_2007_07.jpg

141쪽   2022臺北國際電玩展, 台灣太古可口可樂提供的可口可樂Zero Sugar
       鋁罐2罐 by Solomon203, CC-BY-SA 4.0. https://commons.wikimedia.
       org/wiki/File:2_cans_of_Coca-Cola_Zero_Sugar_20220124.jpg

147쪽   픽사베이

153쪽   A sample of aspartame, recrystallized by LHcheM, CC-BY-
       SA-3.0. https://commons.wikimedia.org/wiki/File:Aspartame_
       sample.jpg

156쪽   Hamburguesa vegana con papas en Casa Onca by Luisalvaz, CC-BY-
       SA-4.0. https://commons.wikimedia.org/wiki/File:Hamburguesa_

vegana_en_Casa_Onca.jpg

160쪽   Blackpink Amsterdam concert 2019 WORLD TOUR with KIA [IN YOUR AREA] by Robbie Klinkenberg, CC-BY-SA-4.0. https:// commons.wikimedia.org/wiki/File:20190518_Blackpink_Amsterdam_ concert_21.jpg?uselang=ko

163쪽   픽셀스

166쪽   픽셀스

169쪽   픽셀스

171쪽   A wedding in the courtyard of the Inbal Jerusalem Hotel by Pinybal, CC-BY-SA-3.0. https://commons.wikimedia.org/wiki/ File:Courtyard_wedding.jpg

173쪽   픽셀스

6장 콘텐츠 칵테일 시대

180쪽   문화체육관광부 산하 해외문화홍보원(KOCIS). https://www.korea. net/NewsFocus/Culture/view?articleId=225691

184쪽   〈동아비즈니스리뷰〉

187쪽   Amazon Fresh grocery store in Naperville, IL by Atomicdragon136, CC-BY-SA-4.0. https://en.m.wikipedia.org/wiki/File:Amazon_ Fresh_store.jpg

188쪽   오아시스마켓. https://www.oasis.co.kr/company/introduce/store

190쪽   Bust of the god Janus, Vatican museum, Vatican City by Fubar Obfusco, CC-PD-Mark. https://commons.wikimedia.org/wiki/ File:Janus-Vatican.JPG

192쪽   〈머니투데이〉 재인용(2014. 8. 20)

198쪽   KT, 〈서울파이낸스〉 재인용(2020. 12. 9)

204쪽   Skateboarders + Scooter @ Pont Alexandre III @ Paris by Guilhem Vellut from Paris, France, CC-BY-2.0. https://commons.wikimedia. org/wiki/File:Skateboarders_%2B_Scooter_@_Pont_Alexandre_ III_@_Paris_(34729033762).jpg

205쪽   Technology of surfboard by Chelsey Horne, CC-Zero-PD. https:// commons.wikimedia.org/wiki/File:Surfboard_technology.jpg

206쪽   Jongeren in Amsterdam by Bert Verhoeff, CC-Zero-PD. https:// commons.wikimedia.org/wiki/File:Jongeren_in_Amsterdam_bij_ het_Monument_op_de_Dam,_Bestanddeelnr_254-9287.jpg

208쪽   Public Art - Fuck Tha Police by anonymous, CC-Zero-PD.

도판 출처

https://commons.wikimedia.org/wiki/File:Public_Art_-_Fuck_Tha_Police.jpg

209쪽   Hot Dog Cart by Paul Sableman, CC-BY-2.0. https://commons.wikimedia.org/wiki/File:Hot_Dog_Cart_(37004358434).jpg

216쪽   Gender Neutral by Arkirkland, CC-Zero-PD. https://commons.wikimedia.org/wiki/File:Gender_icons.jpg

217쪽   Balenciaga shoes with huge soles by Syced, CC-Zero-PD. https://commons.wikimedia.org/wiki/File:Balenciaga_shoes_with_huge_soles,_sold_at_Roppongi_Hills_shop_2.jpg

218쪽   Local vegetable tempura by pelican from Tokyo, Japan, CC-BY-SA-2.0. https://commons.wikimedia.org/wiki/File:Local_vegetable_tempura_(44004736031).jpg

225쪽   현대백화점

226쪽   현대백화점

230쪽   Yard Sale Northern California May 2005 by Jimmyjazz, CC-Zero-PD. https://commons.wikimedia.org/wiki/File:Yard_Sale_Northern_CA_2005.JPG?uselang=ko

231쪽   현대백화점

233쪽   One of Circuit City stores by Cculber007, CC-Zero-PD. https://commons.wikimedia.org/wiki/File:Circuitcity.jpg

234쪽   현대백화점

237쪽   Patent Drawing for A. F. Knight's Golf Club by n/a, U.S. National Archives and Records Administration, CC-PD-Mark. https://commons.wikimedia.org/wiki/File:Patent_Drawing_for_A._F._Knight%27s_Golf_Club_-_NARA_-_6920299.jpg

7장 본질에 앞서는 이미지

244쪽   1970 AMC Ambassador by CZmarlin, CC-Zero-PD. https://commons.wikimedia.org/wiki/File:1970_AMC_Ambassador_closeup_of_emblem_on_fender.jpg

247쪽   Public Relations by Dep of Agriculture 7/1/1905, CC-Zero-PD. https://commons.wikimedia.org/wiki/File:Public_Relations_-_General_-_DPLA_-_0b1904d58bd47a75de7b194caefaf50e.jpg

249쪽   (위) The college of New Jersey mascot by Tomwsulcer, CC-Zero-PD. https://commons.wikimedia.org/wiki/File:The_College_of_New_Jersey_mascot_with_two_student_welcoming_ volunteers.JPG

(중간) Merrymakers at the World Fair in Turnbridge Vermont 1941 by Jack Delano, CC-Zero-PD. https://commons.wikimedia.org/wiki/File:Merrymakers_at_the_World_Fair_in_Turnbridge,_Vermont,_by_Jack_Delano,_United_States_Office_of_War_Information,_September_1941,_from_the_Library_of_Congress_-_master-pnp-fsa-8a36000-8a36900-8a36922a.tif

(아래) Reinvent Your World with Globe-Blackpink by Judgefloro, CC-Zero-PD. https://commons.wikimedia.org/wiki/File:0020 Reinvent_Your_World_With_Globe-Blackpink_The_Show_22.jpg

251쪽 President Joe Biden and BTS in the Oval Office of the White House, CC-Zero-PD. https://commons.wikimedia.org/wiki/File:President_Joe_Biden_and_BTS_in_the_Oval_Office_of_the_White_House,_May_31,_2022.jpg

257쪽 Browsing Instagram by Jaelynn Castillo, CC-Zero-PD. https://commons.wikimedia.org/wiki/File:Browsing_Instagram_(Unsplash).jpg

258쪽 신세계푸드

263쪽 〈마리끌레르〉 인터뷰 by Marie Claire Korea, CC-BY-3.0. https://commons.wikimedia.org/wiki/File:JAEJAE_2019.png

265쪽 tvN 방송 화면 캡처

267쪽 MBC. https://program.imbc.com/myworkingvlog

269쪽 현대백화점

271쪽 Čeština: Kniha The Psychology of Persuasion by Jakub Šafránek by CC-BY-SA-3.0. https://commons.wikimedia.org/wiki/File:Robert_B_Cialdini_-_Influence_-_The_Psychology_of_Persuasion.JPG

274쪽 인터브랜드

276쪽 삼성닷컴

279쪽 〈블룸버그〉

280쪽 (위) 〈포춘코리아〉
(아래) 신한라이프

284쪽 현대백화점

286쪽 Pokemon-go-1569794 by Tumisu, CC-Zero-PD. https://commons.wikimedia.org/wiki/File:Pokemon-go-1569794_1920.jpg

287쪽 LBJ Foundation by LBJ Library, CC-Zero-PD. https://commons.

wikimedia.org/wiki/File:LBJ_Foundation_LBJ_5844_(35345105982). jpg

289쪽 Flying Snoopy photo at UWL by Osakan, CC-Zero-PD. https:// commons.wikimedia.org/wiki/File:Flying_snoopy_snoopy_ studio_UWL_USJ.jpg

291쪽 현대백화점

293쪽 Coca-Cola advertisement tents by Solomon203, CC-Zero-PD. https://commons.wikimedia.org/wiki/File:Coca-Cola_advertise ment_tents_at_Taipei_Dragon_Boat_Festival_20170530a.jpg

297쪽 현대백화점

316쪽 카카오엔터테인먼트

324쪽 브이에이코퍼레이션

8장 지금과 다른 내일로

332쪽 플리커

334쪽 국립극장

337쪽 픽셀스

340쪽 '이상한 변호사 우영우' 박은빈 by 티비텐, CC-BY-SA-3.0. https:// commons.wikimedia.org/wiki/File:20220715_%EB%B0%95%EC %9D%80%EB%B9%88%282%29.png

341쪽 Troy Kotsur during an interview in March 2022 by Lyn Fairly Media, CC-BY-3.0. https://commons.wikimedia.org/wiki/File:Troy_ Kotsur_during_an_interview,_March_2022.jpg?uselang=ko

343쪽 Entrance to the Paper Mill Playhouse, a theatre in Millburn, NJ. by Goldfishbutt, CC-BY-3.0. https://en.m.wikipedia.org/wiki/ File:Paper_Mill_Playhouse_entrance.jpg

348쪽 A zebra from Chisinau Zoo by Iurie Nistor, CC-Zero-1.0. https:// commons.wikimedia.org/wiki/File:A_zebra_from_Chisinau_ Zoo1.tif

350쪽 A Dog of Flanders by Fouquie, CC-Zero-1.0. https://commons. wikimedia.org/wiki/File:A_Dog_of_Flanders_(35123639363).jpg

351쪽 Dolphin free by Bernard Spragg, CC-Zero-1.0. https://commons. wikimedia.org/wiki/File:Dolphin_free._(10412999803).jpg

355쪽 Parque Nacional Marinho dos Abrolhos de nível Federal by RobertoCostaPinto, CC-BY-SA-4.0. https://commons.wikimedia. org/wiki/File:Green_Sea_Turtle_swimming.jpg

356쪽 WTO protesters on 7th Avenue 1999 by FlickreviewR, CC-BY-2.0. https://commons.wikimedia.org/wiki/File:WTO_protesters_on_7th_Avenue,_1999_(37326739756).jpg

358쪽 Bison near a river by Phyllis Cooper, CC-Zero-1.0. https://commons.wikimedia.org/wiki/File:Bison_near_a_river.jpg

365쪽 플리커

370쪽 The full architecture of a GPT model by Marxav, CC-Zero-1.0. https://commons.wikimedia.org/w/index.php?search=The+full+architecture+of+a+GPT+model+&title=Special:MediaSearch&go=Go&type=image

373쪽 Google bilaketa euskaraz by Luistxo, CC-Zero-PD. https://commons.wikimedia.org/wiki/File:Google_bilaketa_euskaraz.jpg

378쪽 An XKD5G-1 Target Drone by Balon Greyjoy, CC-Zero-PD. https://commons.wikimedia.org/wiki/File:20180328_XKD5G-1_Target_Drone_Udvar-Hazy.jpg

381쪽 Mobiles navigations system by joho345, CC-Zero-PD. https://commons.wikimedia.org/wiki/File:Mobilenavigation.JPG

383쪽 Ponferrada - graffiti & murals by Zarateman, CC-Zero-PD. https://commons.wikimedia.org/wiki/File:Ponferrada_-_graffiti_%26_murals_03_(cropped).JPG

387쪽 플리커

2024 문화 소비 트렌드

1판 1쇄 인쇄 2023년 10월 13일
1판 1쇄 발행 2023년 10월 20일

지은이 신형덕 · 박지현 · 박영은 · 김도현 · 임정기

발행인 양원석 **편집 담당** 황서영
디자인 신자용, 김미선 **영업마케팅** 양정길, 윤송, 김지현, 정다은, 박윤하, 한유진

펴낸 곳 ㈜알에이치코리아
주소 서울시 금천구 가산디지털2로 53, 20층 (가산동, 한라시그마밸리)
편집문의 02-6443-8860   **도서문의** 02-6443-8800
홈페이지 http://rhk.co.kr
등록 2004년 1월 15일 제2-3726호

ISBN 978-89-255-7581-0 (03320)